ケイムズ 道徳と自然宗教の原理

Essays on the Principles of Morality and Natural Religion

近代社会思想コレクション 16

田中秀夫
Hideo Tanaka
増田みどり
Midori Masuda
訳

京都大学学術出版会

凡例

一、この訳書はケイムズの *Essays on the Principles of Morality and Natural Religion*『道徳と自然宗教の原理』の第三版（一七七九年）に基づく翻訳である。テクストは第三版のリプリントを利用した。

一、第三版を底本としたリバティー版（Liberty Fund, 2005）には編者（Mary Catherine Moran）による注があり、有益なものは本訳書に生かすことにした。〔L. p.〕としたものがそれである。

一、リバティー版は初版（一七五一年）、第二版（一七五八年）の異同のうち大きなものを補遺に加えているが、本訳書では各版対照は断念した。

一、訳者の補足や説明は〔　〕で示した。ケイムズの原注は［原注］と表記して本文に組み込むことにした。この原注にはリバティー版の編者の注があり、ローマ数字の注はそれである。

一、邦訳のあるものは記載したが、訳文は一部を除いて訳者のものである。

一、原文には長いパラグラフが多いが、読みやすさを考えて、改行を増やした。

一、原文のイタリック（強調）は太字（ゴチック）で示すことにした。

目次

序文 3

第一部

第一論考 苦悩の対象にいだく我々の愛着……10

第二論考 道徳の基礎と原理……28

序論 28

第一章 道徳の基礎 30

第二章 道徳感覚 32

第三章 義務と責務 38

第四章 道徳的美徳のさまざまな序列 47

第五章 行為の原理 51

第六章 正義と不正 61

第七章　第一の自然法　73
第八章　国際法　82
第九章　道徳の基礎に関するさまざまな見解　89

第三論考　自由と必然……135

第四論考　人格の同一性……174
補論　第三論考を擁護して書かれた小冊子の大体を含む……182

第二部

第一論考　信念……198

第二論考　外的感覚……206
第一節　外的感覚による知覚〔第三版での追加〕　206
第二節　実体と性質　207
第三節　一次性質と二次性質　213
第四節　外的感覚の信頼性　217

第三論考　視覚についてのさまざまな理論
〔第三版での追加〕……229
第四論考　物質と精神〔第三版での追加〕……249
第五論考　力、原因、結果……257
第六論考　未来の出来事についての知……267
第七論考　暗闇のなかの超自然的な力への恐れ……271
第八論考　神についての知……276
神の単一性　298／神の力と知性　299／神の善意　300／まとめ　316
解　説　327
索引（逆丁）

道徳と自然宗教の原理

道徳と自然宗教の原理についての論集、
改訂第三版、
神の証明に関するいくつかの論考を追加

エディンバラ、ジョン・ベル
およびジョン・マリ、ロンドンが印刷
一七七九年

以前の二つの版への序文

以下の論考は、脈絡なしの寄せ集めではないことを読者にお知らせしておくのがよかろう。最初の論考は、ある特定の事実を探ることで、社会的な存在としての人間の本性を明らかにするように計らったものだ。次の論考は人間を道徳の主体として考察する。そして道徳は行為の自由を前提としているから、これが自由と必然についての探究を導入する。こうしたことが、本書の第一部をなしている。論考の残りは、信念についての論考から入るが、互いにつながっている。内的、外的を問わず、私たちの感覚のもつ権威を支持することで計画は進められる。そこで時折示すことだが、最も重要な主題のいくつかに関する私たちの推論は、究極には感覚と感情に依存している。この点はさまざまな実例で示すことになる。ここから、著者が喜んで希望することは、人間知識の原理に新しい光を投じえたということである。すべては、神の存在と完全さの証明に道を開くためであり、それがこの企ての主目的なのだ。著者の思考様式は、ある点では、大胆で斬新とみなされるかもしれない。けれども思想の自由は、探究において真理への愛によって導かれる人たちに不快な思いはさせないだろう。そうしたことのためだけに著者は書いている。それによって、著者はよい目的、真理を目指すというメリット（美質）を持っていて、徳と宗教という大義を促進するために努力したのである。

現在の版への序文

私としては認めなければならないことだが、かつては人間には動機に逆らって、あるいは性向や選択に逆らって行動できる感覚、一般には無差別の自由と呼ばれるものがある、というのが自分の意見だった。通俗的な意見の流れに沿って私は動いてきたのであり、この感覚が多くのまじめな書き手たちによって裏打ちされているのを目の当たりにして、実在することを夢にも疑わなかった。私は同時に、人間は必然的な行為者であるという最もはっきりした確信を抱いている。だから、この感覚は妄想にちがいないと正しく結論した。私は別の通俗的な意見にも従っていた。人間の行いに帰せられるものとして、毀誉褒貶、メリットとディメリット（功罪）だけでなく、悔悟や呵責も必然性とは相容れないというものである。そこで、これらも無差別の自由という同じ妄想にもとづいているにちがいない。こうした前提から、私は不本意ながらも、私たちの道徳的な感情や情動のいくつかは、妄想の感覚にもとづいているにちがいないということを認めるよう導かれた。徳を多少ともそのような基盤にもとづかせる学説に対する反発は、私も自覚していた。けれども、人間を造るにあたっての神の叡智に対する私の信頼は非常に強固なものだから、一部の例ではどれほど心地の悪いものであろうと、真理にこだわることによる害を恐れてはいない。第二版が求められる前に、幸い私は道徳感覚の感情や情動が道徳的必然性とまったく両立するものであることを見出し、喜んで私の誤りを認める機会を得た。ここまでで道徳体系を、この妄想的な感覚のように称されるものから救い出したあと、私たちには動機に逆らって行動することができるという観念などない、と考える方向に強く傾き、私は第二版ではあえてそう言った。けれども今回の版のために主題を見直して、私たちは実際には動機に逆らって行動できるという観念を有していることも私は明らかに見てとった。これで新たな混乱が生じ、終に私は、この観念は情念の不規則な影響によって示唆されるものであり、冷静な時にはそんな観念を私たちは持たない、したがってそれは自然の妄想なのではなく、情念のみの妄想なのだ、と思いついたのである。私事においてに劣らず、公に語るときにも、率直さというのが欠かせないと私はいつも思う。そして今、道徳というものは内に妄想など含まない基盤に立脚していると考えることができ、嬉しく思う。

けれども第二版では、私が脱却できなかったもう一つの誤りがあった。自由と必然についての論考で、**機会**（*chance*）と**偶然**（*contingency*）という私たちの観念は妄想と考えられ、だからそのかぎりでは、私たちは真理から逸脱するように導かれている、と考えた。私たちがどんな場合でも道を逸れているというのは、粗っぽい学説である。その学説は私にとってもすわりが悪かったので、私はそれも誤っていることを見出した。その誤りは今回の版で正しており、私たちが運や偶然性についてもつ観念は、原因と結果の必然的な連鎖と完全に調和しているということは明らかにされたと願っている。ついに、多くの苦悩を伴う誤りから解放されたことを、読者とともに喜ぼうではないか。

人格の同一性に関する論考を修正するさい、それが道徳体系と密接なつながりがあることを見てとったので、私はこの論考を第二部から第一部に移した。そしてその代わりに、神について与えられた証明にいくらかでも寄与する論考を数編加えている。

一七七九年

ヘンリ・ヒューム

第一部

第一論考　苦悩の対象にいだく我々の愛着

フランスの有名な批評家〔原注　デュボス神父〕が詩と絵画を扱って、他の人たちが試みても成功しなかった主題に挑んでいる。それは、現実のものであれ想像上のものであれ、苦痛の対象について我々がいだく強い愛着について説明することである。

我々が詩や絵画において得る喜びを説明することは（彼いわく）容易ではない。そうした喜びはしばしば苦しみといちじるしく似通っており、その表れ方は時として最も生々しい悲しみの表れ方と同じなのである。詩や絵画といった芸術が何より喝采を浴びるのは、苦痛を与えることに成功したときをおいてない。我々の心が苦悶に満ち、その本来の喜びに逆らうまさにそのとき、ある秘密の魅惑が我々をこの種の表現へとくぎづけにする。私はあえてこの逆説に挑み、（と件の著者は続ける）詩や絵画のなかで覚えるこの種の喜びが何によっているのかを説明してみよう。すべての人に、自分の胸中に去来するものが何かを、そして是認と嫌悪がいったいどこからくるかを説明できることも請け合いなのだから、この企ては無謀とは言わないまでも大胆なものと映るかもしれない。

この困難な企てについて、彼の言うところをさらに辿ってみよう。彼は基本的なこととして、次の主張を述べている。

人間は生来活動的な存在としてしつらえられている。身心いずれにおいても、何もしないでいると疲れたり嫌になったりする。このことが、気休めのために、何であれ忙しくさせるものに飛びつく有力な動機である。それだから（と彼は付け加えるが）本能的に我々は、自らの情念をかきたて興奮させておくあらゆるものに飛びつくのである。昼間いらいらしたり夜眠れなかったりというふうに、そうしたものがしばしば苦痛を与えることになっても変わらない。けれども、それでもたらされる興奮より、情念を欠いた状態のほうが人間には苦痛なのだ(1)。

これが彼の最初の節のまとめである。第二節で彼は個々の例に立ち入る。最初にあげる例は同情である。同情は、我々を他者の悲惨や苦悩に立ち入らせる。もっとも、そのために我々は彼らの苦しみを身に受けることになるのだけれども。彼が観察する衝動は、もっぱら先に触れた原理に負っている。この原理ゆえに我々は、いかに苦痛に満ちていようが無為より多忙を選ぶのだ。もう一つの例は公開処刑である。

（彼が言うには）我々は、車輪に踏みつぶされたり、生きたまま焼かれたり、傷を引き裂かれたりする哀れな悪党や、あるいはその引き裂かれた傷口を見るために、人間が目にすることのできる限りの、最も恐ろしい光景に群がる。その光景や場面が戦慄すべきものであればあるほど、見物人は集まってくる。しかも、経験がなくても、その処刑の残酷な状況と同胞の痛切なうめきや苦悶が心に刻まれるものになるにちがいないこ

(1) Jean-Baptiste Dubos（1679–1742）, *Reflexions critiques sur la poésie et la peinture*（Paris, 1719）, Introduction, p. 1; pt. I, sec. I, pp. 5–7.〔L. p. 12〕

とは予想できるだろう。この苦痛は、長い時が経たなければ拭い去られることはない。しかし反省と経験の力を重ね合わせても、動揺の魅力はもっと強い。

彼は続けて、古代ローマの人々が円形闘技場の娯楽に覚えた奇妙な喜びについて述べている。そこでは罪人たちが晒しものにされ野獣にずたずたに引き裂かれたり、軍団に雇われた剣闘士がお互い血みどろの死闘を演じたりした。この機会を利用して、彼はイングランド国民についての次の所見を述べている。

この国民は温厚な気性の持ち主なので、どんな重罪人にも人間性を認める。彼らは拷問を認めない。罪人から自白を引き出すために、他のキリスト教国では認可されている拷問に晒すぐらいなら、犯罪が罰せられずにすむ方がましだと思っている。しかし、この人々は根っから礼儀正しいものの、ボクシングや牛攻めなどの野蛮な見世物には限りない快感を抱く。

彼は結論として、人間を日々遊びへと駆り立てトランプやサイコロに身をゆだねさせるのは、まさに無為の恐怖に他ならないということを示している。

（彼いわく）儲けるつもりで賭けごとをやるのは、愚か者といかさま師だけだ。大多数の人は別の動機によって動かされている。大多数の人は腕や手際が要るような娯楽には目もくれず、純然たる偶然のゲームに運をゆだねる方を選ぶ。そうしたゲームは、心を絶えずゆさぶっていて〔サイコロの〕一投一投が決定的な意味をもつのだ。(2)

ここには、著者の説明がかなりはっきり表明されている。それが、もっともらしく見えることは私も認めるが、次のように考察してみると疑わしい。まず、もし無為の苦痛が上述のような見世物へとわたしたちを出向かせる動機だとすれば、そうしたところに足繁く通うのは怠惰にうんざりしている人々だけだと予想されるにちがいない。しかし、これは必ずしもそうではない。どんな種類の人たちでもそういった見世物に群がるのである。危険や苦難の映像が、人々を大部分のまじめな仕事から引き離す秘密の魅力なのであり、活動的な人にも、怠惰な人にも、同様に影響をおよぼす。次に、このような見世物には無為の苦痛から引き離す以外に精神をひきつけるものがないとすれば、動揺という理由以外には、あれよりこっちの方がよいという選好は何もないということになる。そして精神が動揺すればするほど対象の魅力は大きくなる。しかし、これは経験に反する。精神を極端に動揺させるような恐怖と苦痛の対象がたくさんあるが、そこからは最も怠惰な人でも逃げ出したくなるものだ。我々の筆者自らがリウィウスから引用している一節ほど適切な例はない。リウィウス〔原注 Lib.41〕[i] は、アンチィオコス、エピファネスについて語って、次のような言葉を用いている。*Gladiatorum munus Romanae consuetudinis, primo majore cum terrore hominum insuetorum ad tale spectaculum, quam voluptate dedit. Deinde saepius dando, et familiare oculis gratumque id spectaculum fecit, et armorum stadium plerisque juvenum accendit.*（ローマ式に演じられる剣闘は、そのような光景になじみのない人たちを、楽しませるというより怖がらせた。しばしばこうした見世物を提供することで、彼は人々の目をこうした剣闘士たち

（2） *Ibid.*, pt. I, sec. 2, pp. 12–13, 19, 22.〔L. p. 13〕

になじませ、人々はそれを楽しみ、大半の若者たちに武器への情熱を呼び起こした。）我々の目にするこの見世物は、当初ギリシア人にとっては魅力的というにはほど遠いもので、彼らの嫌悪するものだったが、習慣化されると馴染み深いものとなり、それほど刺激的でもなくなり、遂には好まれるようになったのである。同じ理由で、イングランド人の主な娯楽の一つでる熊遊園〔熊いじめを見世物として見せた〕は、フランス人などのお上品な国民からはおぞましいものとみられてきた。それは娯楽にしては野蛮すぎて、洗練された趣味の人たちには好めたものではない。

仮に、人間のあらゆる行為の唯一の目的が快楽を得るか苦痛を避けることだけだとしてみよう。件の著者は、ロック氏（「力について」の章、第37、43節）[3]から借りた言葉でさしあたりそう言っている。そうだとすれば、我々に苦痛を与えることが間違いない娯楽に、そうと知りつつもひっきりなしに没頭する傾向があるのはなぜか、満足な説明を与えることは、不可能とは言わないまでも困難になるだろう。しかし我々が、もっと注意して深く人間の本性を吟味してみると、快苦からは独立した、多種多様な行為への衝動を見出せる。この考えをさらに推し進めてみよう、というのもおそらくそれが問題の解決につながるだろうからである。

外的な対象によって我々のうちに引き起こされる感情、あるいは何にせよ我々の感情に注意を向けてみると、そうした感情が非常に多種多様であることがわかる。強いものもあれば弱いものもあるし、はっきりしたものもあれば錯綜したものもある、等々である。感情を包括的に分ける場合、快いものと、不快なもの以上の区分はない。こうした感情の違いがどうして生じるかの原因を探ることは無用で、おそらく無駄であろう。我々の本性の成り立ちはそのようなものであって、賢明でよい目的をはたすように造物主によって考案されていると言えるまでである。
こうした感情には、注意すべき別の事情がある。**好意**が入り込むものもあれば、**嫌悪**が入り込むものもあるということである。ある対象に対しては、我々は好意をもち手に入れ楽しみたいと願う。他のものは嫌悪を催しそうしたものを避けたい気持ちにさせる。どんな対象も、好意をかき立てるのは快いものだけであり、嫌悪を催すものは不快なものだけである。好意を呼びおこすことが、あらゆる快い対象の効果なのかどうかは、今は探る時ではない。しかし、多くの対象は、不快でおそらく苦痛なものではあるが、いささかの嫌悪も呼びおこさない、ということを見ておくことは大事である。恐怖と戦慄の対象、呪わしい対象、その他の多くは嫌悪を催す。しかし多くの感情あるいは情念で、そのあるものは最も苦痛な種類であるが、何らの嫌悪も催さないものがある。悲嘆はきわめて痛ましい情念の一つであるが、しかしいかなる程度の嫌悪も伴わない。それどころか我々の快い感情の多くに劣らず魅力的なものである。我々は悲嘆を呼びおこす対象に愛着し、それから離れられなくなるものだ。同情は同様な性質をもつ例だ。苦悩の対象は、苦痛を与えはするものの、我々のうちに何ら嫌悪を引き起こさない。逆に我々をそこに引き寄せ、救いを与えたいという欲求を我々に吹き込む。

---

(3) John Locke, *An Essay Concerning Human Understanding* (London, 1690; reprint, ed. Peter H. Nidditch, Oxford: Clarendon Press, 1975), II. xxi. 37, pp. 254–5; II. xxi. 43, pp. 259–60.〔L. p. 14〕〔大槻春彦訳『人間知性論』、岩波文庫、二、一九七四年、一六五―一六五頁、一七三―一七四頁〕

幼いころは、欲求や欲望だけが行為への衝動である。だが成長して、周りにあるものが快をもたらすものか苦をもたらすものか判別できるようになると、しだいに違った種類の行為への衝動を身につけていく。自己愛は、幸福に資するかもしれないあらゆるものを探しまわる強い動機である。自己愛は反省と経験によって作動する。そして、あらゆる対象は、幸福に資することがわかるとすぐ、当然のように我々に所有欲をかきたてる。だから自己愛に関するかぎりは、快と苦が、行為への唯一の動機である。けれども我々の欲求や情念すべてがこの種の動機というわけではない。そうした欲求や情念は理性が介入しなければ、野獣の本能と同じような仕方で、しばしば直接の衝動によって働く。直接の衝動には理性がまったく影響を及ぼさないので、不幸を避けあるいは幸福を得ようとする見通しは、衝動的な動機の一部になることはない。情念や欲求を満足させることが好ましいのは確かだし、快への見通しが、特定の要求に道を譲り、反射的行為によって行為のさらなる動機になるかもしれないのも確かである。しかしこうしたことは、欲求や情念から起こる直接の衝動と混同してはならない。これまで述べてきたように、そのような衝動は、いかなる先の結果も考えず、盲目的、本能的に働くものである。

自己愛に導かれた行為と、特定の欲求に導かれた行為の区別を確認するには、自己愛がめざすものは自分を幸せにすることだが、他の欲求や情念はしばしば非常に異なった傾向をもつということにさらに注目しなければならない。このことは、帰納によって明らかになるだろう。憎い相手に対して満たされた復讐心は快い。しかし我々が愛する相手に対して腹を立てるとなると、話はまったく別である。たとえどんなに心証を悪くしたとしても友人を傷つけることは、友情が許さないだろう。「彼に対して悪さをする気にはならない。でも彼が私に対してした過ちに、気づかせてあげたい」。このようにはけ口を拒まれた復讐心は、気分を害された人の臓腑へと跳ね返りこれを蝕む。その復讐心は怒りっぽさや毒舌というかたちで現れる。復讐心は、時間が経つか過ちに気づいて止むまで、うずきくすぶるにちがいない。この種の復讐心は、気分を害されたその人自身にはねかえってくる。そして過ちをした人に間違いを気づかせようとして自らも大きな過ちを働いている不機嫌な人の実例なのである。そのもっともありふれた例といえば、恋に破れた乙女をおいてほかはない。彼女は悲しみを増長させ、どうしたのと聞いてくれる人だったらどんなつまらない相手であろうとすがろうとするのである。次の例にはもっと納得がいくだろう。誰もが悲嘆の念が極まったとき、癒しや慰めを与えるあらゆるものから逃げ出し、締め出そうとするのが事の本質だということは、誰もが見てとれるはずである。悲嘆の極みにあって、人は悲嘆の対象である人へのある種の共感によって、いっそうの窮状へと突き進むのである。もはやわが友が幸せでないときに、どうして私が幸せでいられようか——その情念を言葉であらわせばこういうものだ。このような状況では、人間は、まったくもって自虐家になる。そしてここにきて、人間本性のうちなる特異な現象に行きあたる。苦痛の後に生じる欲求であり、自分自身を惨めなものにしようとする傾向である。このことは、自殺以上にまで及ぶ。悲嘆がこのように耐えられないほど高まったときには、悲惨を終わらせるためというのでなければ決して犯されることのない罪が犯されることがある。

今や、ロック氏、およびかのフランスの著者が人間本性について述べたことがいかに不完全だったかがわかろうというものだ。彼らは、自己愛に発するもの以外に行為への動機を認めていない。快を得、苦を避けるために手段はある、というのだ。好悪を伴う多くの欲求や情念は、ことごとく体系の外に置かれている。しかし、それなりの確かさをもって言ってよいことだが、自己愛よりもこれらの欲求や情念に影響されることの方が我々は多い。人間本性は多様であり、その行為能力は複雑なので、一目では容易にはとらえがたいのである。

関連する行為原理を明らかにした後で、主題に立ち返ることにしよう。先に述べたことから推定できることがある。自然は我々を社会的に造ったのだから、一人の喜びや悲しみを多くの人へ伝える共感の原理によって、我々を親密にむすびつけている、ということである。我々は仲間の苦悩を分かち合い、仲間とともに、仲間のために悲しむのである。そして多くの場合、仲間の不幸が我々自身のそれと同じぐらい我々に影響を及ぼす。だから、我々が不幸な対象を避けるかわりにそこにとどまることを選ぶのにも驚かないでおこう。なぜならこのことは、わが身の不幸に対して悲嘆にひたるのと同じぐらいまったく自然なことだからである。そして同時にこのことが、賢明なる摂理のなせる業だということも見ておく必要がある。もし社会的な情緒に多少とも嫌悪が混ざっているのであれば、我々がそれを抱いているときでさえ、苦しみの対象を一目見ただけで、救いの手をさしのべようとするかわりに、視野からも心からも遠ざけたくなるだろう。

またこの原理を、決して不徳あるいは欠陥だと判断してはならない。というのも、それは人間社会にとっての強力な接着剤であるだけではない。どんな状況でも不運はありうるのだから、相互の共感は人類の安全と幸福を大いに促進するはずであると考えるべきだからである。個々人の繁栄と存続が多くの人の関心事だということは、それぞれの人が絶海の孤島にたった一人で住み、他人からかまってもらったり助けてもらったりする見込みもなく、立つも倒れるも自分次第という場合よりも、より多く全般的な幸福に向かうことになる。それだけではない。我々は自らの性格と行為を省みてみると、自分の本性のなかに優しさと共感を認めざるをえない。我々は自分がそのようにつくられていることに満足している。我々は内なる長所を自覚しており、このことが満足の絶えざる源泉なのである。

この問題をもう少し展開するためには、我々は生まれつき他人の経歴を知ろうとする強い欲求をもっていることを見ておかねばならない。我々は彼らの行為を判断し、是認か否認か、断罪に値するか無罪放免かを決める。そして多忙な精神〔人間〕はこのことに驚くほどの歓喜を覚えるのである。いや、もっと話を進めてみよう。我々は他者の関心事へと深く分け入り、心を寄せる。気に入った人々と喜びや苦しみを共にし、別の人々へは嫌悪を示す。こうした心の動きが、歴史や小説や劇といった何より万人に好まれる娯楽をつくりあげている。人間は社会的な生きものなのだから、それは当然である。最も社会性のある人々が、この種の好奇心を最も大きく分かちもっていて、そのような娯楽に誰よりも強い愛着心を示すものだと、我々は敢えて主張する。

悲劇は人間の性格や行為の模倣あるいは再現である。それは模造された歴史であり、通常、現実よりも強烈な印象を与える。なぜなら、もしそれが天才の作であれば、出来事は最も深い印象を与えるように選び抜かれており、実生活で通常起こること以上に心を興奮させ、はらはらさせておくように演じられるからである。優れた悲劇によってあらゆる社会的な情念がかきたてられる。我々は、登場人物の何人かに対して突然の感情を抱く。我々は自分たちの心の友に愛着を抱くように、そうするのである。そして、まるですべてが実際に起こったことのように、我々は彼らのために、希望をいだいたり恐れたりする。

演劇という娯楽になじみのない淡白な哲学者にとっては、模倣が精神にこのように影響を及ぼし、真実さや現実性が欠けていることが我々の情念の働きを妨げないのは、驚くべきことにみえるかもしれない。しかし物理的な原因がなんであれ、明白なことが一つある。人間の心には現実の対象だけでなく架空の対象からも印象を受け取りたいという性向があって、それが人生の最も高貴な目的に寄与するということである。他者の行為を眺めて、有徳な人が関心を寄せることに立ち入り、その品行を是認し、不徳をとがめそれに嫌悪を示すことほど精神を改善し、その徳を強めるものはない。というのは、精神は肉体と同様に働かせば働かせるほど力を得るからである。しかし、もしこのような鍛錬の場が実人生に限られるならば、大多数の人はたいして向上しないことだろう。なぜなら、そんな場面はめったに起こらないからである。そうした場面は歴史のなかでさえ、頻繁に起こるものではない。しかし、もし精神が、フィクションを自由に許されている創作物においても、最大の感受性と最も確かな徳行の習慣を獲得するほど、鍛えられないとすれば、それは資質が欠けているからにちがいない。

このように悲劇は本物の歴史に劣らず、我々の情念をひきつける。友情、徳への関心、悪徳への憎悪、同情、希望、恐れ、そしてあらゆる社会的情念が、悲劇と歴史のどちらからも等しく呼びおこされ鍛えられるのである。

このことは、我々が演劇という娯楽に愛着を抱くことにたいするまっとうな説明であるように思われるかもしれない。しかし事をもっと立ち入って吟味すれば、いくらかの困難が生じてくるが、それに対して先に述べた原理は満足な答えをほとんど提供してくれない。若い人たちがこのような娯楽に群がるのは驚くにあたらない。新奇さへの愛や、没頭したいという欲求や、行為の美しさは強力な魅力である。そうして老若を問わず、登場人物の関心に入り込むことによって、その魅力は大きくなる。それから悲しみや苦難に行き着くことが予感されても、魅力は失われはしない。しかし我々は一般に、経験によって賢くなる。そして、苦難がそうした娯楽の結末にはつきものなのに、成熟した判断力をもった人たちがそれを全く排除することがないのは、驚くべきことのように思われるかもしれない。自己愛は普段あれほど活発に働いている原理なのに、この場合は眠っているのだろうか。経験を繰り返せば、危険に近づかないように十分に賢明になるので、反省能力をもった人は深刻な悲劇はめったに見に行かないだろうと、人は当然考えるだろう。しかし実は逆なのだ。すなわち年齢を問わず、最も強烈な印象を受けやすいとりわけ繊細な感情の人たちが、最も深刻な悲劇を最も頻繁に見に行くのである。そうした性格の人は、よくできた悲劇を観たせいで前の晩に陥った深刻な苦悩からほとんど立ち直っていなくても、いささかも自己愛が邪魔をするなどとは感じずに、内心では冷静に熟慮して、その種の次の出しものを楽しみに行くのを決めていたりする。

このことはある思索、人間本性に属する最も奇妙なことの一つに行き着く。一般に理解されていることとは反対に、先の思索から明らかなのは、自己愛でさえ常に苦痛や苦悩を避けるために働くとは限らないということである。これがどのようにして引き起こされるかを吟味してみると、社会的な感情が存分に働く余地を与えるための、人間本性のうちにある素晴らしい仕掛けが見出されるだろう。先に述べたことを念頭に置くと、苦痛に満ちた情念には嫌悪を伴うものもあれば好意を伴うものもある。最も厳密に調べると、苦痛な情念は、直接感じるときには少しも嫌悪を伴わず、振り返ってみてもそうである。あるいはもっと馴染みの表現をすると、我々が他者への関心によって受けた痛みを省みるとき、その省察には、その対象を目にすることによって生じた痛みそのもの以上の嫌悪は混じっていない。実例として、同情から生じる痛みと、何であれ肉体的な痛みとを比較してみよう。人の肉体を傷つけることは、直接的感情に強い嫌悪が伴うだけでなく、後でその行為をふり返ってみても同じくらい強い嫌悪を伴う。先に述べたような精神的痛みを省察する際には、我々はこのような嫌悪をまったく感じない。反対に、我々が友人の不運が我々にもたらす痛みを省みると、その省察にはきわだった程度の満足を伴う。我々は友と共に苦しむことを受け入れ、その苦しみのためいっそう自身の価値を認め、同様の場合に同様の苦しみを喜んで受けることを厭わない。自己愛はそれにいささかも反対しない。

こうした、苦痛ではあるけれども何らの嫌悪も伴わない特定の情念を考察するとき、そうした情念はみな社会的な性質のものであって、共感という卓越した原理から生じ、人間社会の接着剤となっている、ということを我々は見出す。そうした社会的情念は、我々に快を与えるときに劣らず、苦痛を与えるときも、それにひたりたいという欲求を伴っている。我々は、このような苦痛な情念に喜んで従う点で、そうした情念を甘受することを困難と見なさない。このようにできている点で、我々は規則性と秩序を意識し、また我々がこのように苦を甘受することが正しくまた相応しいということにも気づいている。したがって道徳的な感情は、苦痛を生むようなものであっても、少しも嫌悪を伴うものでなく、その情念が我々を陥らせる苦をかえりみても、やはりそうである。特に共感は、苦しんでいる人に我々を強力に結びつけるので、自己愛に従えばそこから逃げ出したくなるのに、自己愛を凌ぐ力を持つのである。したがって、共感は苦痛な情念だけれども、魅力的なものである。そして救いの手をさしのべ、その情念を満たすことも大いに快い。そしてこの観察をふまえると、悪意的、あるいは利己的な感情とは反対に、道徳的感情を非常にきわだった見地に据えることになる。

人間本性にある行為の源泉は多種多様であるが、いま述べているもの以上に素晴らしいものはない。共感はすばらしい原理であり、それは血縁よりも強い絆によって社会の人々をつなぎあわせる。しかし、共感の子である同情は、痛みに満ちた情動である。そして仮に同情にいささかでも嫌悪が伴っているのであれば、その嫌悪が引き起こす苦を省みるときでさえ、嫌悪が同情心を鈍らせてしまうだろう。同情は弱さとか病とみなされかねないから、嫌悪のためについに我々は何とも思わなくなってしまうだろう。しかし、我々の本性の創造者は、自らの作業を未完成に終わらせてはいない。創造者は、この高貴な原理を対立原理なしにまるごと我々に与えたのであるが、その原理が力強く、またあまねく働くようにするためである。我々はこの社会性の原理によって引き起こされた苦痛に対して反感を抱くどころか、満足をもってこのような苦しみを省み、まるで本物の快楽であるかのように、どんな場合でも心から喜んで苦しみを甘受する。そして悲劇は、自己愛からは少しも邪魔されることなく、社会的な情念を働かせることから生じるありとあらゆる魅力をもって我々の心を掌握することができるわけである。

もし当の著者に共感の原理という発想があれば、無為への嫌悪のような不完全な原因を持ちだすまでもなく、苦しみのただなかにある他者に自発的に関わることを説明するにはそれで事足りると気づいていたことだろう。哲学にのめり込んでさえいなければ、彼はそれを説明するために日常生活からありあまるほどの手がかりを得られたかもしれない。いたるところで人々は、病んだり苦しんだりしている人と共に過ごすことを選ぶような、共感気質の人と出会うはずである。そんな気質の人たちは他者の苦しみに関わり、その心配に心から思いやり、ともにため息をついたり呻いたりする。こうしたことが、振り返って義務を果たしたと感じることからくる満足以外の他のどんな満足も伴うことなく、悲しみと失望のなかにある彼らの人生のなかを過ぎて行くのである。

そして、問題をこのように説明するのがもし正しいとすれば、最も同情心のある気質の人々は悲劇の最も大好きな人々であって、悲劇は彼らにそうした情念に浸るための大きな場を提供すると我々は確信してもよいかもしれない。この手段がもたらす効果は、実にみごとなものだ。というのは、情念というものは、浸ることによって力を増すし、働かされなければ衰えるからである。人というのは、栄華のただなかで苦痛や悲惨になじみがないと、無情になって行きがちである。そんな場合にこそ悲劇に触れるのがいちばんだ。悲劇は、架空の憐みの対象を提供することで、気質をより人間らしいものにする。それが情念に及ぼす効果は、実在の対象が及ぼすものとほとんど同じなのである。そして我々は生まれつきの衝動によって、架空の不幸の再現によって引き起こされる苦悩に深く入り込むようになるわけである。そして、たとえ心を惹きつけたり、満足を与えたりするものが他に何もないとしても、憐みの感情だけで悲劇に人を集めるのには十分だろう。

公開処刑がこれほど頻繁に行われるのは、好奇心のためである。分別のある人々は、それにひたることが苦痛を生むだけの欲求を改めようと努めている。また省察すれば、それはいささかも自己是認を伴わない。それゆえ、このような見世物は主として俗衆たちの娯楽であって、彼らはそれがためになるかいなかにほとんど注意せずに、好奇心の赴くままに盲目的に身をゆだねているのである。

ボクシングや剣闘といった見世物は、それが単に勇気、勇敢の見本だという以上には、我々を心躍らせ鼓舞するものは何もない。我々は競技者の魂に触れ、彼が見せる姿のように大胆不敵になる。その一方で、我々は敗者の苦悩を思いやり、彼らの振る舞いが勇敢であればあるほど共感を深めるのである。したがって、このような見世物にどんな趣味のよい人でも頻繁に出入りすることは、驚くにはあたらない。我々は英雄や征服者の人生をたどることを好きにさせるのと同じ原理によって導かれている。ちなみに、このような見世物は、若者を大胆で不屈な人間に鍛える点で、よい効果を持っていることも見てとれるかもしれない。それゆえ、この点で外国人たちがイングランド人の趣味をとがめるのは理由がないと思う。この種の見世物は、国家からの奨励を受け公的な警備の対象とされるに値するのである。

賭けごとについていえば、私は心を宙吊り状態に、いや、いわば拷問状態に置くことに何か快楽があると考える気にはなれない。そういう状態こそ、運任せの賭けごとにお金をつぎ込む人たちにあてはまるにちがいないのだ。無為や怠惰は、はるかに耐え難いことではない。お金への愛着が根底にあるというだけで十分だと思う。人々が技術や技量を要するゲームに目もくれず、運任せの賭けごとにお金をつぎ込むということも、確かな反論ではない。というのは、このことは怠惰や自信のなさと短気によるかもしれないからである。賭けごとというものに関しては、実際、興味深い思案の種がある。お金の得失とは無関係に、当たり外れに快苦が伴っているということだ。結果を考えずに、運がよければいい気になり、悪ければ落ち込むことは明白だ。賞品が取るに足りないものであっても、我々が賭けごとに心を寄せるのはそのためである。そうした関心が我々の性質のうちのどんな原理によっているかという問題は、誰か別の人が調べるにまかせておこう。この論考の主題とは必ずしも関係ないからである。

この新版では旧版では未解決にしておいた問題を探ることにする。この大地は、人間が技を磨き勤労に励まなくては使えないもの以外は、ほとんど生み出さない。そして人間は、生まれつき器用で勤勉なので、この境遇に十分に適している。もしすべての物が工夫も労力もなしに人間の手に入るのなら、人間は野獣のうち最低のもの以下に堕ちるだろう。私が以下だというのは、どんな下等な生き物でもその種としては完全であって、どのような種類であれ腐敗した生き物よりは優れているからである。自己愛は自分自身のため、善意は他の人のために働くように、我々を動かす。そして競争が加われば、こうした原理は強くなる。競争は子どもたちのうちでもみてとれる。子どもたちは、何が自分を動かしているのか知らなくても、勝利のために張り合うのだ。名声や権力や富の争奪戦ともなれば、競争は華々しい姿を見せる。それは腕前を競うものなら激しくなるが、トランプやサイコロの賭けごとのように、ほとんどあるいは完全に運任せの競技でもやむことはない。確かに、儲けを考えないと勝利の喜びはごく弱い。そして仮に貪欲だけに動かされているのではないにしても、人が運任せの賭けごとのために向こう見ずの危険を冒すのは、私には見るも痛ましいものだ。

注

（i） Livy, *History of Rome*（New York: E. P. Dutton, 1992）, vol. 4, 41. 20.〔L. p. 13〕

第二論考　道徳の基礎と原理

序　論

生半可な知識は何とも恐れを知らぬ冒険者を生みだすものだ。というのも、新しい考えによって焚きつけられると、想像力に歯止めがかからなくなるからだ。浅薄な書き手たちは真新しさに喜びいさんで、大殿堂を支える確固たる土台がそもそもあるのかどうかを気にもとめずに、図面を広げ、模型をこしらえ、施工を急ぐ。この自然の傾向を制して、実験という時間のかかる、いっそう骨の折れる方法に従ってきたことは、一部の近年の真理探究者にとっては大いに名誉なことである。この方法は、自然哲学に適用され、大成功をもたらしてきた。

厳格なるロックは、論理学で同じ方法に依拠しており、いくにんかの才気ある書き手たちも彼に続いている。万学の女王たる哲学だけが無視されているのだ。女王には、召使たちよりも敬意が払われずにいるというのは厄介なことのように思われる。著作家という著作家が独自の道徳の学説を提供しているが、それはまるで、学説を自分の好みや気まぐれに合わせるのが、自分たちの特権だといわんばかりだ。人間の品行に対する規範が、それが人間本性に由来するのか、人間本性に合わせることができるのか、ということを少しも顧みることもなく、毎日のように考え出されている。そのため、人間どころか、他のどんな存在にも関係のない空理空論があふれている。著作家が温かな想像力と思いやりの持ち主であれば、人間を天使のような性質を持ったものにまで持ち上げ、並の人間では及びもつかないほど洗練された品行の法をつくりあげる。反対の気質の持ち主であれば、あらゆる人間をそれこそ最低の人間の水準まで引きずり降ろし、理性的存在よりも野獣にふさわしいような法をあてがうのである。

抽象的な学問では、著作家たちはもっと無邪気に、空想をほしいままにしてもよいだろう。最悪の事態になって我々が道を誤ったとしても、そのせいで実践に悪影響が出ることはほとんどないのだ。しかし、道徳哲学に関わる者は用心しなければならない。というのも、ここで間違いを犯すと、悪しき傾向をもたらすことはまず避けがたいからだ。本性をその水準以上に持ち上げれば、自分の弱さに、そのようなできすぎた人間にはなれない無力に気づいた精神を失望させることになりやすい。本性をおとしめることは、利己的で野放図な欲求に重きをおくことになり、感情のバランスを崩してしまう。このような悪影響はさておき、道徳をめぐる意見がぶつかり合えば、多少なりとも心の隙のある人は、あらゆる原理を振り捨て、ひたすら欲求に身を任せようという気にさせかねない。そして正しい人生の支え、筋の通ったふるまいにもおさらば、ということになる。

このように考えて、著者は自らの探究に最大限の慎重さをもって臨み、事実と実験という真の試金石をもとに結論を出そうという、まっとうな関心をもつようになった。この方法が厳格に守られていたならば、相容れない体系が乱立して世の中が混乱することはなかっただろう。現実にはそのせいで、不幸にして道徳が難しく、錯綜した学問になっているのだ。道徳を本来の簡潔で権威ある姿に立ち戻らせようとする努力は、いかに実行にそぐわないようであっても、認めなければならない。著作家によって自然法の起源について意見が違っているし、自然法そのものについても違っている。著者は論争を好まないので、この事柄について書かれてきたことはさておいて、適切な源泉から引き出された、自然法のあらましを述べようと思う。

第一章　道徳の基礎

自然法の基礎を尋ねてみると、次のような省察が浮かぶ。第一に、二つのものの間に、ある存在とその行為の関係ほど密接に結びついているものはない。というのは、その結びつきとは原因と結果の結びつきのことだからである。その存在がこれこれのものだから、その行為もこれこれのものでなければならぬ、という具合である。第二に、自然が生物を区別してきたいくつかの分類があるが、外的形態による分け方は、内的構造による分け方ほどはっきりしていない。内的構造は、それぞれの種ごとに特有な行為の一様性において現れる。第三には、その種に共通な本性にかなった行為であればことごとく、我々は正常で適切だと考える。そうした行為は、秩序と本性によるものである。けれども、もしその種の構造とは異なっている構造の存在があれば、この存在の行為はそれ自身の特殊な構造にはかなっていても、我々には奇妙で無秩序なものに思えるだろう。我々はそれに二つの頭や四つの手をもった人間を見るかのように、嫌悪感をいだくだろう。このように考察してみると、自然法の基礎へと立ち至る。自然法は、怪物でもなければ誰もが分かちもっている人間の共通の本性から導き出されるものである。

先の考察によってあらゆる道徳の土台を築いたので、その考察をもう少し拡げてみることも不適切ではないだろう。あたりを見わたすと、外的構造、内的構造のいずれについても実に多種多様な生き物がいることがわかる。それぞれ種は独自の本性をもっており、その本性に由来する特殊な行為規則を有するはずである。我々はこのことは事実としてあてはまると思う。それぞれの種の法則が、最善のしかたで生活の利便をはかり、ふるまいに規則性と一貫性をもたせるように、種を構成している各個体の枠組みにどれほどぴったりと適合しているかを観察することは実に心地よい。

ほんの一例を挙げてみよう。社会性のある生物を支配する法則は、未開で孤立した生物を支配する法則とは大幅に異なっている。孤立した生物では、お互いの間につながりはないのだから、共食いすることほど自然で秩序にかなったことはない。けれども、社会的な生き物にとって、そのような流儀で生きることは不調和で矛盾した原理の結果となるにちがいない。そのような無秩序な光景はこの地球上では発見できない。先に述べたように、いくつかの種類の動物の内的構造と外的構造のあいだには調和がある。そしてこの調和は、見事に実行された深遠な設計の喜ばしい展望を与えてくれる。あらゆる種類の存在の共通な本性は我々には完璧なものとして認識される。そして、どんな場合であれ特定の存在がその種に共通の本性から逸脱するなら、その行為は無秩序で間違っているという印象を与える。要するに、生物のさまざまな種類がその固有の本性に適合した法則によって支配されているのは秩序にかなっているのである。そのようであることを、我々は適切で相応しいと考える。そして生物がその本性に従って行為しているのを見るのは美しい。

こうした観察の説得力は、目的因を認める人たちにはあらがいがたい。これこれの本性をもつある種の存在が、これこれの目的のためにつくられていると断言するには、何の困難もない。ライオンが鉤爪をもつのは、自然がライオンを肉食獣として造ったからである。人間に指があるのは、力ではなく技術によって食物を得るように造られた社会的な動物だからである。どんな目的のために我々が自然あるいは自然の造物主によって設計されたのかを発見するのは、このようにしてである。同じ推論の連鎖をたどると、我々が自らの行為を律すべき法が指し示されることになる。というのも、本性に従って行為することは、我々が創造された目的に応じるように行為することだからである。

第二章　道徳感覚

人間の本性が人間の行為を統御すべき法則の基礎であることを理解したので、目下の課題に関していえば、人間本性を突きとめておくことが必要だろう。もし我々が首尾よくこの部分の企てを成し遂げることができれば、総合的な方法で我々の行為を律すべき法則を導き出すことは容易であろう。そこで、我々は周囲の存在や事物とどのような方法で関わり合っているかを検討することから始めよう。それは見解の核心に導く考察である。

我々は広大な世界のなかに身を置いて、有益なものもあれば有害なものもある存在や事物に取り囲まれているので、どんな対象であっても我々に無関係なものはほとんどないように、我々はできている。対象が快苦のどちらかを与えるのは、音や味や匂いが証言しているとおりだ。こうしたことは視覚の対象において、何より際立っている。それは他のどの感官の対象よりも生き生きしたかたちで影響を与える。例えば、枝を広げたオークや緑の草原、大河は歓びをもたらす。腐敗した死骸、歪んだ姿態は、嫌悪を催す。そうしたことは、場合によっては恐怖にも及ぶのである。

視覚の対象についていえば、快をもたらすものは何であれ美しいと言われ、苦痛を与えるもの何であれ醜いと称される。**美**と**醜**という言葉は、その固有の意味では視覚対象に限られる。そして実際に、そのような対象は他のものに比べてとりわけ心地よいものか不快なものであれば、十分固有の名称で識別されるに値する。しかし、通常よりも生き生きした観念を伝える言葉にありがちなように、そうした言葉はすぐれて愛着や嫌悪を与えるほとんどすべてのものに比喩的に適用されるのだ。そういうわけで我々は美しい定理や美しい思考、そして音楽の美しい一節について語る。そしてこうした語り方はごく馴染みのあるものとなっているので、それが比喩的な表現だとはほとんど見なされなくなっているのである。

どんな目的や設計者とも無関係にただ存在すると見なされる対象は、美醜に関しては最低次にある。例えばなめらかな球体とか鮮明な色などである。けれども、芸術作品のような外的対象が何らかの目的に関わっていると見なされる場合、我々はより高度な快苦を覚える。だから、あらゆる部分が均整のとれた建築物は、一目見ただけでも快い。しかし住むための家屋と考えられる場合、それは追求されている目的であり、その家はいっそう喜ばせる。その目的に十分かなっていると想定するからである。よく秩序づけられた国家の働きを観察すると類似の感覚が生じるが、そこでは諸部分が安全と幸福という目的にうまく適合しているからである。

このように芸術やデザインの作品に美を知覚することは、対象をたんに見るだけでなく、ある用途に適し、何らかの目的に関連するものとして眺めることによって生み出されるものだが、そこには是認と呼ばれるものが含まれる。というのも、是認というのは、芸術作品について言われるときには、目的にかなっていると見たうえで、その作品に喜びを覚えたり、美しいと感じたりすることを意味するからである。是認や否認は最低次の美醜の対象にはあてはまらない。つまり、我々が甘い風味や川の流れを好むというのは、実際はこのような対象に喜びを感じるという趣旨を述べているにすぎないと言っているのである。しかしこの用語は芸術作品には正当に適用される。なぜならそのような対象を、たんに存在するものとして喜びを感じる以上の意味があるからである。それは独特な美を含んでおり、その対象を意図された用途に適したものと考えたときに知覚されるのである。

曖昧さを避けるために、さらに踏まえておかなければならないのは、対象の目的とのつながりから生じる美は、善かれ悪しかれ、有益であれ有害であれ、目的そのものからは独立しているということである。美は、その目的が何であれ、追求される目的にかなっていると考えることから生じるのである。

目的それ自体を考慮に入れる時、先の二つよりも高い種類の美醜が見出される。有益な目的は独自の快楽によって我々に印象を与える。そして是認もこうした感情に属する。こうして、船の仕組みは目的によくかなった手段として見れば美しい。しかし、実に多くの便宜品を商い、確保し、運搬して、人類に調達するという目的そのものが、船というものをより価値あるものにし、我々の是認と喜びをいっそう高める。ここで目的というのは、最終的な目的であれ、さらなる目的に従属した目的であれ、何かを得たりもたらしたりするために役立つものをいう。目的に関して考えるなら、その美しさの度合いは、有用性の度合いによる。ただ、ある物の目的や用途に手段よりも大きな尊厳や意義があればあるほど、前者に寄せられる是認は後者に寄せられる是認よりも高くなる、ということだけは念頭に置いておこう。

美のこうした三つの序列はさまざまなしかたで一緒に混ぜ合わさって、おおいに異なった結果を持つかもしれない。もしそれ自体で美しいあるものがその目的に十分に適合していなければ全体としては不快になるだろう。この好例は、建築様式は均整がとれていて、見た目には美しいけれども、住むには不便な家である。もしある対象が悪しき目的に適合しているのなら、完成すれば美の第二の資格は持っているけれども、全体として不快である。人々を奴隷にするための最も完璧な技術を備えた統治構造は、この一例かもしれない。もし目的はよいがその物が十分その目的にかなっていない場合は、目的のよさがまさっているか、手段としてのまずさがまさっているかで、美しいか醜いかであろう。こうしたものについて事例は一見すると思い浮かぶが、提示するまでもない。

美と醜についての先の特徴づけは、生物であれ無生物であれ、すべての対象にあてはまる。意志を持つ行為者は独特な種類の美醜を生み出すのであって、それは他のあらゆる美醜から区別されるであろう。生物の行為は物質の作用よりも興味を引く。前者の本能と行為原理は、後者の盲目的な力よりも我々に歓びを与える、あるいは言い換えれば、いっそう美しい。多少とも詩人たちと話を交わしてみれば、この事実は誰にも疑いようがない。ホメロスにおいてはあらゆるものが生きている。ダーツや矢でさえも意志を持った運動の趣を帯びている。こうした形象を多用することほど、詩を生き生きさせるものはない、ということを我々は感じている。

したがって、意図や思慮や選択に由来するものとして考えてみると、行為の美醜に関しては新たな事情がある。こうした事情は、道徳の学では最も重要なものなのであるが、主に人間の行為に関係している。というのは、下等な生物の行為には意図や思慮、選択といったものはほとんど見出せないからである。人間の行為は、先に述べたさまざまな点で、快適か不快か、美しいか醜いか、というばかりではなく、さらになすのに相応でふさわしいか、あるいは不相応でふさわしくないかといった我々の知覚において識別される。こうしたことは、単純な知覚であって、定義のしようがない。しかし誰でも、熟慮の上での意図による行為について考えているときに、何が心中をよぎるかを注意深く吟味すれば、すぐさまこうした言葉やその言葉が示している知覚の意味を見出すだろう。ある立派な人を欠乏や残酷な敵から救う、寛大なめざましい行為について振り返ったとしよう。また社会の平和を破壊するよりも、辛抱強くひどい抑圧に耐えている、模範的な愛国心を示す人を省察したとしよう。このようなふるまいは、誰にでも快適で美しいと思われるばかりでなく、行うに相応でふさわしいので快適で美しいだろう。人はそうした質の点でその行為を是認しその人間性と公平無私のゆえにその行為者を是認するのである。こうした際立った事情は、人間の行為の美醜を独特な呼び名にふさわしいものにする。それらは道徳的な美や道徳的な醜さと呼ばれるのである。それゆえ人間の行為の道徳性や不道徳性があるのであって、それは道徳感覚とよばれる能力に基づいているのである。

一部の著作家がしているように道徳の基礎をたんなる是認に求めることは、道徳の概念を決して明確にするわけではない。私はよくできた鋤や荷馬車を有用だから是認する。美しい絵画や彫像を、実物を正しく表現しているから是認する、その創作者も腕前ゆえに是認する。美しい女性が身にまとっている優雅なドレスを是認するし、彼女の趣味を是認する。しかしこのような是認は、何らかの目的のために意識的に行われた人間の行為によって引き起こされる是認と同じとはとても言えない。もしその目的が有益なものであれば、その行為は正しく相応に行われたものと是認され、有害なものであれば、その行為は不正で不相応なものとして否認される。こうした性質のうちどれ一つも、最初に挙げられた例には適用できないのである。

どのようなものであれすべての対象のなかで、人間の行為ほど、悦ばしかったり嫌悪したりするものはなく、美あるいは醜をそなえたものもない。ここに、あらゆる事情が集中する。つまり、手段の適・不適、目的の善し悪し、行為者の意図、といったことである。そしてこうしたことが、人間の行為にふさわしくて適っているか、ふさわしくなくて不相応であるかといった、固有の性格を与えているのである。

こうして、ある種の行為を是認し他の行為を否認するように人間本性ができていることがわかる。つまり、何らかの行為は相応で行うのにふさわしく、別の行為は不相応で行うのにふさわしくない、と考えるわけである。行為を賞賛あるいは非難の対象に分けるものが何かは、次の章で説明しよう。一部の行為に関しては、別の事情も見出されるだろう。それはこれまで述べてきたこととは異なるものである。そして我々の行為のいくらかについて、これまで述べられてきたものとは異なるもう一つの事情が見出されるだろう。それは「義務と責務」というよく知られた言葉で聞かれるものであって、我々の行為を方向づけ、最も厳密な意味で法といってよいものを構成している。他の存在に関しては、その形態や構造よりほかに、我々はそれらの本性を見出すためのデータを持っていない。我々は自分自身の本性の法〔自然法〕を見出すためには同じデータを持っている。そのうえ、道徳感覚と呼ばれる、是認したり否認したりする独自の感覚がある。そして、後々では、一つのとりわけ注目すべきこと、人間本性とその外部の状況に適した法は、我々が道徳感覚によって是認するものと同じだということを説明しよう。

第三章　義務と責務

〔義務と責務のような〕こうした用語は道徳ではこのうえなく重要ではあるけれども、その用語が表している原理あるいは知覚を指摘することによって説明しようとした著者がいるとは私は知らない。そうした用語をしかるべき源泉にまでたどることで、この欠点を補うよう努めていきたい。その源泉なくしては、道徳の体系は完全たりえないのである。というのは、そうした用語は、道徳の最も厳密で本質的な部門を我々に指し示すからである。

シャーフツベリ卿は、その膨大な著述のおかげで世を大いに益した人物だが、はっきり、説得的に述べている。「万人にとって美徳は善であり、悪徳は悪である」(1)。けれども彼は美徳が我々の義務であることを、それが我々の利益であると示す以外の方法では証明していない。それでは義務の観念には至らない。というのも、この用語は端的に、我々の振る舞いにおいて何か欠かせないものを含意しているからである。我々がなすべきこと、服すべきこと、である。いま、ある人が自分の利益に反するような行いをしたら、愚かだとみなされるかもしれない。けれどもその人が、邪悪だとか悪人だとかみなされるはずはない。卿は実際、徳についての論考〔原注 Page 98〕のなかで、自己愛が社会的な愛情に服属するものだと主張して、義務と責務の説明に接近している。しかし彼はこれを明らかにすべき命題だと述べてはいるものの、著作の後続する部分ではそれを落としていて、二度と眼中に入れることはないのである。

ハチスンは美と徳についての論考〔原注 Page 101〕のなかで、行為の道徳性を、行為者に対する是認と愛情をもたらす、行為のある性質に基づくものだとしている。けれども道徳性についてのこの説明も不完全である。というのも、義務と単なる善意との区別を設けていないからである。それは正義にはほとんどあてはまらない。なぜなら、ひたすら正義に専心し、約束を守り、他者を害することを避ける人は、正しい道徳的な人間であり、ある種の尊敬にあずかる資格はあるにしても、愛情や友情の対象になることはないだろうからである。その人は、他者の愛情を得ることを期待できる以前に、人類の善、少なくとも友人や隣人の善をめざす性向を示すはずだし、人間性と善意のある行為をするはずである。

けれども何より見ておくべきは、道徳についてのこの説明のなかで、**責務、義務、当為、べき**という用語

---

(1) Anthony Ashley Cooper, Third Earl of Shaftesbury (1671–1713), *Inquiry Concerning Virtue or Merit*, in *Characteristics of Men, Manners, Opinions, Times* (London, 1711; reprint, ed. Lawrence E. Klein, Cambridge: Cambridge University Press, 1999), p. 230.

一六九九年の初版で *Inquiry* は、人間は「正邪の生来の感覚を」もっていると論じており、シャーフツベリはこれを「道徳」感覚と呼んだ (pt. 3, sec. I, pp. 177–9)〔I, p. 30〕

が、何ら明確な意味を持っていないということである。このことは、当の著者が道徳の基礎全体を考慮していないことを示している。確かに、著作の終わりのあたりで、**責務**という用語の意味を説明しようとはしているものの、成功していない。彼はそれを「自己利益から来る動機で、特定の行為の道筋を当然考慮する人を決意させるのには十分なもの」であるか——それは確かに道徳的責務ではない——、あるいは「自分自身の利益をかえりみず、ある行為を是認し、実行する決意で、それに反する行いをしたら自らに不満を覚え、不安に感じるようにさせる決意」と説明している——この意味では、彼はあらゆる人に善意への義務が自然にある、と言っている(2)。けれどもこの説明では、責務の真の観念には届かない。なぜなら、責務と、正義だけでなく英雄的精神や寛大さ、高邁さなどの美徳に適用できる道徳感覚の単純な是認との区別を設けていないからである。けれども義務は正義にのみ属する。そして自分にそれ以外の徳に属する行為を行う責務があるとは、誰もみなさない。

人間本性論の著者もまた、道徳感覚を純然たる共感に解消しようとするとき、より成功しているわけではない［原注 Vol. 3. Part 3］(i)。その著者によれば、行為が社会の益になるか害になるかを反省によって見出したあとでの行為の是認や否認以上のものは、道徳にはない。我々の不規則な欲求や情念を規制するには、これでは原理としては弱すぎるだろう。友や隣人に対する侵害を差し控えさせるのにもほとんど十分ではないだろうし、見知らぬ人に対しては、すべての制約のなかで最も弱いものになるだろう。おいおい示して行くが、道徳にはもっと堅固な基礎がある。さしあたり、この著者の学説では、ハチスンの学説と同様に、**責務**、**義務**、**当為**、べきなどの目立った用語が、何の意味も持っていないことを見ておくことが大事である。

ここは歩みを進めて、こうした用語を、それが表現している知覚を指摘することによって説明していこう。そして、この課題を遂行するなかで、我々の本性の創造者の驚異的にして美しい技巧が見出されるだろう。自己愛を社会的な感情に正当に服属させることで、道徳に権威を与えるようにした技巧である。道徳感覚については、一部は先に説明している。それによって我々はある行為を相応で、なすにふさわしいものとして、またある行為を不相応で、ふさわしくないものとして認識する。この見地を個別例にあてはめてみると、親切で善意ある行為には、我々は相応さという感覚を抱くことは明白な事実である。そのような行為をしたときには、自分も他人も是認する。その一方で、非社会的で、気難しく、非情な行為は非難する。けれどもある部類の行為では、さらなる事情を道徳感覚は考慮する。親への従順や、恩人への感謝や、すべての

---

(2) フランシス・ハチスン (Francis Hutcheson) の『美と徳の観念の起源の研究』*An Inquiry into the Original of Our Ideas of Beauty and Virtue* (London, 1725) は一巻本で二つの別々の論考からなっている。ケイムズが引いているのは第二論考 (*Inquiry* II) の *An Inquiry into the Original of Our Ideas of Virtue or Moral Good*, pp. 249-51 からである。ハチスン (一六九四—一七四六) は、グラスゴー大学道徳哲学講座の教授で、後継者として有名なアダム・スミスを教え、またスコットランドにおける啓蒙の絶頂を形成する知識人世代に多大な影響を与えた。ハチスンがシャーフツベリのいくらかあいまいな生来の道徳感覚という観念に依拠しているのは、生得的な道徳感覚——外的感覚に類比される判明な知覚能力——を想定するためであって、この感覚を通して人間は美徳と悪徳を人々に帰すとともに、区別するとされる。〔L. p. 31〕

人に対する公正な行為は、相応でふさわしいだけでなく、我々の欠かせない義務として知覚される。その一方で、他者の身体や名声、あるいは彼らの財物を傷つけることは、なすのが不適切だというだけでなく、絶対に不正であり、我々がけっしてなすべきではないこととして知覚される。

ここで主張されていることは、誰でも自分自身の知覚に訴える以外に、何ら他の証拠を要しない事実である。先入見を去って、心に去来することを公正に扱い〔give fair play〕さえすればよい。私はそれ以外の譲歩は求めない。どんなに生活やマナーが乱れ、間違った教育に毒されていたとしても、こうした知覚を感じない人はいないはずだ。そして実際、あらゆる言語に見出され、感情を伝えるときに完全に理解されるような語の数々こそ、その明白な証拠である。責務、義務、当為、べきは、そうした知覚に基づいているのでなければ、空虚な音声でしかない。我々は義務や責務のもとにある行為や、それらによって禁じられた行為を、いささかも自分の力のもとにあるものとして考えていない。我々は必然性の意識を持っており、まるで外的な強制の下にあるかのように、実行に縛られ、結びつけられているという意識を抱いている。

ここで注目すべきことは、善意ある、寛大な行為はこの特別な感覚の対象ではないことである。したがって、そうした行為はなすのが適切で正しいと考えられるけれども、それでも我々の義務ではなくて、厳格に我々の義務であるものを超えた有徳な行為として考えるべきなのである。善意と寛大は正義よりも美しく、愛と敬意をいっそう引き付ける。けれども、社会を支える上ではきわめて必要とされるものではなく、是認の喜びという一般的な支えに委ねられているのである。それに対して、正義や忠誠、信義は社会の存続には不可欠なものであって、先に述べた特別な感覚の対象であり、あらゆる自由の影を払いのけるもので、それを履行する必然性のもとに我々をおく。義務として我々から引き出される徳は、一次的なものと呼んでよいだろう。義務として我々から引き出されるのではない徳は、二次的なものと呼んでよいだろう。

バトラー博士は、男らしい鋭敏な著作家だが、道徳的な義務に正しい基礎を与える上では、誰よりも先んじている。彼は良心あるいは反省能力を次のように考えている［原注　彼の説教集の後の諸版の序文］(ii)。

それは一つの行為原理であって、人間本性のうちにある残りの原理と比較すると、他のすべての原理に対して明らかに権威のしるしを持っており、残りの原理のすべてについて、その原理の充足を認めるか禁ずるか、絶対的な指揮権を要求するものである。

この命題についての彼の証明は、「否認あるいは反省はそれ自体、単なる性向よりも明白に上位にある原理である」ということである。この称賛に値する著作家が、序文でたまたま触れた以上にこの主題をもっと公然と扱っていれば、それにさらなる光を当てることができた可能性は高い。けれども彼は、その主題が受けることができる光を当てるとは言っていない。というのも、第一に、反省による否認は事の全体というにはほど遠いことが観察されるからである。そのような否認は不機嫌や利己性、その他の偏った感情に当てはまるのであって、それは、しかしながら、厳密な意味では我々の義務に反するとは考えられないものである。そして反省による否認が、どんな場合でも、単なる性癖よりも上位の原理かどうかは疑いの余地があるだろう。我々は、私的な業務を怠り、恋愛や狩りなどの娯楽に身を委ねる人を否認する。いや、その人は自分を否認するのである。けれどもここから、その人が義務に違反するという罪を犯しているとか、自分の性癖に従うのは不法だと、我々が結論を下すことは公正ではない。

次に、後に説明することを見ておいてもよいだろう。良心あるいは道徳感覚は、我々の行為原理ではなく、そうした原理を案内し導くものである、ということである。良心の権威はたんなる反省の行為に存するのではない、ということを見ておくのも、なおいっそう重要である。それは直接の知覚から来るのであって、我々が対象を目にすると抱くものであり、いかなる種類の反省も介在していない。この権威は、当の行為を自らの義務として、必ずなさねばならないこととして認識するという事情にある。まさにこのようにして、道徳感覚はある種の行為に関して、すべての我々の欲求や情念に対し、はっきりと権威のしるしを示すのである。それは我々の内なる神の声であり、我々に最も厳格な服従を命じるものであって、神の意志が明らかな啓示によって宣告される場合にも劣らない。

ここで述べられたことは、思うに、義務、あるいは道徳的責務を善意から明確に分かつものだろう。この区別をもっとはっきりさせる語は、我々の言語のなかでは知らない。この区別を見落とすことは、道徳を内的感覚に基づくものと認める著作家たちにあっては致命的な失敗である。そのせいで、こうした著作家たちは、あらゆる徳を善意に還元し、結果として最も高い善意の行為を人間はなさねばならぬ、と主張するに至っている。そのような行いが最高の是認を呼ぶからだというのである。この学説はまったく無害だというわけにはいかない。なぜならそれは、善意を不可欠の義務に変じていて、自然のしくみに反するからである。若者がそのような観念に満ちた世界に出て行ったなら、それに自分の行いを合わせることが手に余ることをすぐに思い知るだろう。若者は自然に、道徳をロマンスや妄想だと考えるにいたらないだろうか。そんな結論を免れたとすれば、その若者は自分をすこぶる幸運だとみなしてよい。

道徳感覚の非常に重要な部門がまだ展開されていない。約束を果たす、感謝する、他者を害することを差し控えるといった先に述べた事柄において、我々は義務と責務の独自な感覚を有している。けれども、こうした義務に背くとき、悪徳や邪悪への感覚を持つだけではない。さらに処罰されてしかるべきだという感覚を、そしてその罰が自分に課せられた場合の恐れの感覚をも持つ。この恐れはもっと軽微な違反行為ではささいなものかもしれない。けれども大罪の場合、苦悶や絶望の段階まで高まる。だから良心の呵責は、ある種の罪を犯したときには、恐ろしい責め苦となる。しかるべき処罰へのこの恐れは、その大部分は想像に基づいて強力に働くので、どんな珍しい出来事も、どんな並外れた不運も、罪人にとっては意図的に自分に課せられた罰だと判断されるものである。事が順調に運んでいる間は、その罪人は良心の責めをなまらせる。しかし彼が苦悩し、心がうち沈むやいなや、良心が彼を固くとらえて離さない。犯した罪が彼を正面から見据え、あらゆる偶然の不運が、正真正銘の罰に転ずる。

「彼らは互いに言った。『ああ、我々は弟のことで罰を受けているのだ。弟が我々に助けを求めたとき、あれほどの彼の魂の苦しみを見ながら、耳を貸そうともしなかった。それで、この苦しみが我々にふりかかった。』すると、ルベンが答えた。『あのときわたしは、「あの子に悪いことをするな」と言ったではないか。お前たちは耳を貸そうともしなかった。だから、あの子の血の報いを受けるのだ。』」［原注　『創世記』xlii. 21, 22.］。

ここで、一次的な徳と二次的な徳との差異を広げる一つの実質的な状況に注目しよう。正義やその他の一次的な徳は、寛大さや善意などの二次的な徳に比べて社会にとって本質的なものだから、いっそう不可欠なものである。友情や寛大さや物腰の柔らかさは独特の性格を形づくり、一人ひとりの違いに寄与するものである。しかし、正義などの一次的な徳に対する感覚は人間そのものに属する。強さの度合いの違いはあれ、その感覚をまったく欠いた人間というのは、おそらくあったためしがないだろう。そして人間の身体構造においても喜ばしい外見を形成するのは、いくにんかの個人においてそうであるように、この感覚が弱いところでさえ、にもかかわらずそれは彼らの行動の指令者として自らの権威を保持するのである。もし正義の感覚があるとすれば、それは正を悪から、我々がなすべきことをしてはならないことから区別するにちがいないし、そしてまさにその区別をなす能力によって、ちょうど我々の指針であり統治者であると主張する。こうした考慮は人定法を正当化することに役立つであろうし、正義についてより強いかより弱いかの感覚を授けられているので、人定法は人々の間に区別を生まないのである。

そして我々はここでいったん歩みを止めて、人間の仕組のこの部分にいくらか讃辞を贈らなければならない。人間は明らかに、社会のなかで生きるように意図されている。そして互いに食い合うような生物には社会はありえないのだから、第一に、傷つけあうことを予防することが必要であった。そのうえ、人間はあらゆる生物のなかで、ばらばらでは最も弱く、社会のなかではまさに最も強い生物である。だから助け合いが社会の主目的でなければならない。この目的のためには、相互に信用しあい、約束を信頼すること、受けた恩恵は感謝で報いることが必要であった。

さてこの目的に応えるために、人間の心ほど見事に適合したものはない。社会の存続に欠かせない行為を是認するだけでは十分ではない。社会の解体につながる行為を否認するだけでは十分ではない。是認や否認だけでは、我々のふるまいを法の権威に服するようにするのには足りない。その場合、こうした感情は義務の独自の変化をともなっている。そうした行為は我々がなすべきことであり、なすことが不可欠とされている、ということである。こうした事情が、法なしではたんに理性的な尺度、思慮深い行為規則としてしか考えられないものを、法に転ずる。法に、法の最も完全な性格を与えるためには、何事も漏れがあってはならない。違反には処罰への恐れが、いや実際の処罰が伴う。違反者にふりかかるあらゆる不運が、当人には罰とみなされる。事はこれだけではない。共感はあらゆる人の胸中に埋め込まれた原理である。他人を傷つければ、必ずそれに対する苦しみが伴う。それが、いま一つの罰である。さらにまた、不正や忘恩は、万人からの反感と憎悪をまねくことによって罰せられるのである。

第四章　道徳的美徳のさまざまな序列

誰しも自分や他人のことを、正しいことをしたからといって寛大な行為をしたのと同じほどに高尚だとは考えないことは、広く認められる真理である。けれども、誰もが正義は社会にとって寛大さよりもいっそう欠くことができないと気づいているに違いない。したがって、なぜ我々は重要ではないほうの行為により大きな是認を与えるのか説明できないように思われるかもしれない。このことは、検討に値する。なぜならそれは道徳の学とはどういうものかをますます明らかにするからである。そしてこの検討には、我々は、先立つ章の主題についてさらに考察を加えた後で、とりかかることにしよう。

前の章で見たように、一次的な徳は社会の存続にとって不可欠な義務であって、我々に選択や選好の余地はない。そうした徳は我々には必須の義務として受けとめられている。そして我々の本性の法としてのそれらの徳に違反することには厳しく逃れがたい罰が伴う。要するに、最も厳密な意味で、このような人間本性の法にあてはまらないような実定法の特徴は存在しない。こうした実質的な違いとともに、こうした法の制裁は、国法を施行するために考案されてきたどんな制裁よりもはるかに有効である。

二次的な徳は、社会の改善に寄与するけれども、社会の存続のために厳密に必要というのではなく、我々自身の選択にゆだねられている。そのような徳は、必然性という性格を刻印されていないし、その徳を行うのを怠っても、罪悪感が伴うということもない。一方、この部類に属する行為は、道徳的な美しさが最も強く知覚される対象である。我々自身からも他の人々からも最高の称賛を受けるのである。不相応な親切心からの奉仕や、善を以て悪に報いることや、祖国のために寛大に骨折りや苦難を甘受することは、この部類に属する。こうしたものは**義務**とはされない。その実行には、どのような意味においても法とよぶことのできる動機はまったくない。しかし完全な自由と両立しうる最も強い動機が存在する。それを実践することは、自尊心や、世間の人々みなからの賛美や称賛によって報われ、それらは人間本性が受け入れられる最も高く望ましい報いなのである。

道徳的な美のこの領域には非常な熱狂が伴うので、自由で寛大な心性をもった人々が、一次的な徳にはそれほど意を注がないのに、こちらの徳に魅せられるのを見ても驚くにあたらない。度量の大きい人々は拘束には耐えられず、正義よりも寛大さに導かれるものである。しかしながら、人類の大多数にとって厳格な義務の感覚は、称賛と自己是認が寛大さの動機となる以上に、正直さの強力な動機となる。人間の構造のこの部分ほど知恵がつまった例はない。誰もが正しく誠実であることは、誰もが愛国者で英雄であることよりも、はるかに社会には不可欠なのである。

ここまで述べてきたことから、次のような所見が当然のように出てくる。一次的な徳に関しては、義務に違反する苦痛のほうが、義務に従うことからくる快楽よりもはるかに大きいということだ。反対のことが、二次的な徳にはあてはまる。高貴な行為を実践することから生じる快楽は、それを怠ることの苦痛よりもはるかに大きい。一次的な徳に反する悪徳のうちには、道徳的な醜さが何より露わになり、二次的な徳のうちには、道徳的な美が何より露わになる。

我々には今やこの章のはじめに示唆しておいた思索を続ける用意ができた。威厳とメリットにしたがって道徳的な美徳の序列をつけるにあたって、一次的な徳が二次的な徳よりも社会にとって欠かせないものとして、最上位に列せられるべきだと人は容易に想像するだろう。しかし吟味してみると、これは自然の秩序ではないことがわかる。威厳に関しては、有用性の点では第一位ではないが、最上位は二次的な徳に与えられる。寛大さは、人類の感覚からは、正義よりもメリットがある。そして恐れなき勇気や大度、英雄主義といった他の二次的な徳は、なおいっそう高く尊敬される。この方法にならって道徳的徳に序列を設けるとは、自然は気まぐれででたらめなものではないのだろうか。一見すると人はそう考えるかもしれない。しかし、自然の作品に考えをめぐらして出くわす他の困難と同様に、これは片寄ったあいまいな見方からきている。諸部分と同じく全体を眺めてみればわかることだが、ここでも自然は独特の洞察と叡知によって手段を講じてきたのである。この論考の前の部分で説教したことをただ思い返してみるだけでよい。正義は最も効果的な種類の自然の制裁によって強制されている。そのことによって、最も厳密な意味での法、すなわち違反すれば無罪放免というわけには決していかない法となるのであった。この法を寛大さなどの二次的な徳に拡張し、こうした徳を我々の義務とするなら、人間本性に矛盾が生じることになるだろう。そうすることは普遍的な善意を厳格な義務にすることであり、人間の限られた能力、それにもまして限られた力量とはつりあうものではない。寛大さは、それゆえ英雄主義やすべての並外れた徳の行使は、我々自身の選択に委ねられなければならないのであって、それをしなかったからといってどんな罰も加えるものではない。日の光が今我々のうえに差し込んでくる。

もし二次的な徳が処罰によって強要されてはならないのなら、報酬によって奨励されることが必要になる。というのは、このような奨励なしには、自分の利益を他人の利益のために犠牲にする例などは稀なものだろうからである。そして最大限に注意を払ってこの問題を考察してみると、現に与えられているような報酬より以上に適切な報酬など、想像することができない。その報酬とは、こうした徳を最上位に位置づけ、それらにより優った威厳を授け、それらが壮大で高尚な情動を生み出すようにすることである。

一次的な徳を最も高い位置におけば、その徳への強力な支えになることは疑いない。しかしそうすれば、二次的な徳を格下げし、低位に押し下げ、結果としてその報いをそれから奪うことにならざるをえないから、この変更は社会にとって破滅的なものになるだろう。そうすれば確かに不正や過ちを効果的に防ぐことにはなるだろう。けれども善意や、社会状態のなかでの無数のお互いの利益も妨げることにならないだろうか。不安に終止符を打つとしても、同時に我々の希望にも終止符を打つことになるだろう。そして、すべてを一言でいってしまえば、我々は社会のただなかにいながら、孤独な存在になるだろう。そんな孤独は、もしありうるとしたら、砂漠に一人投げ出されるよりも悪いものだろう。正義が同時に報いをまったく欠いたままであることはない。正義はもっと高位の徳の栄光にはおよばないけれども、少なくとも我々の評価と賛意は勝ち得る。そして正義は、さらに重要なことだが、それがもたらす精神的な満足によって、正義の命ずるところに従う人々の幸福感を間違いなく増進するのである。

第五章　行為の原理

すぐ前の三つの章で我々は道徳感覚について探究し、それを異なる部分へと分析する努力を払ってきた。我々の目下の課題は、我々を行為へと動かす、人間本性のこうした原理について探究することでなければならない。行為の原理は道徳感覚からは区別されなければならない。というのも、道徳感覚は適切に言えば行為原理ではないからである。すぐ後に説明するように、その本分は、どの行為原理に身をゆだねてよいか、どの行為原理を差し控えなければならないかを我々に教示することである。それは欲求と情念を規制し、何が合法で何が不法かを示す内なる神の声である。

我々の本性は、行為に関する限り、我々を行為に駆り立てる欲求や情念と、そうした欲求や情念を支配する道徳感覚からできている。道徳感覚は第一動因としては意図されていないが、あらゆる動機のなかで最高の権威を持つ動機、つまり義務ゆえに、卓越した第二動因である。自然は義務という動機だけに我々のふるまいをゆだねるほど、我々大切な子どもに厳しくない。いっそう巧妙で、思いやり深い手腕が、人間の形成のうちに見てとれる。我々は本性の構成そのものによって運動へとうながされている。そして行きすぎたり、道を踏み外したりしないよう、良心が舵取り役に据えられているのである。我々の本性がそのようなものであることは、帰納から明らかになるかもしれない。もしどのような場合にも良心だけが行為の原理だとすれば、正義の諸問題——それについては、我々は不可欠の義務として、最も強い感覚を持っているのだが——についてもそうだろうと予想できるかもしれない。しかしながら、正義も全般的な設計の例外ではないことがわかる。というのも、正義への愛が万人に共通する行為原理ではないのだろうか。また、感謝や誠実、そしてすべての一次的な徳と同様に、親子の愛情も同様にそうではないだろうか。こうした原理が第一の動因を与え、良心の影響力と権威によって見事に支えられているのである。

だから、その実践のために、我々が生来の動機や原理によって実行するよう駆り立てられることのない行為は義務ではないと言って差し支えないかもしれない。そのような行為を我々の義務にするなら、我々の本性に反するふるまいの規則を設けることになるだろう。あるいは、そうすることは我々の本性になんらの基礎も持たない。このことは真理なのだが、自然法の体系を我々に提供してきた人々は、それにほとんど注意を払うことがなかった。彼らが道に迷ってきたことは驚くにはあたらない。この真理をしかと見据えておこう。そうすればこうした法をめぐる多くの論争に終止符を打つだろう。もし、たとえば、我々は厳格に万人の善を促進しなければならず、自分自身の利害を全体の幸福の一部をなす以上のものとはみなしてはならない、ということが第一の自然の法として立てられたとしよう。万人の幸福を追求するように促す善意の原理が人間のうちにある、ということが明らかにされないかぎりは、我々はそんな法を拒否して差し支えないかもしれない。

この公平無私な構図の全体を道徳感覚に基礎づけることは、無駄な試みに終わるだろう。道徳感覚は、先にみたように我々の案内役にすぎず我々の原動力ではない。そうした行為への是認や否認に対する方向性を、我々はある生来の原理によって前もって有しているのだが、道徳感覚から帰結しうるのはそれだけである。我々がすべての自らの行為においてのみ自分自身を顧慮すべきであり、他者を気にかけることが、悪徳だとは言わないにしても、愚考だとしてみよう。そのような法は、自己愛が我々の唯一の行為原理だという仮定に基づくのでないかぎり、決して認めることはできない。

次の点で人間は野獣と異なるということはありそうである。野獣は、彼らにあっては本能という名前を持つ行為原理によって完全に支配されている。野獣は盲目的に本能に従い、その時点で最も強力な本能に導かれる。彼らがこのしかたで行為することは相応でふさわしい。というのは、自らの本性の全体にしたがって行為しているのだからである。しかし人間にとっては、反省や制御なしに本能や自らの行為原理に暗黙裡に身を任せることは、自らの本性全体にしたがって行為することではない。人間は、自分の行為原理を反省し制御するため、またどの原理に身をゆだねてよいか、どの原理は差し控えるべきかを教示するための道徳感覚ないし良心というものを授けられている。野獣についてこのように説明することは、疑いもなく基本的に真実である。すべての点においてそうであるかどうかは、当面の課題にとってはまったく重要ではない。人間の独自な本性を明らかにする当面の課題は、比較対照によってのみ示唆されるのだからである。

我々の行為原理について十分な説明を加えようとすれば、際限のないテーマになるだろう。けれども社会生活を統御する法則にこの小論は限定するつもりなので、他人に向けられたもの以外には、どの行為原理についても探究する機会はないだろう。自分のことだけを対象とするような原理のことは省くわけである。そして、この探究では、次のような問いから入ろう。どのような意味で、我々は普遍的な善意の原理を人間本性に属するものと考えるべきなのだろうか。この問いは、道徳の学にとって大事なものである。というのは先に見たように、普遍的な善意というのは、生来の原理によって我々があらかじめ促されていないとすれば、義務ではありえないからである。

全ての環境と全てのつながりから抽象されたただ一人の人間を考えてみると、その人に対するどのような善意も意識することはない。我々は、その人の幸福を増進するよう促すものを何も胸のうちに感じない。もし人が一目見て感じよく何がしかの愛情をひきよせるとしても、それは容貌か物腰か振る舞いのおかげである。そしてこの証拠に、我々は一目見て気に入るのと同じように、嫌悪をいだくこともありがちである。

人間は生まれつき恥ずかしがりで臆病な生物である。どんな新しい対象も、よく知ってそれが無害だとわかるまでは、恐れの印象を与える。だから幼児は、見知らぬ人を見るなり乳母にすがりつくのである。そしてこの生来の恐れは経験を積まなければ拭い去られることはない。もしどんな人間も一目見てあらゆる他人に愛情を抱くのだとすれば、生来の本能によって子どもたちは見知らぬ人を好きになるはずである。しかしこのような本能は見当たらない。子どもの愛着は乳母や、両親、彼らを取り巻く人たちに限られている。やがて子供の愛着は次第に他の関係についての感覚へと開かれる。

この議論は、低俗だがありがちな実例で示せるかもしれない。犬は、生まれつき人間に愛情をもっている。そして子犬は初めて見た人のもとに走っていき、愛想を振りまき、足元でじゃれつく。人間には人間に対するこのような全般的な好意が生まれつきあるわけではない。そうした好意を生み出し、呼び起こすには、特定の状況がつねに必要とされる。苦しみは実際に、間違いなく共感を生む。どんな見知らぬ人の悲惨も我々に苦痛を与え、救いの手を差し伸べるように本性によって促される。しかし、我々の共感を呼び起こすものが何もないとき、興味を引いたり、つながりを生み出したりするような特別な状況がないときには、我々は無関心にとどまり、その人の幸不幸を願う意識はもたない。だから、すべての片寄った愛情をさておいて万人への平等な善意という原理に基づいて行為することを求める道徳家たちは、我々の本性に居場所をもたない原理に基づいて行為することを我々に求めているのである。

今述べたような仕方では、普遍的な善意の原理は人間のうちには存しない。ついで、他の仕方でその原理が存するかどうかを探ってみよう。人間の幸福というのは、黙想する精神にとって快適な対象である。そして善き人は、それを増進しうるあらゆる学問や探究に分別のある快楽をおぼえる。善意はすべての人に平等に向けられているわけではなく、その対象が隔たるにつれて徐々に薄れていき、ついには無にまでいたる。しかしここで自然のたくみな考案が顔を出して、隔たった対象に対する善意の欠如を埋め合わせる。つまり、我々の宗教、我々の祖国、我々の政府、ひいては人類といった抽象的なものに力を与え、善意や公共精神を呼び起こすのである。こうした次元の個々の対象はどれも、個々ばらばらに考えれば、感情を生み出すにはほとんど、いや何の力ももたないかもしれない。しかし、一つの全般的な視野のもとで理解すれば、心を広げ温める対象となる。このようにして、人は自らの愛情のうちに、全人類を含めることができる。そしてこの意味で人間は普遍的な善意の原理を授けられているのである。

感情を交えずに人間本性のこの部門を省察できる人は誰であれ、きわめて冷めた気質の持ち主にちがいない。考えてみると、自然界のうちでも道徳的世界のうちでも、今考察していることほど設計と叡智の真骨頂が表現されている場面には出会うべくもない。人間本性への畏敬を胸にとどめ、それを最高に宣揚しようと努めてきた著作家たちは誰一人、すべての個人に対する平等な善意という原理を超えて自らの想像力をひろげることができなかった。そしてそれは、考えとしては非常に立派な計画である。けれども不幸にして、それは完全にユートピア的な種類のものであって、実人生や行為にはまったくそぐわないものである。人間は本性からして能力に限りがあり、彼の愛情は対象が増殖すると、増すかわりに部分部分に引き裂かれ、分割によって弱まる、ということは、こうした著作家たちの考察からは抜け落ちている。普遍的で平等な善意という原理は、注意と愛情を分割すると、善意ある行為を増進するどころか、その妨げになるだろう。心は同等の影響力を持った対象がたくさんあれば気を散らされ、どこから始めたらいいのか、永久に途方に暮れたままになるだろう。

しかし人間の組織は、こんなふうに能力と感情との不釣り合いを受け入れる以上にうまく出来ている。ある人の愛の主たる対象は友人と血縁者である。隣人に注ぐ分もいくらかとっておいてはある。彼の愛情は、対象が隔たるにつれて徐々に減じていき、ついには完全に消失するだろう。しかし、これが善意に関する人間本性の全体だとすれば、人間は卑劣な被造物にすぎないであろう。事は実にうまくできていて、距離があるためにほとんど、いや何の影響も持たない対象であっても、一つの全体的な展望に収められると、この上なく強い影響を持つようになる。多くの事例では、個別の対象に注がれるどんな生き生きした愛情をもしのぐほどなのである。この見事な考案により、精神の注意と愛情は、無数の個々人のあいだに拡散するかわりに、全体的な対象に注がれて、完全に保たれるのである。こうした行為原理ほど人間本性を高貴にするものはない。

正確な意味を持たない一般的な言葉が、大部分の場合、個別の対象——どんな魅力的なものであっても——に注がれるよりもさらに強烈な愛情の基礎となるということほど驚嘆すべきことはない。我々の祖国、我々の宗教、我々の政府について語る場合、こうした一般的な語句に結びついた観念は、あいまいで判然としない。一般的な用語は、言語においては非常に有益である。数学の記号のように、要約的な仕方で我々の考えを伝えるのに役立つ。しかしこうした用語の有用性は言語にかぎられたものではない。さらに高貴な目的のためにも寄与する。つまり、我々を最高度の寛大で善意ある行為へと奮起させるという目的である。それは個々人のためにとどまらず、社会全体、町、邦、王国、いや全人類をもつかむのである。

この興味深いメカニズムによって、人間本性の欠陥は十分に直される。遠く離れた対象は、他の点では目に見えないのだが、それがはっきりしてくる。たくさん集まれば大きくなり、大きくなれば間近に見えるようになる、というわけである。愛情は失われず、一つの対象に注がれるように、全体として注がれる。そして、一言でいってしまえば、この善意の体系というものは、人間の発明ではなく、人間本性に現実に根ざしたものなのであって、どんな情熱的な想像力が生み出したユートピア思想よりも人類の善と幸福を増進するように、限りなく見事に造られているのである。

絶対的な利己性という逆の体系については、片時も費やすには及ばない。それは奇怪である。というのは人間本性に何の基礎も持たないからである。人間という生物が存在しているということは、人間がもっぱら他者に向かう行為原理をもっているということよりも確かなことではない。善をなす人もいれば、悪をなす人もいる。一方では友情、同情、感謝があり、他方では悪意と憤慨があることを考えれば、誰がこのことを疑えようか。実際にこれまでにみてきたように、我々は自分自身の満足のためだけでもこのような情動や愛情にひたる。しかし人間本性をいくばくかでも熟知している人で誰もこのような見解を気に入りはしない。社会的な感情は実際に、最も高揚した快楽だけでなく最も深い苦悩の源である、ということは、これまでの論考で十分に述べてきた。要するに、我々は明らかに社会のために、そして利己的な情念だけでなく社会的な感情にひたるように、自然によって造られている。それゆえ、ひたすら我々自身を顧みるべきで、利己的なもの以外の何の原理にも影響されるべきではないと主張することは、本性にまさに背を向けることであって、本性とまったく調和しない行為規則を打ち立てることである。

こうした体系は人間本性から逸脱したものとして片付けてしまえば、正真正銘の行為原理たるものに至る道も開かれる。自然がはからった最初のことは、自らの被造物を保存することである。そのため生命への愛は、あらゆる本能のなかで最も強くつくられている。同じ根拠に基づいて、苦痛が嫌悪の対象である度合いは、快楽が欲望の対象である以上に大きい。苦痛は我々の破滅につながるものについて我々に警告する。快楽はしばしば無用心に、健康と生命にとって危険な方法で追求される。苦痛は我々の危険に対するモニターとして入ってくる。自然は我々の保存を第一にかけあうのであって、満足は二番にすぎず、快楽が押し進ませる力よりも、苦痛に引き止めるより大きな力を与えている。

第二の行為原理は自己愛、つまり自分自身の幸福と善への願望である。これは善意や他者へ注がれる愛よりも強力な原理である。優先順位がそうなのは賢明なところである。というのも、どの人も他者の善を増進するよりも、自分自身の善を増進するための力、知識、機会のほうが多いからである。そういうわけで個々人は、たいてい、自己自身を気づかうように放っておかれる。人間のような生物の有限な本性にとって、そのようになっていることは好ましい。そして結果としてすべての人が自分自身に最も強い愛情を持っていることは賢明に命じられているのである。

ここまで述べた原理は自己をその対象としているので、目下の企てには適切に入ってくるものではない。そうした原理は、反対に、他者に配慮する以下の原理を説明するために、言及されるまでである。この種のものとして、最も普遍的なのは正義の愛であり、それなしにはどんな社会もありえない。誠実はそれに劣らず普遍的なもう一つの原理である。忠誠は三番目の原理であるが、より狭い境界のうちに制限されている。というのは、一方に対する信頼を築き、他方にその信頼に応えるふるまいを求めるというのは、二人の人物のあいだの独特な関係なしにはありえないからである。片方の側に信頼を見出そうとすれば、その信頼に応答するもう一方の行為が要求されるのである。感謝は普遍的に認められた四番目の原理である。そして善意は最後の位置を占めるのであって、対象によってさまざまであり、個々の対象の距離と、一般的である対象の大きさに比例して、行使のされかたは強くなったり弱くなったりする。この行為原理は一つの際立った特質をもっている。結果的に善を増進するよりも、苦境にある人々を救うほうにずっと大きな力で働くということである。苦境の場合、共感がその助けにやってくる。その状況で共感は同情という名を得るのである。

こうしたいくつかの行為原理は一般的な善を最善で最も効果的な仕方で促進するように、称賛すべき叡知によって命じられている。我々はこうした原理に基づいて行為するときは一般的な善のために行為しているのである。それが我々の直接の目的でないときでも変わらない。一般的な善は、唯一の推進力のある行為の動機であるには、あまりにも隔たった対象である。たいていの場合、個々人が限られた目標、つまり容易に達成できるものを持つように、うまく秩序づけられている。どんな人にもその人自身の使命が割り当てられている。すべての人が自分の義務を果たすなら、一般的な善は、それがどの単一の行為の目標である場合よりも、ずっと効果的に促進されるであろう。

先に述べた行為原理は人間そのものに属しており、人間の共通本性と呼んでもよいようなものを構成している。他の多くの原理は、いかなる種類の推論や反省も交えることなく、本能的な仕方で特定の対象に発揮される。食欲や動物的な愛などである。野心、貪欲、羨望などといった他の個別の欲求、情念、情緒は、一部の個人の独自の性質を構成していて、それが与えられている度合いはさまざまである。このような個別の行為原理を扱うことは倫理学に属する。

第六章　正義と不正

正義は人格と財産と個々人の名声を保護し約束や契約に権威を与える道徳的な美徳である。そして先に述べたように、正義は最も強い自然法によって力をあたえられている徳の一つである。だから、正義は一次的な徳の一つであるどころか、自然の徳ですらなく、ある種の暗黙の慣習によって打ち立てられた、公共の利益の観念に基礎を置くものであるという学説が、人間本性論の著者によって唱えられていなければ、このテーマについてそれ以上述べる必要はないだろう。(3) この著者が学問の世界で頭角を現してきたのはもっともなことだが、だからといって彼の存在が黙って通用するというわけにはいかない。社会のうちでともに生きている人々にとって、正義の原理がどれほど堅固な基礎をもっているか、人々を危害から守るためにどれほど見事に造られているかを学ぶことは、快適であると言わざるを得ない。

当の著者の学説は、所有権を保障する正義という部門に関するかぎりでは、こんな考えに至っている。自然状態では、所有権のようなものはありえない。所有権の観念は、正義が慣習（convention）によって確立され、誰にも所有を保障することになったあとで成立する、ということである。この特異な学説に反対して、

(3)「正義と不正の感覚は自然に由来するものではなく、教育と人類の慣習から必然的に生じるとはいえ、人為的に生じるものである」（Hume, *Treatise*, 3. 2. 1. 17, p. 311〔伊勢他訳『人間本性論』第3巻、法政大学出版局、二〇一二年、三八頁〕）。〔L. p. 46〕

こんなふうに述べることは難しくはない。所有権は合意や慣習からはまったく独立した自然的な感覚に基礎を持っているのであって、所有権の侵害には呵責と義務違反という知覚が伴う。この主題を追究するうえで、人間本性の諸源泉がどれほど見事に相互のあいだで、また外的な環境に適合しているかは明らかになるだろう。

この地上は、このうえなく野蛮な未開人に対してはひとりでに食べ物を産出することはほとんどないが、労働と勤勉をもってすれば、必需品だけでなく、奢侈品さえも供しうるほど実り多いものとなる。人間はもともと、一部は獲物によって、一部は大地の自然の果実によって何とか身を養っていた。この状態では、人間は捕えたものをただちにむさぼり食い、空腹が満たされれば心配もなくなる肉食獣にいくぶんか似ている。けれども人間は肉食獣となるように自然によって設計されてはいない。生きていくうえで食料がまるで安定して入らない状況では、長期の絶食に耐えられ、機会とあれば遠慮なくむさぼるのに耐えられるような身体が求められる。人間は違ったつくりになっている。

人間は定期的で頻繁な食糧供給を必要とするが、それはもともとの漁や狩に従事するだけでは手に入れることができない。それゆえ、人間はこうした生活の仕方を放棄し、遊牧民となる必要を見出したのである。野生の生物で、おとなしくて食用に適したものが支配下に置かれた。そうして牛や羊、山羊などの群れが身近で食用に供されたのである。この工夫に、もう一つの工夫が加わった。土地の一部が共有地から切り離され、鍬や鋤で耕される。穀物が蒔かれ、作物が家族で利用するために蓄えられる。理性と反省能力がこうした改善をうながす。それは我々の福祉に欠かせないものであり、たんなる生存のためでさえ、大いに必要なものである。

　しかし、自己保存は理性の振る舞いにまったく委ねられるにはあまりにも重大である。怠慢や怠惰に備えて人間は反省なしに本能的に働く原理を賦与されている。そしてそれは他のいくつかの動物とも共通の貯蔵の欲求である。私が思うに、誰もがどれほどその能力を追い求めているかを、また多くの人々がその能力を際限なく増大させたがっていることを考えれば、この性向が生まれつきで普遍的であることを否定するほど大胆な著者はいないだろう。貯蔵の欲求は、ほどほどのものであれば、ごく自然でありきたりな事なので、固有の名前で呼ばれる栄誉には預かっていない。それが限度を超えたときにのみ、貪欲という名前で知られている。

　私が見渡している視野は広いが、一番の近道が一番平坦で明るい道とはかぎらない。平明な問いをたてることで、ここで核心に迫ろう。貯蔵の欲求を与えられながら所有権の感覚や観念を持たないというのは、人間はどのような生物なのだろうか。人間は自分で使うために貯蔵する傾向をもっていて、同時に自分の貯えたものが自分だけでなく他人にも自由に利用できることも気づいている。そうすると、自分のものにしたいという欲求と、それが無駄だという意識とに、たえず引き裂かれていることになる。

　もっと言おう。貯蔵の欲求は、明らかに別の理由でも考案された本能であって、我々を欠乏に備えるように動かすということである。この本能は、人間の心のうちにある他のすべての本能と同様に、それによって果たされる結果に見合う原因でなければならない。けれども、所有権の感覚から独立にそうであるはずがない。というのは、すべての個々人の蓄えたものが、どのような良心のチェックもなしに、あらゆる種類の略奪がなされるままになっているときには、欠乏にどんな有効な蓄えがなしうるだろう。だとすれば、人間本性のうちにあからさまな欠陥あるいは矛盾が存することになるだろう。これが本当だと考えることが出来るとすれば、人間はあわてて造られ未完のままにされている被造物だと信じざるを得ない。

確信をもって言えるが、このような矛盾は人間本性の他のどの部分にも見出されない。また実際に、我々が発見できた限りでは、貯蔵の欲求を授けられた他のどんな生き物にも見出せない。ミツバチはめいめい自分の巣穴にすんでいて、自分の集めた蜜でくらしている。カラスはめいめい自分の巣穴を持っていて、小枝一本でもくすねられれば、罰はまぬがれない。けれども人間のうちにはそのような矛盾は見出されない。あるゆる人が飼いならした牛や耕した畑は、はじめから普遍的にその人のものとなると考えられた。あらゆる人とその人自身の労働の成果とのあいだには、ある関係が成り立っていて、それこそまさに我々が所有権と呼ぶものである。そのことに本人も気づいているし、他の人も同様に気づいている。あなたのものとわたしのものというのはどんな言語にもある用語であって、未開人のあいだにもよく知られているし、子どもでもわかるものである。これは人間誰しもが証言できる事実である。

この推論の実例を挙げるとすれば、たくさんの適切な類比があるだろうが、ほんの一例だけ触れてみよう。正直と、真理として認められるものを信じようとする性向は、対応する原理であって、人間本性の一部門全体をなしている。人間に信じようとする気質がなければ、正直は無用の長物となろう。そして正直ぬきでは、信じようとする性向は、危険な性質となるだろう。なぜなら、それは我々をまやかしや欺瞞にさらすだろうからである。貯蔵欲と所有の感覚のあいだにもまさに同じ対応がある。後者は前者なしには無用である。肉食獣は所有の機会を持たず、その観念も持たないことを見ればよい。また前者は後者なしには、自然が意図した効果をもたらすにはまったく不十分である。

だから、所有の感覚が存在するのは、社会のおかげではないことは明白である。けれども道徳の学にあってこうも重要な事柄については、擁護論を首尾よくなしとげるだけで満足してはいられない。私の論敵の説とは正反対の説を主張することで、私は完全勝利をねらう。つまり、所有の感覚のおかげで社会は存在する、あるいは少なくともこの感覚なくしては、どんな社会も形成されることはありえなかった、ということである。この命題の証明については、我々はすでにかなりの進歩を遂げてきた。人間は本性からして貯蔵する動物であって、自分で使うために蓄えることを好む、ということを明らかにすることによってである。

結論のためには、さらに一歩進める必要がある。つまり、人間が所有の感覚を欠いていたとすれば、原初、人間の状態はどんなものとなっていただろうかを考えることである。その答えは明々白々である。普遍的な戦争状態である。人々がお互いを食い物にしあう、生活に必要なものを奪いあい、くすねあう状態であり、勤勉あるいは、個人とその労働の成果とのあいだに築かれた関係も、一顧だにしない。勇気と体力だけが正しさとなり、弱者には、わが身と自分の持ち物を隠す以外には何も残されていないことになるだろう。そしてホッブズは件の著者と同様に、所有の感覚が自然的なものであることを否定しているが、彼のことも公正に扱うことにしよう。彼はこの推論を正しいと認めており、大胆にも、自然状態とは万人の万人に対する闘争だと主張している。要するに、所有の感覚を欠いていては、人間は自然に相互に敵になるということである。それは今日のオオカミやキツネに対するのと変わらない。

さて、これが人間の原初状態にちがいないものだったとすれば、件の著者には答えてもらおう。そんな気質を持った個々人が、どのような超越的な力、どのような奇跡によって、そもそも社会において結合するにいたったのか、を。我々は大いに確信を持って断言してよいかもしれない。人間の状態のそのようなめざましい革命が、自然の手段によっては決して企てるべくもなかっただろう。所有と正義の感覚に依拠して、少数の個人が当初は相互防衛と相互扶助のために結びつくという企てに乗り出したこと、そうした状態に多大な快適さを見出して、後にはしだいにますます大きな社会へと結びついていったことほど、明らかなことはありえない。

所有の感覚が他の原理によって強められるということは、見落としてはならない。誰もが自分自身のものと呼ぶものには特別な愛着を持つ。彼は自分自身の関心対象を改善するために、実に乗り気になって自分の技量や勤勉を注ぐ。彼の関心対象への愛着は所有している時間が長くなるほどに増大する。それに対して、他人が持っている同じものに対してよりもずっと大きな価値を置くことになる。

けれども、所有の感覚に含まれるものはこれだけではない。我々は、力ずくで自分の財物を奪われることに苦痛を覚えるだけではない。偶然に財物が台無しにされたり、失われたりしたとしても、同じようなことになるだろう。間違っているとか、不正という感覚を、我々は抱くのである。我々から奪う人たちも同じ感覚を持っている。そしてその行為を目にする人は誰でも、それを悪徳、正しさに反するものとみなすのである。

件の著者の説をくつがえすにはそれでは足りないと考えられるので、それについてさらにいくらか述べるとしよう。その説の各部分のつながりがいかにまずいかを示すためである。

そこで第一に、彼は自分の学説を作るにあたって必ずしも首尾一貫して考えていないように思われる。彼は正義を共通の利害についての一般的な感覚に基礎づけている〔原注 Vol. 3. p. 59〕。しかし、わずか数ページ先ではこんなふうに述べている〔原注 Vol. 3. p. 43〕。しかも、見事に述べている。公共の利益は、あまりに遠く離れており、またあまりに崇高な動機なので、正義と共通の誠実という感覚がしばしばそうであるように、私的な利害に逆らって、人類の大多数を触発し、行為において強制力をふるうことはできない、と。(4)

第二に、所有の感覚を抜きにしても、すべての人が自身の勤勉や幸運によって手に入れたものを誰にも邪魔されずに享受すべきだというように、共通利害の感覚が必ずしもそのような規則に至るようには思われない。所有の感覚がないとしても、スパルタ的な国制を持つことが社会と調和しないとは思わない。つまり、すべての人が実力あるいは暴力によらずに、申し出るだけで自分が持ち主になったものを合法的に持っていってよい、という国制である。(5) 我々が何の権利も持たないものを我々から奪うことは、我々の小川から水

(4) ケイムズが引いているのは、Hume, *Treatise*, 3. 2. 2. 22, pp. 319-20; 3. 2. 1. 11, p. 309.〔伊勢他訳『人間本性論』第3巻、法政大学出版局、二〇一二年、五〇―五一、三五頁〕〔L. p. 50〕
(5) 少年たちが食糧を盗むのを許可する、また奨励させるスパルタの慣習への言及は、以下で述べられている。Xenophon, "Constitution of the Lacedaemonians" (2. 1. 6-9) and Plutarch, *Lycurgus* (17).〔L. p. 51〕

を飲んだり、我々の空気で呼吸したりすることとさほど変わらない。いずれにせよ、そのように洗練された規則が、社会のまさに始まりにおいて確立されるほど重要なものだとは考えるべくもない。それができるのは、たとえあるとしても時を経てからにちがいないし、長年の経験と、生活の業の多大な洗練の結果にちがいない。他者の財物に手を出さないことは、社会が存続するには欠かせない規則であることはまったく本当である。

けれどもこの規則の必要性は、所有の感覚から生じたものである。所有の感覚なしには、人は自分の財物をなくしてもさして痛痒を感じることもなく、間違いとか不正という観念をもつこともないだろう。所有の感覚の実在を否定する以外に、この推論の力を逃れる方法はないように思われる。他の人なら否定できるかもしれないが、件の著者はそれをいさぎよしとはしない。彼自身の権威に訴えてもさしつかえないだろう。というのも、その所有の感覚以外に何が、あらゆる社会の制度において、個々人の保有物を保障する必要性を彼に示唆したであろうか。彼は、所有の感情を抜きにすれば、その必要性がまったくないことに気がつかざるをえない。しかし、我々の知覚は静かに沈黙して働く。そして、我々の最も単純明快な知覚が示唆する結論を支えるうえで、行きすぎた議論をさしひかえることほどありふれたことはない。

第三の考察はこうである。件の著者はあらゆる徳を共感に還元しているのだから、なにゆえに同じ原理が正義の基礎であることを認めようとしないのだろうか。なにゆえに共感は、隣人が勤勉によって獲得したものが奪われるとき、生命や手足が奪われるときと同様に我々に痛ましい感覚を与えないのだろうか。というのも、多くの人は、体の一部を失ったときより、財物を失ったときのほうがより不安になるというのは、否定するにはあまりに自明な事実だからだ。

そして最後に、正義が共通利害についての一般的な感覚にのみ基づいているならば、それは人間本性のなかで最も弱い感覚であるにちがいない。とりわけ、不正が縁もゆかりもない、見知らぬ他人に対してなされた場合はなおさらである。ところで、これはあらゆる経験に反している。不正の感覚は人間性に属する最も強い感覚の一つであって、特別な性質もまた持っている。そこには義務違反の感覚と、その違反にふさわしい罰の感覚が含まれている。件の著者が一度でもこうした特性について省みていたら、正義に対してああも脆弱な基礎を与えることに満足できなかっただろう。というのは、こうした特性は彼の体系ではまったく説明できないからである。

全体を振り返ることで、この推論を結ぶことにしよう。この議論されている主題は、事実と経験を顧慮せずに図式を立てたり命題を主張したりすることがいかに危険か——自然哲学の場合におとらず、道徳においても危険である——というよい見本である。件の著者が一般的な命題をあえて述べようとする前に、人間本性を吟味し、我慢強く事実を完全に集めることにしていたらどうだろう。正義は人為的な徳であり、所有権は社会の子供であると主張するなど、誰にもましてしようとはしなかっただろう、と私は確信している。自分の体系は脆弱な基礎さえ持たない空中楼閣にすぎないことに気づいて、さっさと放棄したであろう。

もし人の所有権が正義によって他者の暴力から守られているのだとすれば、その人の人格や名声は言うまでもない。

約束や契約に関する正義の部門も、件の著者が二つの別の命題［原注 p. 102］で述べたことにもかかわらず、人間本性に堅固な基礎を持っている。二つの命題というのは、「約束は人類の慣習がそれを確立するまでは理解しがたいものであったろう。そしてもし理解できたとしても、何の道徳的責務も伴わないだろう」[6]。人間は社会向きに形づくられているのだから、相互の信用と信頼は、有益な社会が成り立つためには欠かせないものだが、人類の性格のなかに入ってくる。これらに応えるには正直と忠実の二つの原理がある。人間は、証拠によるのであれ契約によるのであれ、自分に対して言われたことを信用したり頼りにしたりする性向を持っていないのであれば、正直や忠実が意義を持つことはないだろう。その一方では、人間が正直や忠実というものを欠いているのなら、信用や信頼はきわめて有害な原理となるだろう。というのも、仮にそうだとすれば、先に見たように、詐欺と欺瞞が世にはびこることになるだろうからである。

正義のうち、互いに危害を加えることを規制する部門が社会の存続そのものにとって欠くべからざるものだとすれば、正直や忠実は社会の安寧にとってそれに劣らず欠かせないものである。というのも、そこから社会生活独自の利点が大部分は生まれるからである。件の著者が見てとっているように、人間は孤立した状態では、最も無力な存在である。そして社会によってのみ人間は自らの弱点を補い、他の生物に対する優位を獲得することができる。協力することによって我々の力は増し、分業によってさらに高度な目的のために働くことができるし、助け合いによって我々は安全を手に入れることができる。

しかし、相互の忠誠と信頼なくしては、我々はこうした利点をどれ一つとして享受できない。それらなしに我々は互いに心地よい交際ができないだろう。それだから裏切りは最も忌まわしい罪であって、あからさまに嫌悪されるのである。裏切りは性格の一部をなし、全人類に敵対しているのだから、殺人よりもたちの悪いものである。それに対して殺人は一時的な行為であり、たった一人の人間に向けられたものにすぎない。不誠実も裏切りと同種のものである。どちらの罪の本質も同じであって、いってみれば信頼に背くことである。裏切りは、私に寄せられていた信頼を、私を信ずる友に対して翻すという、さらに悪化した事態にすぎない。さて、約束を破ることはある種の不誠実である。だから件の著者は、裏切りは罪ではないと主張するか、あるいは約束違反は罪であると主張するか、どちらかしか選択肢はない。そして実際、そうだから誰もが自分の感じるところから証拠を得られるのである。意図的にした約束を果たすことは、どんな時代にも義務とみなされてきた。我々は履行を厳に義務づけられているものとして、約束の感覚を持っている。そして約束に違反することは、他の罪に伴うのと同じような自然な痛み、つまり痛恨やしかるべき罰に対する感覚を伴うのである。

件の著者の約束についての考え方はきわめて不完全である。というのも、約束する人しか考慮に入れていないからである〔原注 Vol. 3. p. 102〕[iii]。この行為には、二人の人物が関わっている。約束する人と約束される人である。もし約束に対して、自然的に何の信用も信頼もないのであれば、約束を破ってもどうでもよいことになるだろう。我々自身の行為によって生まれた我々への信頼が、責務を構成している。我々は自分がそれを履行しなければならないことを感じる。それを自らの義務とみなすのである。そして我々の約束を破ったときには、自分の誠実さを頼りにした人を失望させたことで、我々は道徳的に落ちぶれたという感覚を持

(6) Hume, *Treatise*, 3. 2. 5. 1, p. 331〔伊勢他訳『人間本性論』第3巻、七三頁〕.〔L. p. 52〕

つ。

正義の基礎に関するこの主題を、全般的省察で結ぶとしよう。隣人に関わるのであれ我々自身に関わるのであれ、我々の義務のあらゆる部門を通覧してみてわかることは、冷たい理性の導きに我々のすべてを委ねるよりも、自然ははるかに先見の明に満ちている、ということである。もし人間が社会的な存在であり、正義が社会にとって不可欠なのであれば、推論の連鎖によって我々の義務のこの部門を探るに任されるというのは、自然の類比にはそぐわない。とりわけ、件の著者によれば、その推論が公共善のような遠く離れた対象に関わる場合はなおさらである。

社会に対してああも見事に考え抜かれたことを、幸福についての対話〔原注 Page 155〕(iv)で、正義に適用してはいけないのだろうか？「もし社会がこのように我々の本性に相応しいものであるなら、我々のうちに社会へと促し、導くものは何もないのだろうか？　何の衝動も、能力の備えもないのだろうか？　仮にないとすれば、奇妙なことになるだろう」。もし我々が本性上、社会にふさわしくできているのなら、憐れみ、善意、友情、愛、孤独を嫌い仲間を欲することが自然な感情であり、そのすべてが社会に寄与するのであれば、社会にとって欠かせない正義へと我々を向かわせる自然な感情、能力の備えがないとすれば奇妙なことになるだろう。

我々の構造のどの部門にも劣らず、ここでも自然は我々を裏切ったりはしなかった。我々は所有の感覚をもっており、我々の約束を履行する責務の感覚をもっている。そして所有権を侵害するか、約束に忠実でないことは間違っているという感覚ももっている。こうした感情なしには社会が存続できないのは、適切にそう呼ばれている社会的感情なしには社会が存続できないのと変わらない。我々は両者を等しく支持すると結論する理由をアプリオリにもっている。そして検討の結果、我々の結論が正しいということを見出す。

第七章　第一の自然法

さて我々はこの論考の主な目的にたどりついている。つまり、第一の自然法について、その真の源泉である人間本性から引き出されるものとして、簡略な素描を、あるいはおおまかな見通しを提供することである。私はこの課題を、この主題に属するような種類の推論のほんの見本として企てる。というのも、完全な論考はまったく私の手に余るからである。行為が我々の探求すべての対象でなければならない。さもなければ、形而上学的な推論と同じく道徳的な推論も、空理空論でしかなくなる。そして生活と習慣が道徳の学の対象としてはさらにふさわしく、主題の重さと重要さが著者たちをある考え方に行き着かせたと思われるであろう。

しかし、人々が最もとりとめがなく抽象的な点について意見が分かれるのが世の常であるのとほとんど同様に、こうした第一の法についても世の意見が分かれているのは見るにつけ嘆かわしい。著者によっては、人間のうちに、まったくもって利己的であるということ以外に何の原理も、したがって何の義務も認めない。そんな人たちが、あらゆる社会的原理をとってきては、それが利己的なものだと見せかけようとして、どんなふうに歪めているかを見るのは興味を引く。また他の著者は、人間本性をその正しい水準以上に持ち上げ、利己性のかけらも認めないで、ただ全体の善のためにあらゆる行為を律し、他者の利害よりも自分自身の利害を優先しないように定められているものとして人間を考える。かの有名なシャーフツベリ卿は、偏った善意のようなものを認めないところまで行っている。全体的でなく全人類に向けられていないのなら、そもそも善意ではないと主張するのである。(7)

意見がそこまで異なる原因を見定めるのは難しいことではない。もっとも、誰もが知っているべき人間本性について、書き手たちの立場がこうも分かれるのは奇妙に映るかもしれないが。行為にかぎらず、哲学においても、空中楼閣を築くことほどありふれたことはない。帰納という緩やかで冷静な方法に我慢できずに、書き手という書き手が自由気ままに自分の趣味や好みにしたがって体系を築くのである。自分が建てた建物が気に入るあまり、それが確固たる事実によるテストに耐えるかどうかを試すなど、思いもよらぬことになってしまう。狭量な心と偏狭な原理の持ち主は、利己的な体系に自然になじみを覚える。普遍的な善意の体系は、寛大であたたかな心の人たちをひきつける。百家争鳴のただなかで、この論考の目的は、帰納という忍耐強い方法によって真理を探すことである。これまで述べたことに従えば、それを見出すことは難しくはない。

まとめるだけまとめておこう。行為の原理は行為へと動かすものであり、道徳感覚は我々の行為を規制し、ある原理を強化し、別の原理を差し止め、原理が対立したときにはある原理を別の原理に優先するための導きとして与えられている。だから自然法はこんなふうに定義されるかもしれない。**自然の原理に基づき、道徳感覚によって認められ、自然の賞罰によって強化された行動の規則であると。**

こうした法を探究するにあたって、これまで述べたことから明白にちがいないのは、道徳感覚によって、我々の行為原理の間にはっきりした差異が打ち立てられる、ということである。義務の意識によって強められるものもあれば、ある程度は我々の意志に委ねられたものもある。前者については、我々に自由はなく、行為へと進まなければならない。後者については、その行為を道徳感覚が否認するのでない場合、自由にどの自然の衝動に身をゆだねてもよい。この短い素描から、人間の行為を律するあらゆる自然法が容易に引き出せるかもしれない。この論考では、人間が自分に負っている義務は、他者が関わらないかぎりは含まれない。

我々の義務を果たすように強いる行為原理のなかで、正義の原理が筆頭である。それは二つの枝からなっている。他者への危害を差し控えることと、自らすすんでなした約束を果たすことである。この両方に関しては、我々に自由はない。ただ我々に欠くことのできない義務として正義のあらゆる行為を遂行せざるを得ない。誠実、忠誠、そして感謝は、同じ部類に属する行為の原理である。そしてその全体に関して見逃してはならないことは、人間の内的な構造は、社会的存在として、称賛すべき叡智によって彼の外的な状況に適合していることである。もし我々が野獣のように共食いするに任されているなら、社会はありえないだろう。そして我々の本性に、互いに導きあい、慰めあい、恵みあうように拘束するものが何もないとすれば、社会から

(7) シャーフツベリはこう論じる。「完全な社会あるいは全体を顧慮しない偏った感情、あるいは一面的な社会的愛というのは、それ自体が撞着であり、絶対的な矛盾を意味する」(*Inquiry Concerning Virtue or Merit*, pt. II, sec. I, p. 205)〔L. p. 55〕

はそのあらゆる利点が失われるだろう。そして人間は社会のただなかにあっても、孤独な存在になるであろう。

善意はもう一つの行為原理であって、多くの場合、特別なつながりによって、欠くべからざる義務ともなる。親子のつながりを見てみよう。我々は子どもを養う責務を負っている。それは厳格な義務であって、それを怠れば呵責のもとになる。他の血縁関係で、たとえばただ一人の弟がいて、我々に全面的に依存しているような場合には、我々は同じ義務を感じる。もっとも、親子の場合より弱いけれども。こうして他のつながりを経ると、義務はしだいに度合いを減じていき、ついには何の義務的な感情も伴わない、たんなる是認のうちに義務感は消えてしまう。これは普遍的に自然がとる道筋である。自然の移り変わりは穏やかでゆるやかである。自然は物事を見事なまでたがいに似通わせていて、断絶や溝を残さない。

義務感を生み出すつながりの実例をもう一つ挙げれば十分だろう。同じ人間であるという以外に何の縁もない相手に恩恵を施したり、幸福を促進させたりする一般的な場合には、感じられるのは自己是認であって、厳格な責務ではない。けれども苦境にある人の事例を取り上げてみよう。この事情では、何の親密なつながりもないけれども、道徳感覚は影響を受け、いまや救いの手を差し伸べて、自らの善意を行使することが積極的な義務となる。この義務を怠れば痛恨と自責を伴うことになる。自分への信頼を裏切るか、他者にあからさまに害をなす張本人になる場合ほど、痛烈なものではないにしても、である。こうして慈善は誰もが、自ら厳しく結びつけられている義務として考えるところである。

義務の意識によって強制されることのない行為原理に関しては、我々は好き勝手に規制できるかもしれないが、しかし必ずしも好き勝手に身をゆだねてよくはないかもしれない。というのも、さまざまな状況で、道徳感覚が介入し、その充足を禁じるからである。自己保存は我々の行為原理のなかで最も強力なものであって、その目的のために発動される手段には限りがない。けれども、ここで道徳感覚がしばしば介入し、あらゆる積極的な義務に違反することは、たとえ生命の維持のためであっても許さないのである。

自己保存は、それがどんなに軽いものであっても、無辜の人に不正を加えるのを正当化しないだろう。自己保存は、裏切りを正当化することも、不実を正当化することもない。というのも、いったん自分の生命を救うためにある人から手足を奪うことを合法だと認めてしまえば、自分の生命を救うために他人を殺して何が悪い、となってしまわないか。両方とも正当であるか、それとも不当であるかでなければならない。一般にこのように述べられた学説は誤解されやすいから、もっと立ち入って説明しなければならない。自己保存は確かに不道徳な行いを正当化しない。それでも危険が差し迫っている状況では、いくらかの行為が、通常の状況下では不法なものであっても、合法になる。

たとえば、飢え死にしないように、ある人が目の前の食べ物を、その持ち主に掛け合うことなく取ってよい。他人の持ち物に手を出すことは、通常の状況では不法な行為である。けれども一刻の猶予もない場合、その行為も合法なものになる。持ち主の是認が得られるだろうからである。ともかく苦境にある人を救うことはその持ち主の義務である。彼が与えるべきものは、裁判で決まるのを待っていては命取りになりかねない場合には、彼にまさに強制されてよいだろう。

他の例は、船が難破して二人の人が二人を支えることはできない同じ一枚の板切れにしがみつく場合である〔「カルネアデスの板」と呼ばれるケース。古代ギリシアの哲学者・カルネアデス（BC二一四―一二九―八頃）

によって唱えられたとされる。「緊急避難の法理」の典型〕この場合、板を独り占めにしようとして争うことは、その争いで一人が死ななければならないとしても、正当なことになる。というのも、どちらの人も自己保存には同等の資格があって、両方とも助かることが不可能であれば、その争いを解決する方法は実力しかないからである。もし道徳感覚が自己保存の原理を超えた、それほどの権威を持っているのなら、その権威は、可能ならば、同じ部類に属する下級の原理よりもなおいっそう完全なものでなければならない。

これらは我々がしてもよいこと、すべきこと、してはならないことを包括する、我々の行為を支配する法の概略である。後の二つのものは義務の問題として、自然の法であれ社会の法であれ、法の固有の対象である。そして法は我々にすべきこと、してはならないことを知らせることによって、我々の義務を指摘するだけで十分であるように思われる。義務の性質を帯びない行為を考えると、我々自身の意志に任せてもさしつかえはない。そして我々の義務と呼んでよいものに関しては、第一の、そして最重要の法は規制する法であって、他者の身体や財物や、その他、何であれその人にとって大事なものを害することを禁じるものである。これは何をしてはならないかを我々に指示する法であって、いたって神聖なものであるから、我々のどんな行為原理にも、自己保存の原理にさえも、屈することはない。

二番目はなすべきことを指示する法であって、自分がなした約束や契約を履行するように我々を拘束するものである。正直がその次にくる。この法は、作り話や、ともすれば娯楽になりやすい言論の自由を排するものである。それは真実が我々に期待されているところでは、ひとえに欺瞞を排し、真実を固守するよう我々に義務づける。忠誠は第四の法であって、正直に劣らず厳格なものである。正直に比べて限られているけれども。というのも先に見たように、忠誠の前提は二人の人間のあいだの特別な関係を前提し、一方には信頼を、もう一方には正当に期待されることを実行する義務をうち立てるものだからである。その次は感謝であって、忠誠と同様に対象は限られているが、我々に求められることに関してはより任意の余地が大きい。感謝は疑いなく、厳格に我々の義務である。けれどもそれをどこまで、どのように実行するかは、大いに我々自身の選択に任されている。

最後にくるのが善意である。それは抽象的に考えれば、積極的な義務ではない。しかしそれを義務にするさまざまな種類の関係がたくさんある。そのいくつかを軽く述べておこう。親子の関係は最も強いものの一つである。というのも、この関係は相互の善意を不可欠の義務にするからである。他の血縁関係にある人たちの間の善意もまた特定の状況下では義務となる。ここでは、親子の関係ほどには固く義務づけられていると感じることはめったにないけれども。衡平法に属し、我々をある種の善意の行為をなすように仕向ける関係は、親密なものも、もっと疎遠なものもあるけれども、たくさんある。もう一つだけ付け加えておこう。つまり、我々と困っている人との間に存する関係である。その場合、善意は救いの手を差し伸べることができるどんな人にとっても義務となる。

こうしたいくつかの法は、我々の本性と状況に見事に適合していて、このうえなく完璧なしかたで社会の目的を推進する傾向を持っている。第一に、人間は力と容量に限界があるので、先の法は、人間の力のうちに収まるもの以外になにも要求や禁止をしないで、人間本性に順応している。第二に、他人を傷つけないように、あたかもすべての人の両手を縛るので、社会における平和と安全が十分に行きわたる。三番目には、他人に役立つように、見事な仕方で人間は鼓舞される。苦悩する人を援け、自身の約束を守ることは、人間の積極的な義務である。正直や忠誠、感謝によって強いられる善い務めは限りなくある。我々は、役に立っているという喜びによって、また自分が恩義を施した人からの感謝に満ちた返礼のおかげによって、できるかぎりよいことをする気にさせられる。そして最後に、ある人と他人との競争において、自分に向けられた行為原理は他人に向けられた行為原理よりも強いかもしれないけれども、我々の本性の構造によって後者に与えられる報いのほうが優っているので、社会的感情に、我々自身の意志にゆだねられた社会的感情にでさえ、優位を与えるように十分な釣り合いがとれていると見なしてよいだろう。

あらゆる国の国内法が自然法をほとんど顧慮しておらず、自然法のうちのごく少数しか取り入れていないのは奇異に思われるかもしれない。古代ペルシア人でもなければ、忘恩を罰する一般的な法はどんな国にもない(8)。同情を強制したり、苦境にある人を救済したりするような実定法は存在しない。貧者の扶助は例外だとしても。貧者の扶助は国によっては法によって配慮されている。成文法は、友情を裏切ることに顧慮を払っていない。また、自分の子どもに対して、未成年のあいだ扶養する以上の義務を我々は負わされていない。けれども国内法というのは人間が作り出したものであって、あまり広い範囲に及ぶものではない。そうした法は内心や意図に届くことはなく、外的な行為に表現されたものに及ぶのが限度なのである。こうしたことは注意深く、慎重に判断しなければならない。というのも、それらは晦渋で、よくても曖昧さに満ちた一つの言語をなしているからである。

人定法の対象は、ひとえに市民という資格で単独で考慮された人間である。社会が形成され、政府に従うことになったとき、社会や政府と相容れない私権はことごとく放棄される。しかし他のあらゆる点では、個人はその独立性と私権を保持している。その人が有徳であるかどうかは、社会の関心事ではないし、少なくともその法の関心事ではない。その人が社会の存続に必要な規則に違反したかどうかだけに関心がある。

こうしてみると、抑制する自然法を実施することに立法者の多大な注意が向けられることになる。同様の注意は、少なくとも商業に関係するかぎりは、契約と誠実についての自然的な義務を実施するのにも向けられる。というのも、愛や友情における不誠実は自然法にゆだねられているからである。忘恩も人定法によって罰せられることはない。というのは、それは実定的な約束によって守られているかもしれないからである。苦境にある相手に対して心を動かされないことも罰せられはしない。そのような法がなくても社会は存続できるかもしれないし、また人類は、人間による処罰の対象とするほどその罪を憎悪するところまで、習俗が洗練されてはいないからである。

国内法を自然の法よりもずっと狭い範囲にとどめておくもう一つの実質的な理由がある。明確で平明で、即座に個々の事例に適用できることは、国内法にとって不可欠である。そうでなければ、裁判は恣意的になり、法が圧制のための道具になるからである。そういう理由で、厳密な規則に還元できるものを除いて、我々の

（8） クセノフォンの *Cyropaedia*（1. 2. 6-7）の報告によれば、ペルシアの少年たちは学校で正義を学んだのだが、そこでは忘恩も含めたいくつかの違反行為について、お互いを裁きあったとのことである。〔L. p. 60〕

行為のうちで実定法の対象となりうるものはない。だから忘恩は国内法の対象とはなりえない。というのは、この罪の性質はさまざまな状況に左右され、厳格な規則に帰すことができないからである。自分の子供や友人や縁者に対する義務もほとんどが同じ場合のものである。苦境にある人を救う義務も多くの状況によりけりである。苦しみの性質、当事者間の関係、救いの手を差し伸べる機会と能力といったことである。

危害を加えあうことを控えたり、約束を履行したりすることは厳密な規則のもとに包摂でき、したがって国内法の対象になる。あらゆる国で立法府の主要な関心は、第一に制約する自然法を明確化し強制することである。それなくしては、社会は存在できないのである。その後で国内法は約束や契約を支持し、その履行を促すものにまで拡張された。それなくしても社会は存続できるかもしれないが、繁栄はできない。しだいに生活技術が改善されると、後の時代には国内法はさらに拡張された。個々人の間の特定の関係から生じる善意の義務が、厳格な規則の多くの事例に含められる。今のところ、善意も立法の権威のもとにとりこまれ、衡平法の名のもとで一般に通用している規則によって実施されている。

第八章　国際法

もし、歴史が信頼できるとすれば、この地球に最初に住んだ人々は獣的で野蛮な種族であった。そして今日でさえ遠く離れた地域に同種の人々を見出すとき、そうした事実を疑う理由がほとんどない。自然状態は、したがって大多数の書き手たちによって戦争状態として、掠奪と流血以外の何ものでもない状態として描かれている。このような原初の人間の描写からすると、人間は粗野で掠奪的な動物であり、肉食獣とさして選ぶところはなく、社会をまってはじめて理性的な生きものへと仕上げられる、という結論に至りやすい。この結論が正しければ、いささか心苦しくはあるが、先に述べた原理に賛同せざるを得ない。野獣的なふるまい方は野獣的な行為原理を含意する。そして人間の原初状態をこのように見れば、道徳的な徳性は自然的なものではなく、よく規制された社会で教育を受け、模範を示されることによって獲得されたものであると映るかもしれない。要するに、人間の組織の道徳的な部分は、正義が昨今の著者によって述べられたごとくに、ことごとく人為的なものである、ということになる。

だがこの結論の誤りを確信するためには、道徳感覚についてすでに述べてきたことを振り返りさえすればよい。もし外的な存在の美醜の知覚が人間にとって自然的であるなら、行為における美醜、つまり正邪の知覚も同様にそうである。素直な心には教育の影響は多大かもしれない。けれども教育がほんの一つでも感覚を創り出すことができるとするなら、教育の力は奇跡的なまでに大きいことになるだろう。そういう奇跡は造物主にとっておかれる。教育は自然が生み出した苗を育み、よりよくすることはできるかもしれないが、新しい、あるいは独自の苗を生み出すことは決してできない。だから、先のような様相は、道徳感覚の欠如とは別の原因に帰さなければならない。

こうした様相は、ある特定の事情から容易に説明されるかもしれない。道徳感覚を踏み越えてしまい、道徳感覚がまったく欠けていることからくるのと同じ結果を見かけ上もたらすような事情に、である。そうした状況がどんなものか指摘しよう。というのは、この主題には何より我々の綿密な注意を払う価値があるからである。第一に、我々は生活便宜品を生産する技術をまったく欠いている人間の原初状態を振り返ってみなければならない。この状態では、人間はきわめて貧弱な生物であって、さほど道徳感覚にも妨げられることはなく、自己保存によって手を尽くして自らの欲求を満たすように駆り立てられるだろう。対立や食い違いはますます増え、決着には腕力をまつしかないだろう。訴えるべき行為の規則もなく、規則を個別の事例に適用する裁定者もいない。この状態では、野蛮、乱暴、残虐が人類の性格をなしている。というのも、平和という仕方で善意の原理が力と勢いを得るように、戦争の慣行と習慣によって悪意の原理が力と勢いを得るからである。この考察に加えて、人間は生来恥ずかしがりで臆病で、したがって自分が支配する相手に対しては残酷である、ということが付け加わるかもしれない。正規の社会で獲得された安全が、我々の恐怖に大きく終止符を打つ。人間は度量がある寛大な存在になり、容易に残虐な行為にたじろがされることもなくなり、したがってそうした残虐行為にたやすく駆り立てられることもなくなる。

つぎに、粗野で無知な人々は、一般的な原理よりも彼らの欲望と情念によって支配されていることが見てとれるかもしれない。我々は外部の対象から最初の印象を受ける。教育と訓練によってこそ、我々は複雑な観念や抽象的な命題を形成する能力を獲得するのである。共通利益、邦、民族、政府のもとにある社会、公共善という観念は複雑なものであり、人類のうちで思慮ある部類の人々でさえもすぐに獲得できるものではない。粗野な人たちによっては、ほとんど獲得されたためしもないし、だからそういう人たちには、ほとんど何の印象も与えることができない。自分自身の利益というのも、一般的に考えてみると、人類の大部分にとってはあまりに複雑な対象である。だから、危険をもたらしかねない対象に触発されたときでなければ、特定の対象に向かう欲求や情念が、無知で思慮を欠いた人たちにあっては、自己愛、ひいては自己保存の原理よりもいっそう強力な動機になるのである。そして同じことは、特定の対象が視野に入っておらず、ただ一般に他者の善しか視野にないときには、善意や慈善のような感情に関しては、いっそう強く言えるはずだ。

人間は、さまざまな運動原理からなる複雑な機械であって、互いに反作用しあい均衡を保っている多くのばねや重りのように考えてよい。ばねや重りが精巧に調整されているときには、生の動きは美しい。均整と統一性がとれているからである。しかしどこかのばねや重りが取り去られると、残りの部分は対抗するものから抵抗を受けずに作動するままになり、均衡を乱して、機械全体を狂わせることになる。一般的で複雑な対象に向けられ、反省能力によって導かれる行為原理を取り去ってみよう。欲求や情念の力は、盲目的な衝動によって作用することになり、当然ながら倍加するだろう。これこそまさに、理性の権威を放棄し、あらゆる欲求に身を委ねた人たちの状態なのである。彼らは情念の暴政に屈しており、どんな一貫したふるまいの規則も有することはない。そのような場合に、道徳感覚が服従を命じる十分な権威を持たないというのは驚くにあたらない。これが未開人の性格である。だからといって先に触れた描写から、最も偉大な未開人でも道徳感覚を欠いている、と結論すべき理由は何らない。彼らの欠点はむしろ彼らの一般的な行為原理の弱さにある。そうした原理は、未開人がただちに理解するには、あまりに複雑な対象に向けられているのである。この欠点は教育と反省によって改善される。そうすれば、道徳感覚はこうした一般原理と手を携えることでその十全な権威を獲得し、公然と認められて、快く従われるようになる。

こうした思索は、我々が知識と道徳の段階的な進歩と比べてみると、見事なものである。我々は個々の対象を眺めるところから始めて、単純な観念を蓄えていく。感情は、ことごとく個別の対象に向けられるときは、歩調を合わせる。そしてこの時期には、我々は主として情念や欲求に支配されている。そして我々が複雑で一般的な観念を形成し始めるやいなや、こうした観念も我々の感情の対象になる。それから祖国への愛、隣人や知人への善意、親類への愛着が展開しはじめる。我々は公共善や生活で役に立つことへの趣味もしだいに獲得していく。社会の快楽がますます抱かれ、利己的な情念が飼いならされ鎮められ、社会的な感情が優位に立つことになる。我々は社会の快楽によって洗練されたものになる。我々の幸福は第一に社会的交わりにあるからである。我々は自分の意見を抑えることを覚え、他者を優先するようになり、何であれ社会をより完全にするものにすすんで自分を合わせるようになる。何よりも悪意の情念は、根絶はされないにしても、いたって厳しい規律のもとに置かれる。どんなささいな危害にも際限のない復讐が及ぶかわりに、ささいな不正は見逃し、より大きな不正には穏和な賠償によって満足するという、一定の自己否定を獲得するのである。

道徳感覚も人間本性に根ざしてはいるけれども、文化と教育によっていっそうの洗練を容れるものである。我々の他の力や能力と同様に、それはしだいに改善していき、最も繊細にして最も強力な感情を生み出すにいたる。これがどのようにして起こるかを、私は説明に努力しよう。教育と模倣がもつ大いなる利点については、誰もが気づいているにちがいない。最も洗練された国民と未開人との違いは、ひとえに趣味の洗練にある。それが、未開人が感受するよりも微妙な快苦の源泉である。したがって未開人にはほとんど感銘を与えない行為が、我々には優雅で美しいものと映る。その一方で、彼らには何の痛苦も与えない行為が、我々には反感や嫌悪を呼び起こすのである。

これはイングランドとフランスの劇の演技を比較して描写できよう。イングランド人は荒削りで頑健な国民であって、単なる再現にも喜びを覚えるけれども、フランスのもっと洗練された作法はそういうものを支持しがたいと感じる。また一方で、フランス劇で演じられる苦悩は、イングランドの観客には軽すぎて、何の情念も動かされず、何ほどの関心も引かない。一般に、恐怖は苛烈な行為によって呼び起こされる最高度の苦痛と嫌悪を表しているのだけれども、人間性がほとんど顧みられることのない残忍で未開な国民のあいだでは、めったに感じられることのない情動である。しかし社会によって優しい感情が改善されたところでは、恐怖はもっと容易に喚起され、恐怖を呼び起こす対象はいっそう頻繁に見られるものとなる。

道徳感覚は、他の感覚がしだいに洗練されていくと、それに伴うだけでなく、そうした他の感覚からあらゆる機会にさらなる力を受け取る。たとえば、残酷なふるまいに慣れた未開人は、冷血にも敵の生命を奪うことにほとんど苦痛も嫌悪も感じず、したがってそのような行為に対して、その生来の力によって働く道徳感覚からくるもの以外には、何の呵責も抱かない。けれどもいたって繊細な感情の持ち主がいて、ありきたりの瀉血の手術にも耐えられず、損傷した手足を切断することなどいくばくかの恐怖もなしには見ていられないものとしてみよう。そのような人は、敵が冷血にも生命を奪われるのを見て、最高にショックを受けるだろう。その人のなかにかきたてられるいらだたしい情動は、道徳感覚の感情におのずと伝わり、その感情をいっそう鋭敏なものにするにちがいない。だから、趣味や作法が洗練されると、道徳感覚に伝わることによって働いて、洗練される以前よりも、あらゆる邪悪な行為に対していっそう強く不道徳だという知覚を呼び起こす。全体として、未開人における道徳感覚の作用は、洗練された教育によって人間本性が受けるあらゆる利益を受ける人における作用とは比べものにならない。

一般に言われるような、国際法についてなされる記述、つまり、共通の合意によって国家間で確立された、お互いに対するお互いのふるまいを規制するための法、という記述に私は満足したことがない。国際法のこのような基礎は、私には奇怪に思える。というのも、どんな機会に、誰によって、そうした約定がなされたのだろうか？　共通善についての感覚がこの法を次第に実効あるものにした、と言われるのであれば、私としては答えよう。共通善についての感覚は、他の基礎を持つのでないかぎり、実定法の堅固な基礎となるにはあまりに複雑で、かけ離れたものである、と。

けれども、こんな脆弱な基礎に訴える必要はない。先ほど見てきたことが、こうした法をもっと合理的に説明するよう我々を導くだろう。そうした法は、元来の自然法が、人類の状態が改善されていくのに合わせて、次第に洗練されていったもの以外の何ものでもない。自然法とは我々の本性の法であって、静止したままであることはできない。それは人間本性とともに変化するものであって、人間本性が洗練されていくにつれて、次第に洗練されていくに違いない。敵の生命を冷血にも奪うことは今では嫌悪と恐怖を呼び起こし、それゆえに不道徳なことである。いつも同じだけそうだったわけではないが。毒を塗った武器で戦うことは野蛮で非人間的なことだと考えられている。したがって、もともと否認されていたよりも、道徳感覚によっていっそう否認されている。

一般的な対象の影響を受けて、我々はわが宿敵フランスに対して敵意を持っている。けれどもこの敵意は個々人に向けられたものではない。我々は自分たちの王と祖国に奉仕するのが臣民の義務だ、と自覚しているのである。だから戦争の捕虜を人道的に扱う。そして今では捕虜交換のために戦時協定を確立するべきであるということが、文明国間では浸透している。大使の職務は神聖なものとされてきた。大使を冷遇することは最初から非道徳的であった。なぜなら、それは友好的な意図をもって自分たちのところへ来た人間を敵として扱うことだからである。しかし後の時代に習俗が高められると、大使の特権は洗練され、元の権限をはるかに越えたところまで拡張されてきた。このような自然法の洗練は、たえず実践されることで強力かつ堅固なものになっていることは否めない。

このようにして自然法は共通の同意というさらなる支えを獲得しているのである。そしてすべての国民がこうした法が遵守されることを信頼しているので、この法を侵犯することは、それゆえに信義にもとることになる。しかし、このことは国際法の名で通っているそうした制度に特有なものではない。あらゆる自然法に同様の偶発的な基礎がある。つまり、誰もがそれが守られるだろうと信じ、その信頼に基づいて自分の行為を律するということである。

第九章　道徳の基礎に関するさまざまな見解

真理を確証するには、虚偽と対置するに越したことはない。だから、道徳の基礎に関する誤った意見を見渡しておくことは、真理を求めるすべての読者にも受け入れられるにちがいない。

道徳はもっぱら神の意志に基づくということ、そして神の意志が我々の服する有徳であるようにという唯一の義務を創り出すということは、いくにんもの著作家にみられる意見である。この意見はある意味では正しい。しかし、それを説く人たちのいう意味にはほど遠い。そして真であれ偽であれ、それでは我々の義務を知るうえで一歩も踏み出したことにはならない。というのも、道徳は神の意志に基づくと知ったところで、我々は神の意志が何であるかを一度たりとも知らないかぎりは、何の意味があろうか。そう言ったとしても、我々の本性のなかに道徳についての原初の啓示がある。これはただ、我々の本性そのものが美徳と悪徳の区別を我々に知覚させるということを意味するにすぎない。それは先に述べた当の学説にほかならない。

しかし、彼らが言うには、神はその本性の純粋さと正しさからして、よい行為を是認し、そうでない行為を否認せざるをえない。彼らが見逃しているのは、この議論は、神の意志に先立って、美徳と悪徳の区別を前提にしているということである。というのも、もし神の意志から切り離せば、徳と悪徳は無関係になるとすれば――当の命題にはそれが前提されている――神の本性の純粋さからも、あるいは他のどんな原理からも、徳は悪徳にまして神が選ぶ対象だという結論を下すデータはないからである。しかし、さらに立ち入ると、神的存在の本性の純粋さと正しさという想定そのものが、徳と悪徳の本質的な違いに関する感覚あるいは認識が我々のうちにあることを前提にしている。それゆえに、徳に対する義務が我々の本性の枠組みそのものに組み込まれていることを考えると、徳に対する我々の唯一の義務が神の意志だとは、どんな適切な意味でも言いようがない。

ある意味では道徳が神の意志に基づいているということは実際に真である。というのも、神が我々に徳と悪徳を区別する道徳感覚を授けたのだからである。しかし、これは、我々が有徳であるべきだというのが神の意志だとか、神にとって望ましいという以上のことは言っていない。超越者あるいは至高者の恣意的な意志によって人間が決定されているのでなければ、人間は徳にも悪徳にも関わりなく、人間は後者よりも前者に対する義務に服している、と主張するのは別問題である。ある存在はこの記述に応えるように形づくられているかもしれない、ということになるかもしれない。しかし、人間をあるがままに受け取れば、道徳感覚を授けられているので、人間は神のたんなる意志以外には、徳に対する義務に服していないと主張するのは直接の矛盾である。この意味で道徳は我々自身の意志に依存している以上に、神の意志に依存しているということはない。

我々は次に、先の説とは対置されるかもしれない説を見てみよう。それは道徳的義務とは不変の責務であるというクラーク博士の論証である。彼の命題は

物事の永遠で必然的な違いから、ある種の道徳的責務は自然的かつ必然的に生じる。そうした責務は、すべての実定的な制度にも、賞罰へのすべての期待にも先立って、すべての理性的な被造物におのずと課せられている。

そして、この命題を彼は次のようなやり方で論証している。

実定法に先立って、ある状況がある人々には適していて、他の状況はそうではない、ということがある。そ

して異なった物事の異なった関係から、ある人々のある振る舞いがふさわしかったり、ふさわしくなかったりすることが生じる。例えば、神は人間よりも優れているから、人間が神を崇拝することはふさわしい、ということである。(9)

もしこの論証が、そう言われるように、道徳の唯一の、あるいは第一の基礎だとするなら、これほど重要な学説が長らく人類に隠されてきたことは不幸なことである。今その重要な発見がなされたにしても、大いに役立ちそうにはない。難解な推論に立ち入れるのは人類のうちでどれほどわずかで、そのような推論は理解されたとしても一般に影響力がどれほど小さいかを考えてみれば。

しかし、この名高い議論が不完全なのは難解だからというだけではない。私には、それはまったく決定的なものには見えない。道徳感覚——博士は自分の論証のどの部分の基礎ともしていない——は別にしても、人々の間の所定の関係から、特定の行動の道筋がふさわしいとかふさわしくないという結論を引き出すのには、私はまったく混乱してしまう。「神は我々より優越しているのだから、神を崇拝するのがふさわしい」。私は問いたい。この結論は、どんな理性の原理に依拠しているのか、と。その推論を引き出すのに媒介として用いた結合命題はどこにあるだろうか。ふさわしさ、ふさわしくなさという用語は、目下の意味では、まったくもって道徳感覚に依拠しているということは、私にとっては明白である。一定の目的や目標に関してふさわしいとかふさわしくないというのは、経験から集められる行為の性質である。しかし行為が正しいとかふさわしいとかふさわしくないとか、なすべきこと、あるいはさしひかえるべきことを指すものとして、ふさわしいとかふさ間違っているとか、わしくないというのは、道徳感覚の想定に基づかない限り、それこそ何の意味もない。

ところが、この博学な神学者は一度としてそれに依拠しようとは夢にも思わなかった。博士の誤りはありきたりのものである。感情に代えるに理性をもってしようとしていることである。我々の造物主を崇拝するのがふさわしいというのは、誰にもそうであるように彼には明瞭だった。それはまさに我々の本性に基づいているからである。誠実が不誠実よりも好ましいということも、同じく明瞭である。彼の唯一の過ちは、自らの心に書きこまれた法を見落として、自分の形而上学的な議論が、そこから引き出した帰結がたまたま正しいものだから、正当なものだと空しくも夢想していることである。それがその通りだと彼の最も熱心な門弟

(9) Samuel Clarke, *A Discourse Concerning the Unalterable Obligations of Natural Religion*, in *A Discourse concerning the Being and Attributes of God, the Obligations of Natural Religion, and the Truth and Certainty of Christian Revelation* (9th ed., London, 1738), pp. 176–7. 初版は一七一一年で、*Discourse concerning the Being and Attributes of God* はクラークがセントポール大聖堂で一七〇四年と一七〇五年に二度行った一連のボイル講義からなっていて、一巻にまとめられている。ボイル講義の第一集である *A Demonstration of the Being and Attributes of God* は一七〇五年に初めて出版され、第二集の *A Discourse Concerning the Unchangeable Obligations of Natural Religion* は一七〇六年に初めて出版された。サミュエル・クラーク(一六七五―一七二九)は英国国教会の聖職者で合理主義的神学者であり、理性的な人間なら否定しえないだろう異論の余地のない一連の証拠を通して神の存在と属性、キリスト教の道徳的な確実さを示すことにより、無神論と理神論の両方と対決しようとした。〔L. pp. 67–68〕

にさえ納得させるため、人間は生来は、行為について是非の感覚をもたないとだけ仮定してみよう。どんな抽象的な議論によっても、神を崇拝することが人間の義務だとは明らかにしようがないだろうし、あるいはふさわしさについての道徳感覚において、誠実であるほうが不誠実であるよりも人間にとってふさわしいとは明らかにできないだろう。

我々は遠慮せずに付け加えよう。というのも、我々の義務が抽象的な推論の連鎖によって明らかにされると仮定しても、やはり自然の著者が、理性のような非常に脆弱な原理に我々の行為の指示を委ねてはおかなかったと結論するには十分な根拠があるということは、主題全般についても重要なことだからだ。理性というのは、学識があり思索的な人に対してどんな影響力があるにしても、人類の大多数にとっては、抽象的な推論に立ち入るだけの能力をほとんど持ち合わせていないのだから、脆弱な原理であるにちがいない。自然はもっと優しく我々に配慮してくれている。我々は強力な原理によって、人生のすべての異なる義務をすべて果たすように強いられている。自己保存は理性の導きに任されるよりは、最も強力な本能によって守られている。本能が我々に注意深く、いやむしろ機械的に、危険の出現を避けるようにさせるのである。種の繁殖はあらゆる欲求のなかで最も抜き去りがたい欲求によって強いられ、子どもたちへの世話は、旺盛で絶えることのない愛情によって強要される。我々が隣人に負う義務は、義務のうちでも第一級に属するものなのに、これを冷めた理性に導かれるようにするほど、自然は欠陥に満ちたものだろうか。これは自然からの類推にかなうものではないし、事実でもない。同情や友情、善意、そしてあらゆる種類の社会的感情を目の当たりにしてみるとよい。共通の正義というのは、最も高い徳ではないにしても、最も有用な徳なのだが、やはりこの土台に任されてはいない。我々は万人に共通する原理によってこれに強制されるのである。それを侵害すればことごとく、否認と、しかるべき処罰の感覚が伴うのである。

今は亡きある著者［原注　ウォラストン］が——彼にはついでに言及するだけである——道徳について風変わりな体系を提供している。彼はあらゆる罪を嘘つきという罪に還元しようとしている。なぜならば、嘘をつくことは不道徳なことだから、彼の述べるいくつかの罪は不道徳だ、と彼は結論する。[10] 例えば、強奪は嘘を行ったり言ったりすることである。というのは、それは実は私が奪ったものを私のものだと言っていることだからである。姦通は嘘を行ったり言ったりすることである。というのも、それは事実上、隣人の妻を彼のものではなく、私のものだと主張していることだからである。あらゆる罪に同じ性格を与え、その本性を混同することの不合理を主張するまでもなく、この議論においては証明されていないことが自明視されていることは明らかである。というのも、人のものを奪うことはどうして事実上嘘なのだろうか。それは、人が、私が自分自身のものとして得たものを私のものとして認めなければならないのに、その人をだますこと

(10) William Wollaston, *The Religion of Nature Delineated* (London, 1724). ウォラストン（一六六〇—一七二四）はある行為の道徳性を普遍的な道徳的真理に対立しないかどうかという観点から定義し、「道徳的な善悪を帰することのできるどんな存在の行為（言行いずれであれ）であれ、真なる命題を妨げたり、物事がありのままであることを否認したりするものは、正しいことはありえない」と主張した（p. 16）。［L. pp. 69–70］

に依っているのではないだろうか。しかし、これは明らかに私のものとあなたのものとの違いを、そして他人の所有物をその人の同意なしに自由にしてはならないということを、前提していないのではないか。他人に属するものに手を出すことが不法だということ以外に、他のどんな理由で、その財貨は私のものだと考えられるのだろうか。

同じ考察が、彼の他のすべての再解釈にもあてはまる。というのも、嘘を行ったり言ったりするとき、その行為そのものが間違っているということが常に自明視されているからである。そしてこの間違いそのものが、当の著者の想定では、観察者につけ込む事情なのである。したがって、この著者の誤りは、クラーク博士の誤りと同じ性質のものである。それはあからさまな論点先取である。というのも、まさに証明されるべきことが自明視されているからである。当面の主題に関しては、もう少しだけ述べておこう。もしこの風変わりな著者が嘘をつくことからこうも強い帰結を引き出しているとすれば、その行為の不道徳性を何よりはっきりと明るみに出すのが彼の責任である。けれども、これを彼は読者自身の心中の確信に委ねて、試みようともしていない。確かに彼はこのことを安全になしうるだろう。しかし、彼が扱っている他のあらゆる罪を同じ確信に委ねる以上に安全にではない。

感情に関するあらゆる道徳的感受を共感に還元する体系を次に紹介しよう。その著者自身の言うところに耳を傾けてみよう。

他の人々が感じていることを直接に経験することはないので、我々は類似の状況におかれたなら自分自身が何を感じるだろうかを想像することによってしか、その観念を形成することはできない。我々の感覚はある人が拷問にかけられているときの苦しみについて決して我々に教えてはくれないであろう。感覚は我々自身を越えたところへは連れて行ってはくれない。その人の苦しみについての知覚を形成できるのは、想像力によるしかない。その能力も、その人の立場に置かれたとしたらどんな苦しみを覚えるだろうかを我々に表象させる以外の方法では、この知覚の助けになることはできない。その人の苦悶が我々自身に痛切に抱かれるとき、ついに我々をも触発しはじめる。そしてその時に彼が感じていることを思いやって、震えおののくのである。［原注　Theory of Moral Sentiments, p. 2.］(v)

ここでさまざまな道徳感情に割り当てられた基礎は、その基礎の上にこれほど重い上部構造を建てようとする企てに乗り出す前に、きわめて厳密に検討されるべきであった。想像力のこの働きが必然的に共感という情念を呼び起こすというのは、確かだろうか。名高いルソーは、反対のことを断言している。いわく、「憐れみは甘美である、というのも苦しむ人の立場に我々が身を置くとき、その人のように苦しんでいないという快感を覚えるからである」［原注　『エミール』、Liv. 4.］(vi)。そして拷問が凶悪犯罪者のためだけの罰であることを考えると、ルソーに同意して、極悪人が拷問にかけられているのを見ることは彼の苦痛に共感するどころか、彼のように苦しんでいないことに快感を覚えさせるだろうと考えたくなる。嵐に遭った船が陸から眺めている観察者には、自分は安全だという喜びを覚えさせるというのとまさに同様である。

しかし、それがどうであれ、私はこの学説の著者を天才と学識の持ち主として尊敬するけれども、だからといって越えがたいと思われる難問に目を閉ざすわけにはいかない。もし拷問台に立つ人の苦悶が、その激しい狼狽を目にしたり、不吉な苦悶やあえぎを耳にしたりすることで、私に明らかになっていなければ、自分を彼の立場にあると想像することから、何を学べるというのだろうか。ことによると彼は幸せなのかもしれない。想像力の行為に効力をもたせるためには、あらかじめ私は、拷問にかけられているその人が激しい苦しみにさいなまれていることを知っていなければならない。そうであれば実際に、彼の事情を痛切に感じることが、自然に私の共感に火をつけるのである。私はこの体系に対してはさらに反論がある。それはもっと単純でよく知られたものであって、おそらくもっと好まれるだろう。ある人が自分を他人であるように考えるには、想像力の努力は少しも要らないということである。そして共感を想像力の努力に依存させることは、共感を柔軟な想像力の修練を大いに積んだ人たちだけのものにすることである。鈍感な人たちや無学な田舎者たちは完全に除外される。けれども彼らの間でも、仲間や親族に対する共感がなくはない。それどころか、子どもたちを見ても共感に富んでいるのがわかる。しかし、子どもに自分を自分以外のものと想像させるのは難しい作業であろう。これで明らかなように、共感は老若を問わずあらゆる人間存在に内在する生来の原理から生じているにちがいない。

この原理は、思慮ある人なら誰でも正しいと知っている、以下の事実からはっきりするだろう。第一に、あらゆる情念は、自然によってそれに相応した何らかのしるしを表情に刻印する。次に、あらゆる外的なしるしを、それを引き起こした情念と結びつけるように、自然によって教えられている。我々はどの人の表情からも、内なる感情を読み取れる。第三に、ある種の感情は、そのようにして知られると、見る側に共感という情念を呼び起こす［原注　Elements of Criticism. vol. 1. Page 446. Edit. 5th］(vii)。最後に、社会的存在が同胞の情念に影響を受けることほど自然なことはない。喜びには伝染性がある。悲しみもそうである。恐怖は見ている者におのずと伝わる。そして軍隊では、少数者のおびえが伝染し、全軍がパニックに陥るまでになる。こうした事実は明らかであり、間違いない。

こうしたことを我々の主題にあてはめれば、我々がある人の表情のなかに読みとる苦悩が、何らの想像力の助けも要することなく、直接に我々の共感を動かすのは自明ではないだろうか。拷問にかけられている人を見たことがある人に、その共感が想像力のどんな努力にもよらず、ただ見ただけで呼び起こされなかったかどうかを聞いてみたい。そういうわけで、検討中の共感の体系においては、一目見るだけで引きおこされる情念を説明するために、込み入った回路がつくられている。この体系は実に無邪気である。実際そうだとしても、その体系の帰結はそうではないだろう。共感は我々を道徳的存在にしている多くの原理の一つにすぎない。しかしあらゆる道徳感情の基礎にまでされている。道徳が我々の本性のうちにもっと強固な基礎を持っているのでなければ、邪な欲望や不正な行為を妨げるものはわずかしかないだろう。すでに見たように、この体系によるなら、共感は下層の人たちの間では稀であろう。そしてここで付け加えて言うと、もし道徳感情が自分を他者であるように想像すること以外に基礎を持たないのなら、人類の圧倒的な大部分はいかなる道徳感情も欠くことになるだろう。

真理のためにはこれで十分だろう。他のあらゆる見解について私は論争は望まない。もう一つ考察を加えて、結論とする。この体系は我々のあらゆる道徳感情を包摂するにはほど遠い。それは他者に関する私の心情を説明するつもりかもしれないが、私自身に関する私の感情はまったく度外視されている。一人息子を失った私の悲しみや、親切な尽力に対する私の感謝は、自分を他の人であるかのように想像することによって説明する必要もなければ、そのような説明を容れることもない感情である。

利己的体系は、もっと厳密に検討しなければならない。共感的体系は無害な欺瞞である。しかしあらゆる道徳を自己愛に還元する体系は、利己的な快楽への傾向がすでにあまりにも強い奢侈的な諸国民のあいだでは、危険以外の何ものでもない。

人間は内的および外的な、多くの部分からなっている存在である。人間には自らを動かす情念がある。自分自身の利益を促進する情念もあれば、他者の利益を促進する情念もある。自分を害するように促す情念も少しはあるが、他者を害するように促す情念は多い。人や物とのさまざまな結びつきが、こうした異なった行為の原動力を要する。しかし、真理よりも奇抜さを欲する著作家がいて、そういう人たちが自己愛こそ唯一の行為の動機だとされる。そして、あらゆる行為において、見たところどれほど私心のないようでも、自分自身の利益が第一の動因だと言うのである。浅薄な思想家のあいだでは、利己的体系は自然に流布する。子どもの頃は、我々の欲求はたいてい自分自身に限られている。子どもは他人を援助したり手助けしたりする力をほとんど持っていないので、実に賢明に定められている。しかし我々が善をなす能力を獲得するやいなや、社会的な原理が感じられる。

確かなことが一つある。どれほど利己主義が現実にはびころうとも、それはいささかの是認に出会うこともないということである。いたって利己的な行為を非難することには、誰もが同意する。それは驚きではない。というのは、もし絶対的な利己性が自然の体系だとすれば、人間は野獣とほとんど選ぶところがないからである。ヒロイズム、大度、寛大は、高い地位から堕落し、仮面をつけた自己愛と変わらないものになる。そしていっそう屈辱的なことに、あらゆる道徳的な義務と責務は、根こそぎ引き裂かれ、根っこ一本残らず、二度と芽吹くことがなくなる〔原注　利己性を我々の唯一の行為規則として熱烈に採用すると、どれほど道徳原理とは矛盾したところまで進みかねないかを見てみよう。チェスターフィールド卿は愛息への一連の手紙のなかで、この有害な学説を息子に伝授しようと大いに骨折っている。若者は自分自身の利害以外は何事も省みないように、それを促進できるどんな悪にもたじろがないように教えられる。友情は何ものでもなく、血縁関係も何ものでもない。隠し事も裏切りも、自らの好みを追求する妨げにはなりえない。見本として一つの教訓をあげよう。それは念入りに教え込まれたもので、ある人の秘密にいたる一つの確実な方法は、友情の仮面のもとで彼の妻を堕落させることである、というものだ〕[viii]。

こうした恐ろしい帰結にもかかわらず、利己的体系はあらゆるフランスの著作家たちに偽装さえせずに採用されている。この国民の全般的な人間性と善意を考えると、残りの人類もろともに自国民を貶めようとする企ては、フランスの著作家たちからはほとんど予想されないことであった。彼らのうちの思慮深い哲学者の一人であるエルヴェシウスが大胆にも主張するところでは、人間が馬より優れているのは、十本の指を持っていること以外には何もない[11]。以下の考えは、才気に満ちた文通相手〔原注　リード博士〕に負っている。

私が学んだことからすると、フランスの著作家たちはみんなひどいエピキュリアンになってしまった。フランス人の上品さは私心のない善意とよく調和すると人は考えるだろう。けれども、彼ら自身を信ずるなら、それはうわべのしかめ面であり、自分がお世辞を言ってもらうために人にお世辞を言っているのである。自分が掻いてもらうために仲間の馬を掻いてやる馬のようなものだ。私は人間本性を貶めるあらゆる体系を憎む。もし人間の構造がその作者にふさわしいものであると考えるのが妄想であれば、私と同じ種の下劣さを目の当たりにするぐらいなら、その妄想のなかで生き死にさせてほしい。あらゆる善き人は、自分の同胞や祖国を貶める人たちに腹が立つのを感じる。自分の種を貶める人たちに対して、どうして腹が立たないだろうか。極論に時々出会うのでなければ、私は人間性を誰よりも暗黒に描いているあの無神論者〔『リード書簡集』では無神論者たち〕と高靴の神学者が論争しているのを奇妙に思うだろう。あの無神論者のほうが、首尾一貫した役を演じている。というのは、確かにそうした描写が、宗教より無神論を推進することに寄与するからである。(12)

利己的体系はこの時代の堕落にいちばんよく共鳴するので、この体系を真の自然の体系として打ち立てようとするもっともらしい企ては何であれ、伝染領域を広げ、このうえなく利己的な行為を臆面もなくまかり通らせる傾向があるにちがいない。善良な人たちはみな手を携えて、この体系を失墜させようとするだろう。そして私もささやかでもそれに寄与できれば幸いに思う。私が言いたいことは、その体系が人間本性を誤って描いているということだけでなく、それを擁護するために使われている議論が薄弱であり、決定的とは言いがたいということである。

事柄に取り組むかわりに言葉尻をとらえられることを防ぐために、私は社会的な行為と利己的な行為の区別を明らかにすることからはじめる。目的として何を思い描いているかが、行為を社会的と呼ぶか利己的と呼ぶかを決める。私自身の利益しか眼中にないときには、その行為は純然たる利己的なものである。私が他者の利益だけを目指しているのであれば、その行為は純粋に社会的である。だから、愛情が私に自らを顧みず、友のために友に尽くすよう促すときには、その行為は完全に社会的なものだということになる。いくらかでも、私に喜ばしい思い出を与えるだろうという見通しからするのであれば、そのかぎりでは利己的である。何の目的も考えないまま展開する本能的な行為は社会的でも利己的でもない。食べたいという飢えに駆られ、それが健康に必要だということさえ考えもしない場合などはそうである。けれども食べることが健康

（11）「もし自然が我々に、自在な指の代わりに馬のような蹄を手先につけたなら、人間は有用な技術も、住処も、他の動物に対する防備もなしに、まったく生存を営み、獰猛な野獣を避けることに忙殺され、今なお森のなかをさまよっているということを誰が疑えようか」（Calude-Adrien Helvétius〔1715–1771〕, *De l'esprit*〔Paris, 1758〕, pt. 1, chap. 1, p. 2）. エルヴェシウスによる人間本性の唯物論的な説明は、断固たる反聖職者の姿勢とあいまって、彼を啓蒙哲学者たちのなかで最も論議のもとになる人物の一人にしている。彼の *De l'esprit*（translated as *Essays on the Mind*, in 1759）はソルボンヌ大学で禁書になり、パリで公式に焼却された。エルヴェシウスは三つの撤回文を書くことを余儀なくされた。〔L. p. 74〕

（12）ケイムズはトマス・リードの一七七八年二月二七日の手紙から引用しているが、全文は以下を参照。*The Correspondence of Thomas Reid*, ed. Paul Wood（University Park, Pa.: Pennsylvania State University Press, 2002）, pp. 96-8. トマス・リード（一七一〇—一七九六）はグラスゴー大学道徳哲学のアダム・スミスの後任教授（一七六四年から一七八〇年まで在職）、スコットランドのコモン・センス学派の創始者。〔L. p. 75〕

や快楽に寄与するということを我々が念頭に置いている場合は、その行為はそのかぎりで利己的である。もっぱら義務の原理からする行為は社会的でも利己的でもない。是認されたいという願望が付け加わるなら、その行為はそのかぎりで利己的である。もし是認されたいという願望が唯一の動機だとすれば、その行為は完全に利己的である。私は厳格な貸主のためではなく、私自身のために借りた金を返す。困ったときに金銭を支援してくれた恩人への感謝が念頭にあるなら、その行為はそのかぎりで社会的である［原注 Elements of Criticism. vol. I. p. 47, Edit. 5th を見よ］(ix)。要するに、行為が社会的か利己的かを決めるものは、動機や衝動的原因ではなく行為者が念頭に置いている目的なのである。

利己的体系を審問するにあたって、私はその主唱者がどこまで人間を社会的存在と認めているかを問うことからはじめる。ルソーは別として、人間に社会への欲求があることを認めている著作家を私は知らない。そして理性や経験よりも気難しく孤独な気質のせいで、彼はあんな意見を形成するに至ったのだと信じたくもなる［原注 「人間を社会的にするのはかれの弱さだ。…わたしたちのひとりひとりがほかの人間をぜんぜん必要としないなら、ほかの人間といっしょになろうなどとはだれも考えはしまい。…ほんとうに幸福な存在は孤独な存在だ。…なんにも必要としない者が何ものかを愛することができるとは考えられない」(Emile, liv. 4)。ここでは人間本性の第一の部門をなしており、人びとを集わせる主因となっているはずの社会への欲求には、一言も触れられていない。人間の不平等の起源についての彼の名高い言説においても、それをいくばくともほのめかしていない。もし彼がこの欲求を人間本性に属する最も切なる欲求の一つとして認めていたら、社会状態よりも未開状態を愛好することは決してなかっただろう。さまざまな情念を絶妙な色合いでも見事に描き出したこの雄弁な著作家が、その情念を説明するうえで無知をさらけ出しているとは実に奇妙なことだ。憐れみは社会への欲求と同様に、人間本性の独自の部門であり、苦境にある人をまさに一目見るだけでもわきおこる。けれどもこの著作家があらゆる情念のうちでもっとも単純なこの情念を説明するうえでどれほど道を踏み外したか見てみよう。

彼が言うには、憐れみが甘美なのは、自分自身を苦しむ人の立場に置いて、自分がその人のように苦しんでいないという快さを感じるからである。自分自身を苦しむ人に同一化する以外に、いわば自分自身の立場を離れて他人の立場に立つように憐れみを動かしうるものは何だろうか。私をしてその人に関心を寄せさせるのは自己愛であり、私がその人が苦しまないようにと願う理由は、私が苦しまなくてよいということなのである。

また、「羨みが苦いものであるのは、幸せな人を見ると、自分をその人の立場に置くどころか、自分がその人のように幸せでないことが残念になるからである」。また、「我々が自己愛から引き出す情緒が、人間の正義の唯一の原理である」。このような材料をもっとたくさん読者に提供しようと思えばできるが、当の著者にここまで行きすぎた非難を向けることは、感謝に欠ける感がある。彼の著作で私は存分に楽しませてもらったのだから。(x)」。

思考や感情を伝え、願望や欲求を表現しようという傾向は人類に内在している。その目的のために人間には言葉の能力という恵みが授けられている。だから次から次へと本が書かれるわけだ。我が同胞に認められたいという欲求は私の論敵たちにも、利己的なものとして容易に認められるだろう。恩人によくし、敵を害いたいと望む以上に自然なことがあるだろうか。こうした紳士たちもまたたぶん認めるだろうが、敵に復讐することは同じく自然なことである。そうだとすれば、恩人に感謝を込めて返礼することも自然ではないだろうか。もし人間が自身の敵に害をなすためだけを考えて行為しうるのなら、自身の友に善行をすることだけを考えて行為することを妨げるものは本性のうちに何があろうか。

フランスの最近のある著者はこの議論にとらわれるあまり、人間のうちに善意のような原理があるということを否定する必要があるとみなしている。彼は他者への善意や親の愛情や男女の愛をまるごと放棄している。**私は父を、友を、恋人を愛する**、という表現を、彼は不適切だとする。**私は父や、友や、恋人において自分自身を愛する**、という表現にすべきだと見ているのである。これは、どんなに不条理に見えようとも、首尾一貫した主張だと認めなければならない。けれども彼はイングランドの著作家たちが道徳について奇妙に混乱していると、強い確信を持って断罪しているのである。

> ハチスンは、彼が言うには、まるでロックをけっして読んだことがないかのように道徳感覚を語っている。ロックは、生得観念を追放し、外的な対象に由来するもの以外には我々は観念をもたないということを証明しているのだが[13]。

私はこうした紳士たちに譲歩して、人間はまさに他人の利益に先んじて自分自身の利益を優先するかもしれないと喜んで認めよう。このことは全般的な善にとってさえ賢明に定められている。自分を益するほうが他者を益するより手が届きやすいところにあるのだからである。しかし、自分自身への予断なしに他者に奉仕できる場合は日々生じる。もし自己利益が何の反対も生じないのなら、私の善意が働くのを妨げうるものはなんだろうか。

利己的体系の著者たちは善意について、自己愛と相容れない何かあいまいな観念を有しているように思える。それどころか、社会的な原理は利己的体系にも親和的なので、私が他者のためにするすべてのことは私自身にとっても喜びになる。功労のある人を抑圧から救い、苦しむ友を慰め、決定的に重大なときに公共に奉仕するときに覚える喜びほど甘美な快楽があるだろうか。

誰もが食べ物や衣服、暖かい住まいや富を持つ快適さは直観的に感じとっている。けれども、例えば飢えた人に食べ物を恵んだり、裸の人に衣服を施したりするといった具合に、他者に善をなすことが我々を幸せにするというのは、それほど自明なことではない。これが真理だということは、人類の大多数には漠然としか気づかれていない。善意や友情、ひいてはあらゆる社会的原理を行使することに伴う高次の喜びは、頻繁に感じられるまでは、はっきりと理解されることはない。社会的な原理が勝ち誇るのを知覚するためには、人は無関心な傍観者のように、自分の考えを自身の同胞のふるまいに向ける必要がある。そうすると、他者の善に向かうあらゆる情念に秘められた魅力を感じ、また他者の幸不幸に無関心なあらゆる無情な心に対して秘められた嫌悪を感じることだろう［原注　Elements of Criticism, vol. I, page 185, Edit 5th］。ここに社会的感情の優位が明らかになる。そのような喜びは、利己的な人たちからはほとんど、あるいはまったく生じないからである。

（13）出典不明だが、おそらくエルヴェシウスであろう。彼の死後出版された『人間論』*De L'Homme*（1772）は「シャーフツベリ派」の「大いにご自慢の道徳感覚」の「不条理さ」に狙いを定めている（sec. 5, chap. 3, pp. 12–13）。〔L. p. 77〕

善意の行為をなすときに人が覚える喜びは、利己的な著作家たちをして、その喜びこそ我々が他者に善をなすうえで抱く唯一の動機だと誤認させるにいたった。彼らの言い分では、父や友や恋人に尽くすとき、私の動機は彼らに対する愛情ではなく、結果的に自分に返ってくる喜びや満足感の見込みだということになる。そして彼らがかたくなに否定するのは、我々が愛する人たちに、彼ら自身のために、自分自身とは関係なく、尽くすようなことが自然には存在している、ということである。しかし、愛する人たちに、見たところいささかの下心もなく尽くすような実例は数えきれいほどあって、それに照らして端的に否定すれば事足りるとは思えない。当の著作家たちが、わが身をかえりみずに他者に尽くすことが人間本性と相容れないということを証明できないかぎり、そうした実例は決定的であるにちがいない。もし彼らがその証明に成功すれば、利己的体系は確かな基礎のうえに打ち立てられるだろう。けれども、その証明——これまで試みられたこともないが——がないかぎり、彼らは屈服しなければならない。だから彼らにはその証明をさせるか、彼らの体系を完全に放棄させるしかない。中間はないのである。

しかし、私の論敵たちをこのディレンマに追い込むだけでは満足ではないので、私としては義務ではないけれども、善意はしばしば自己愛からはまったく独立に働くという証明にかかりたい。結果として喜びが伴うという見込みが善意の行為をなすうえで追加的動機となりうることを私は認める。そのかぎりでその行為は利己的である。しかしそれが唯一の動機ではありえないことも、次のように明らかである。善意の行為に喜びが伴うことは、我々は経験からのみ知っている。したがって、そのような経験がまったくない人がそういう行為をするとすれば、結果的な喜びからは独立した何らかの動機から生じるものでなければならない。

子どもは経験もなければ、遠く離れた結果を見通す能力もない。しかし、子どもは親切な行為を通して、他者への好意を表現するものである。善意以外のどんな動機から、するだろうか。

しかし善をなすことに喜びを感じたことのある人たちについても、私の論敵たちは、次の事実についてどんなふうに取り繕うつもりだろうか。歴史を信用するなら、また自分自身の経験を頼りにするなら、自分の利益に反してでも愛する人たちのために行為した人々の例は無数にある。例えば、自らの父親や主君を狙う死の一撃を阻止すべく割って入るような他者への自己犠牲を行う人には、義務や愛情以外のどんな動機がありえようか。ここでは死は確実なのだから、結果としての喜びの見込みはいささかも入らない。難破船では、岸に打ち上げられた人々は命がけで乗組員たちを救おうとする。緊急事態だから、反省を加える時間は一瞬たりともない。

下流で無学な人たちには、結果として生じる喜びを考えることは、その危険を覆すほど十分なものではない。窮境にある同胞たちへの共感が、そうした人たちにあっては唯一の動機である。その動機は魔法のように働く。ちょっとした恩恵に対する感謝が、普通には利己的な動機を伴う。けれども、多大で思いもよらない恩恵は私の胸にあふれ、大切な恩人への感謝を燃え上がらせる。自己満足などいささかも考えることなく、その人の寛大さに報いようと燃え立つ。利己的な動機を抑える力は、非社会的な情念においても同じく目立っている。ささいな傷害に対する恨みは、それが晴らされるという見通しをしばしば伴っている。そのかぎりでは利己的である。しかし残忍な傷害のために駆り立てられた復讐にあっては、迫害者への敵対心以外は容れない。それは迫害者を破滅させなければおかないのだ。この状況では、その行為は社会的でも利己的でもない。善意の気質をもった人で、わが身をまるで省みず、友のためにしばしば行為したということをあなたに伝えない人はいない。これは容易には反駁できない、強固な事実である。私の論敵たちは、これが全部欺瞞であると断言するだけの確証をお持ちなのだろうか。彼らの主張が他のすべての人たちの証言を押しのけて採用されるはずだという確証をお持ちなのだろうか。

しかしここでは、経験的な事例についても、自己満足の見込みが行為の唯一の動機ではありえないことを証明する用意が私にはある。読者にその証明を用意するために、私は次のようなデータを前提とする。第一に、欲望の達成は、情念の満足と呼ばれる快適な感情を生み出す［原注 Elements of Criticism. vol. I. page 46. Edit 5th］。次に、願望のないところには、いかなる満足もない。私は借金を返したいという願望などなく、法令によって強制されて返す。その支払いは満足を生むどころではなく、少なからず不愉快なものである。私は履行したいという願望のない軽率な約束をするというわけだ。善意の行いへの願望が強ければ強いほど、私の満足は強くなる。私の願望が弱ければ弱いほど、私の自己満足は弱くなる。したがって、願望のないところでは、いかなる満足もありえない。

いよいよ証明に入ろう。自己愛を行為の唯一の動機だと考える人たちは、満足の見込みが善意の自発的な行いをする唯一の動機であると主張する。私はこうした紳士の方々に率直に尋ねてみたい。私が善意の行いをしようとするとき、満足の見込みはどこから出てくるのだろうか。彼らは、善意の行いをする私の願望から出てくるということを認めるにちがいない。というのも、実行しようという願望がなければ、その実行は私を満足させることもなく、したがってまた満足の見込みを前もって私に与えることもないだろうからである。明らかに、善意の行いをしたいという願望がいつも満足の見込みに先立たなければならないので、満足の見込みは唯一の動機ではありえない、ということになる。満足の見込みというのは行為の付随的な動機かもしれないが、単独では成り立たない。ある人が愛する人の善のために行為するとき、その胸のうちに何が去来するかに注意してもらおう。そうすれば、自分の目的を果たそうとする願望こそが彼の第一の動機であって、満足の見込みは結果的な考えでしかないことに気づくだろう。長らく真理の仮面の下に偽装されてきた誤りを人に納得させることがどれほど難しいか、私も感じている。それでも、私の証明は確かに証明なのだから、私の論敵たちをして彼らのお気に入りの体系を放棄し、自己愛を人間の行為を支配する多くの原理の一つにすぎないとみなすのに甘んじることを余儀なくさせるだろうという、何がしかの期待を私は抱いている。

自己愛以外に行為への動機を認めない人たちは、人間本性のことをほとんど知らない。社会的であれ利己的であれ、目的を念頭に置いていない本能的な行為を、彼らはどうやって説明するのだろうか。迫害者の利益に反する以上に、自分の利益に反する行為にしばしば人を駆り立てる復讐を、彼らはどうやって説明するのだろうか。一時の感情で友を殺してしまう行いを、どうやって説明するのだろうか。そんなことをした直後に、いっそのこと自らの命を絶ってしまいたくなるような思いを、どうやって説明するのだろうか。妬みや苛立ちに駆られた行為は自己愛によるのだろうか。そうした行為に伴う満足が動機なのかもしれない。けれども情念の衝動は動機ではないのだろうか。荒れ狂う情念のさなかでは、満足を考えることなどめったにない。それにともなうささいな瞬間的な満足は、呵責と悔恨によってすぐに息の根を止められる。こうした帰結への見込みは、どんな行為にせよ動機でありうるだろうか。逆に、その見込みは、情念の激しさに圧倒されはするけれども、強く行為を思いとどまらせる。

人間本性は驚くほど多様である。貪欲は私の利害にかけあうどころか、自己愛の大敵である。というのは、貪欲は私の蓄えをしまいこむばかりで、その富がもたらすあらゆる慰安を私から奪うからである。自己愛は、自分を害するように人々を駆り立てる特異な情念を説明できるだろうか。深い苦難のうちにある人は、あらゆる慰めを拒絶して、自分をさいなみがちである。自分の息子を過酷に扱ってきた男のいらだちは、テレンティウスの『自虐者』のなかで、ごく自然な色調で描かれている。

Decrevi tantisper me minus injuriae,
Chreme, meo gnato facere, dum fiam miser:
Nec fas esse ulla me voluptate hic frui;
Nisi ubi ille huc salvos redierit meus particeps.(14)

自然はこの路線をさらに進んでいる。人知れず犯した罪に対する悔恨に駆られ、しかるべき罰を受けるために自らを正義に引き渡そうとする人の実例は、きわめて珍しいというわけではない。また私の論敵たちにしても、自己満足というお気に入りの口実のもとで、この場を逃れることはできまい。自分自身に向けられた悪意のある情念は、それが進展するどの段階でも、不快なものである。そのような情念は、自己愛の宿敵とも言うべきもので、どんな利己的な動機も容れない。このことは、影響力をもつにちがいない反省を示唆する。自分を苦しめ、滅ぼすまで人を掻き立てるような自己愛に相反する情念がある以上、自己愛と完全に調和しつつも、愛する者のために尽くすよう人を掻き立てる情念を我々は疑うべきだろうか。

結論しよう。自己愛を人間の行為の唯一の動因として認めるどころではない。私の揺るがぬ意見だが、むしろ自己愛は人々のあいだではごく控えめに振り分けられていて、それが他のどの衝動的な情念にもまさるような事例はきわめて稀である。それを社会的な原理を圧倒するまでにさせる危険がないのなら、私は多数派に一票を投じることもやぶさかではない。その原理を相応に働かせることは実際、その反対物をとりのぞくことになるだろう。けれどもそのことは、衝動的な情念を犠牲にすることになるだろう。そして、そう言ってどうしていけないのだろうか。というのも、そのような情念を制御するのは、大いなる改善ではないだろうか。そのように思われる。しかし、全能なる神の作品を修繕しようなどという試みは、禁じられた地に足を踏み入れることである。どのような結果になるか容易には見通せない。ただ、多くの高尚な徳を行使

(14) 「私はこんな結論に立ち至った。クレメス、私は不幸なとき、自分の息子にそれほど害を加えない。そしてここでは私にとって、息子が無事に帰ってきて私と喜びをともにするようなときまでは、どんな喜びを享受することもふさわしくない」。ここで話しているマネデムスは、息子を自分の家から追放した呵責から、自らに苦難と剥奪を課す人生を送るためにその国に亡命した（Terence, *Heautontimorumenos: The Self-Tormentor*, 1.1.147–50, in *The Comedies of Terence*, ed. Henry Thomas Riley, New York: Harper and Brothers, 1874）。〔L. p. 81〕

もされないままに残すことになるだろう。けれども、この興味深い主題は必ずしもここでの思索にかかわるものではない。それは『人間史素描』のなかでだいたい扱われている〔原注 Vol II. p. 204. Edit. 2d.〕(xi)。

効用を道徳の第一の基礎に据えた著者として私が知っているのはデイヴィッド・ヒューム氏だけである。まずは『人間本性論』、そしてより十分には『道徳原理の研究』と題された次作においてである。後者は、心地よい文体で、非凡なる才能が発露されている。著者は、独創性を存分に発揮してはいるものの、事実と原理にはほとんど顧慮を払っていない。単純さを愛好するあまり、ここまであげた著者たちと同じ誤りに陥る羽目になっている。道徳を単一の原理に基づくものにして、多数の原理からなる人間の複雑な本性を見逃すという誤りである。実際、効用は道徳の唯一の基礎にはされていない。というのも、善意は道徳感覚に基礎を置いていることが認められているからである。ここまでは著者は、自己愛以外のあらゆる原理を拒否するフランスの著作家たちより用心深い。けれども彼は、正義は人為的徳であると主張して、正義について本来的な感覚を我々がもっていることを認めない。公共善の唯一の基礎は正義の感覚なのだが。

最も上っ面を眺めるだけでも誰の目にも明らかだろうが、もしこの説が正しければ、人間本性は不規則な、がたがたの機械であるにちがいない。善意は実に好ましい徳であり、社会を心地よいものにするのに大いに役立つ。けれども、正義ははるかに重要な徳である。というのも、正義なしには人間のあいだにいかなる社会もありえず、ライオンや虎と選ぶところがなくなるからである。したがって、ここには、卓越というしるしによって有用性の低い徳を区別する体系がある。そうした徳を我々の本性に結びつけ、道徳感覚によってそれを強めるわけである。その一方で、より有用性が高い徳は、人間についての動揺した観念にゆだねられている。そしてきわめて動揺しているとはいえ、こうした観念こそが公共善を対象としているにちがいない。

善意が生得的な感覚に基づいていることを認めるほど慧眼な哲学者が、その特権をはるかに本質的な徳として認めるのを拒むのは驚くべきではないのだろうか。これはまるで、彼が人間を偶然によってできたものと考えているかに見えるのではないだろうか。しかし、人間本性と我々の行為原理を少し見渡してみるだけでも、正義は善意に劣らず、生得的な感覚に基づいていることが彼にも見出せるにちがいない。正と不正の観念が、公共善の概念など持つべくもない子どもたちの間にも現れることは、彼も見てとっていたにちがいない。我々の正と不正についての知覚が効用以外に基礎を持たないとするなら、それについて衆人の意見が一致することなどありえなかっただろう。我々の効用の観念は一面性や偏見からきていて、非常に多様であり、意見の一致など影ほどもないだろう。

しかし偏りのない立場に立てば、件の著者が自分の体系を擁護して述べる主張に耳を傾けないわけにはいかない。彼の命題は、「公共的な効用は正義の**唯一の起源**であり、この徳の有益な帰結をかえりみることが、その利点の**唯一の基礎**である[15]」ということである。詳細に入る前に見てとっておくべきことは、ここでは二

(15) David Hume, *An Enquiry Concerning the Principles of Morals* (1751; reprint, ed. Tom L. Beauchamp, Oxford: Oxford University Press, 1998), 3. 1, p. 83.〔渡部峻明訳『道徳原理の研究』、晢書房、一九九三年、二五頁〕〔I, p. 83〕

つの非常に異なる命題が、一つの命題の欠かせない部分であるかのように、まぜこぜになっているということである。正義の目的が公共の効用であり、その利点はこの目的に寄与することにある、ということは認められる。しかし公共の効用が正義の唯一の起源であるということは認めることができない。というのも、そうだとすれば人間のうちには道徳感覚、すなわち正・邪、正・不正を区別する生来の能力のようなものはない、と認めることになるからである。もし件の著者がこの否定的な命題を理解できるなら、公共の効用は正義の唯一の目的であるだけでなく、その唯一の起源でもある、という主張を放棄しなければならないだろう。こうしたことを前置きにして、件の著者の次の議論がこの否定的な命題を明るみに出すことになるのかどうか、読者の判断に任せることにしよう。

彼は奢侈品でさえ過剰で、友情と寛大さがあまねく行き渡っている、黄金時代を想定している。いわく、「人々は正義や私有財産の観念を、いささかも持ちようがなかったことになろう」［原注 Page 34, 35.］(xii)。そこから彼は、正義は我々の現在の状況では、その存在を効用から引き出している、と結論している。この結論は出てこない。出てくるのはただ、正義や私有財産を法廷によって強制する機会がないような状況があるかもしれない、ということだけである。前者に関しては、友情と寛容があまねく行き渡っていて、すべての人が高潔で正直であれば、実際、法廷の出る幕はほとんどないだろう。しかし、だからといって、人間は正邪の感覚をもっていないということになるだろうか。正反対のことが帰結する。というのも想定された善と高潔は、人々のあいだで通常見られる以上の、いっそう鮮明な正と不正の感覚に基づいているにちがいないからである。為政者の厳格な権威が人々に義務を果たすように強制するのにいつも必要であるなら、社会は居心地の悪い状態になるだろう。

聞いたところでは、スイスの人々は物事をあつかうにあたっていたって公正なので、訴訟はほとんど要らないとのことである。ここから、そうした善良な人々が正義の感覚をもたないと推論できるだろうか。人々のふるまいをあれほど公正なものにしているのは、生き生きした正義の感覚ではないだろうか。私有財産に関しては、あらゆる生活必需品が使いたい放題に満ちている国であれば、私有財産権は、我々が吸う空気以上に必要ないだろう、ということは難なく認められる。しかしある状況において私有財産権が必要ないからといって、どんな状況でも必要ない、とするのは適切な推論だろうか。これはもっともらしくさえ見えない。哲学者たるもの、そのような議論を恥じるべきだろう。人間が、自分が実際に置かれている状況ではなく、いまだ存在したことのない、またおそらくこれからも存在することもない想像上の状態に適合しているとしても、それは人間のひどい不完全さではないだろうか。

件の著者は、人間の境遇は、たいがいの状態では逆だ、と言っている。極端な豊富や極端な欠乏は、人間の心中に温和と公平か、あるいは完全な略奪欲か悪意を植えつける。正義をまったく無用にすることで、その本質を破壊し、人類への責務を停止する〔原注　Page 41.〕[xiii]。

ある状況で正義の行使を停止することと、その本質を完全に破壊することとは、大きくかけ離れている。上述のように、あまねく温和と公正さが行き渡っていれば、法廷はほとんど無用になるだろう、ということは認められる。そして、完全な略奪欲と悪意が、人々を御しがたいものにすることも私は認める。けれども、いずれかを認めたからといって、人間は道徳感覚を欠いているということになるだろうか。件の著者も、善意は人間本性に内在していることを認めている。非常に栄えており、善意の一部門としての同情を向ける対象がない、という状態は想定できるかもしれない。同情の発揮は停止されるだろう。だがその本質は完全に破壊されるだろうか。しかるべき対象が出現すれば、同情心は眠ったままではいないだろう。どうして正義に同じことが言えないのだろうか。付け加えると、一般に、係争中の事実を証明するか否認するためには、たんなる想定よりもっと確固たる証拠が必要とされる。

彼いわく、「しかし、飢饉や都市が包囲された場合などの、実際に起こるいくつかの場合では、所有権の区別は覆され、正義への責務も終焉する」。〔『道徳原理の研究』、「正義について」、渡部訳、一三頁〕このような極端な場合でも、所有権や正義が途絶するというのは、明白どころではない。けれどもそれらが途絶えたとしても、この議論は、自己保存という偉大な法が、所有権の法に優位するという以上のことを証明するだろうか。

私の理解するかぎり、これらはすべてヒューム氏によって、公共善が正義の唯一の源泉であること、したがって人間本性には道徳感覚というものは存在しないことを証明するために引っ張り出された議論である。そうした議論が決定的なものかどうかは、各々の読者が自分で判断しなければならない。誰もが争わない命題、すなわち公共善が正義の唯一の目的である、という命題を証明するために多大な労力が払われている。このことは本書に一貫して含まれていることと完全に一致する。つまり、道徳感覚は人間が社会に適合するために彼に授けられている、ということである。手段と目的を、あるいは原因と結果を区別することほど簡単なことはない。けれども、ここでは正義の起源と目的が同じであるかのように主題が扱われ、片方さえ証明すれば両方とも証明することになるとされている。だから彼は公共の効用が正義の目的であることを証明するために総力を傾けている。見たところそうであるように、同じ証拠が、公共の効用を正義の起源とするのにも役立つということが自明視されている。

私も承知しているが、正義は大部分の場合、効用と両立する。けれども、両者が大きく異なる場合もある。次の例で見てみよう。親友から、巨額の財産を個人的に私の手で預かっているとする。その友が急死し、莫大な財産が相続人に残されるが、その人はそれを私が預かっていることを知らないとしてみよう。効用からの議論では、この総額を、たくさんの子どもたちのいる家族の教育費・養育費の唯一の資金として、私が持っておくことが正当化される。けれども、このやっかいな事例でも、私が良心を取り戻さねばならないとすれば――そのことは正直な誰もが疑うことができない――、必然的に、正義は効用から独立した基礎を持たなければならないことになる。与えうる唯一の答えは、正義は公共の効用に基礎を置いており、社会全体にかかわるものであって、各人の利益にはかかわらない、ということである。この事例について、私はその区別に立ち入ることはできない。なるほど、強盗や殺人が私に利益をもたらすかもしれない。しかし全体としては公共の害になるかもしれない。しかし、先の例では、誰も危害を受けないのだから、公共は損害を被らない。けれどもこの財産総額を私が保持することが公共に有害であるということはさておいても、当の著者の説がその基礎に立脚できるとするなら、私は大いに間違っていることになる。その説を完成するためには、公共、すなわち正規の政府が、正義の本来の感覚とは独立に存在しうることを示すのが彼の責任である。けれども、このことを彼は明らかにしていないし、しようともしていない。

私にはわかりきったことだが、正義の本来の感覚がなければ、公共、すなわち政府のもとにある社会は存在できなかっただろう。まして、人間の強欲や権力欲、その他の利己的で御しがたい情念を抑えるだけの権威をもった政府などありえなかっただろう。**強きものが生き残る**、という以外に社会に先立つ法がなければ、人間誰もが同族の人々を避けあい、猛々しい虎と同然になるだろう。万人の万人に対する戦争が後を絶たないだろうとは、ホッブズ氏が見事に述べたところである(16)。確かに、人間には社会への欲求があるが、その欲求は利己的で反社会的な情念によって芽のうちに枯れてしまうだろう。件の著者はここで明白な誤りを犯している。すなわち、彼は正義を公共の効用に基礎づけている。正義を人々の間に存在している、あるいは存在してきたすべての共和国の基礎とする代わりにそうしているのである。原因と結果が取り違えられているわけである。またそれは彼の探求で生じている種類のことがらの唯一の事例でもない。

正義が人間を善き市民にするために、あるいは件の著者の言葉でいえば公共の効用のために人々の間に確立されたものであるということ、したがって公共の効用が正義の唯一の目的だということは、衆目の一致するところである。しかしながら、決して公共善のために行為することが我々の義務になるわけではないことに注意しなければならない。我々は、その気になれば道徳感覚によって公共善のために行為する自由がある。けれども、道徳感覚は我々に何の責務も課さない。人類の善、あるいは祖国の善でさえ、はかりしれないほど多様な、関連しあった状況から帰結するものだから、あまりに複雑でこみいった目標であって、人間のような有限な能力しか持たない被造物の思慮を超えている。そして仮に公共善を考慮することが我々の義務だとされるなら、偏りや情念に対して大きな入口が開かれることになるだろう。一人ひとりの顔が違うのと同じぐらい意見もまちまちで、それでは人々はまるで社会のためにはまったくふさわしいものではなくなるだろう。

我々の自然のこの部門に表現されたわざを見つめたまえ！　我々がある種の平明で単純な行為を行ったり、あるいは差し控えたりするように、厳密に定められていて、間違いの余地がなく、その帰結を摂理に委ねているというのは、それは、公共善のためにさえ、ずっと賢明に定められていることである。我々は親や為政者に従わなければならない。恩人には感謝しなければならない。親族には親切でなければならない。約束には忠実でなければならない。盗みを働くこと、あるいは嘘をつくこと、また何らかの他の方法で他人を侵害することは、禁じられている。こうした戒律は単純明快であり、我々の義務となっている。その他の規則にしたがって行為する自由は我々にはない。

ヒューム氏は「公共善は正義の基礎であり、正義は所有の基礎である」と考えている。第一の命題はすで

(16)「それゆえ明白なことだが、人間たちがみなを畏怖のもとにおく共通の権力なしに暮らしていた時代には、戦争と呼ばれる状態にある。そのような戦争は、万人による、万人に対する戦争のようなものである」(Thomas Hobbes, *Liviathan, or the Matter, Forme and Power of a Commonwealth Ecclesiastical and Civill* [1651; reprint, ed. Rrichard Tuck, Cambridge: Cambridge University Press, 1996], pt. 1, ch. 13, pp. 88-9〔水田洋訳『リヴァイアサン』、岩波文庫、一、二一〇頁〕)。〔L. p. 86〕

に論じているが、もう一方の主張については、いずれにせよあまりに広漠としすぎている、と思われる。というのも、確かに、親に対する義務や、約束の履行や、その種の他の責務が所有権の基礎だという意味ではなく、正義が所有権の主体に関わるものとして、その基礎であるという意味だからである。さて、このように限定された命題に関しては、読者には、反対の証拠として、本論考の第六章を参照してもらいたい。そこでは以下のような命題が明確に示してある。第一に、所有権は生得的な感覚に根ざしていて、あらゆる所有権の侵害は道徳的に間違いであり、自責や厳罰を伴う。次に、正義と同様に所有権は社会にとって不可欠なものであり、これらなくしては社会は存在できない。ここで原因が結果と取り違えられている。それは、公共の効用を正義の基礎として主張する、もう一つの命題の場合と同様である。

いかなる道徳体系に対しても、それが人間本性と相容れないという反論ほど強力なものはない。効用が道徳の唯一の基礎だとすれば、正義には愛国心や寛大さあるいは他のどんな二次的な徳よりも高い是認が与えられる資格があるだろう。というのも、正義はこのいずれよりも公共にとってより不可欠なものだからである。しかしながら、逆こそ真である。正義を侵犯は実際に厳しい罰、犯罪者自身の自責、他者からの否認に出会う。その一方で、二次的な徳の無視は、何の咎めも受けはしない。しかし、正義の実行は、二次的な徳を行ったさいに与えられる是認に比べて、ほとんど是認に出会うことはない。その違いの理由は明らかである。寛大さや他の二次的な徳は自発的なものであり、その徳によって利益を受ける人は、大いにありがたいと考える。自分が正義の行為によって恩恵を受けているとは考えない。なぜなら誰もが正しくあらねばならないからである。

当の体系のこの部門にいくらかの省察を加えて結びとしよう。人間が社会的動物であるということは、社会への欲求や、社会のなかで人間の振る舞いを導いているさまざまな原理からも明らかである。もし人間が所有権の感覚や正・邪の感覚を授けられていないなら、社会のなかにあっても人間は、社会への欲求をもたないライオンや豹と変わらないだろう。栄養をとるといった単純なことにおいてさえ、人間は自らの唯一の導きとして理性に委ねているわけではない。人間には食欲というものが与えられていて、いつどれだけの量を食べるかを指示する、忠実な監視者となっている。しかし、当代の大哲学者たちは人間の心を解剖するのに喜びを覚えない。その解剖が、自然の本当の仕組を明らかにするためには必要なのだけれども。彼らは、もっぱら自分自身の見事な体系でもって世を騒がせることを好む。道徳の完全な体系が自己愛や、善意、あるいは効用や、想像力の戯れのうえに立てられている。そのような大胆な構築物は、斬新さで魅惑するかもしれないが、冷静な吟味に長く耐えるものではない。

故ボリングブルック卿は、この人ほど虚栄心に満ちた著作家はいないのだが、特異さを気取ることにかけては誰をも凌いでいる。彼は大真面目に、同情には本能や生得的な原理の基礎は何もない、と主張する(17)。けれども、この奇妙な学説に対して、野蛮人や人食い人種は、同情に劣らず強い残虐さへの本能を有して

---

(17) *Reflections Concerning Innate Moral Principles*(出版は一七五二年だが、書かれたのはフランス亡命中の一七二四年)で、ヘンリ・セントｰジョン、ボリングブルック子爵(一六七八―一七五一)は、自己愛は生得的であり、善意は教育と経験によって培われなければならない、と論じた。〔L. p. 89〕

いるように見える、という以上のすぐれた根拠を見出すことはできない。人間はさまざまな原理や情念からなっていて、状況次第で、ある原理が勝つことも、また別の原理が勝つこともある――学童でもわかるこのようなことを、かの深遠な哲学者が知らないということがありうるだろうか。奇をてらおうという野心を持った著作家たちが何を想像するのであれ、常識のある人たちなら、正義と同情はともに自然の原理である、と彼らに言い聞かせるだろう。それを証明するのに、推論は何も要らない。擁護すべき体系など持っていない人なら誰でも、そうした原理が自分の胸のうちに刻まれていることを認めるだろうからである。

正義や所有権をも、その真の子孫としての効用から導き出すことに満足しないで、同じ単純さの趣味が、件の著者をして効用からあらゆる徳をまた導き出すように駆り立ててきた。一次的な徳と有益であるほとんどすべてのものを同列におくためである。彼の考えでは、性格においてもふるまいにおいても、我々が有用だと認めるものは何であれ徳であり、道徳的な是認に値するということである。したがって、彼はあらゆる知的能力、例えば透察力、守秘力、勇気、勤勉を、徳という部類に含めている。こうした資質は実際にその持ち主にとって有用である。しかしすべてのものを有益な徳と呼ぶことは、語の意味を奇妙にゆがめることである。彼はそれにとどまらない。道徳的な是認は、陽気さや礼儀正しさ、機知、ひいてはきれい好きといったさらに下位の性質にも適用される。いや彼は一つの節全体を用いて、体力や美しさ、富が一次的な徳と同じ類に入ることを明らかにしようとする。彼は、ある男を立派な女たらしとして特徴づけるような男性の性質まで同じ部類に含め、彼いわく、「もっと広範に作用する同様の原理が、道徳的な情緒と是認の源泉である」［原注　Page 135.］[xiv]というのである。このようにして徳を貶める以上に、誰であれ、悪徳へのもっと効果的などんな奉仕をすることができるだろうか。

しかし、徳というものは、それに対して向けられうるすべての手の込んだ反対論にもかかわらず、その威厳を保つだろう。意志的な行為における正・不正の感覚は、徳と、この著者が徳と混同している多くの瑣末な資質とをはっきりと区別するものである。彼はそのすべてを是認という検証によってごたまぜにしている。しかもその語に、彼は何ら正確な意味を与えようと試みていない。我々は好ましいか、あるいは有用であるかのすべてのものを是認する。けれどもそのような是認は、有徳な行為に与えられるものにはるかに劣ったものである。心地よい見通し、立派な絵画、快適な住居への是認は、そうした対象物を有徳なものと称するのに十分だろうか。件の著者も認めているように、それだけでは十分ではない。

というのは、彼いわく、ある種の是認は恩恵があるときには無生物にも向けられるけれども、それはいたって弱く、恩恵をもたらす統治者や政治家に与えられる是認とはきわめて異なっているため、それらは同じ分類、あるいは呼称のもとにまとめるべきではないからである［原注 Page 75］[xv]。

これはいたって不用意な譲歩である。というのも、彼のお気に入りの効用の体系を一発で覆してしまうからである。強い是認はいまや効用ではなく、徳の基準と考えられることになる。その基準はさらに曖昧で恣意的で、どんな思想家の頭にも確実には入ってこないものである。してみると、ある対象が有徳であるのは、生き生きした想像力の持ち主に対してであって、この能力をわずかしか分け与えられていない人に対してではないことになる。いや、同じ人にとって、精神が高揚しているか消沈しているかによって、有徳であったりなかったりすることになるだろう。もし道徳体系から無生物を排除することがこの著者の計画であるなら、それは効用の欠陥からではありえない。というのも、その種の多くの対象は食糧や衣服を提供するので、大いに有用だからである。

件の著者が、何であれ動物を自分の道徳体系に含めるべきかどうかについて、意見を述べているとは私は記憶していない。もし効用が基準とされた場合、あらゆる動物は除外しえない。その多くは労役に服し、食糧や衣服を提供することで、大いに有用だからである。彼の修正版の体系にはいくらかの動物も含めなければならない。多くのすばらしい特性のため、是認に値するような動物である。主人に奉仕し、その財産を守ろうと懸命になる、犬の忠実さを見るがよい。あるライオンがアンドロクレスに見せた感謝を省みるだけでもよい。同種の例は事欠かない。[18] これは、人間がひとたび自然と真理の道から外れると、その空想がいかに人を誤らせるかの示唆的な実例である。道徳感覚が徳の真の基準なのだから、徳は疑いなく人間に限定され、まともな意味では、より劣った生物には何であれ帰すことはできない。

ある体系が自然と真理に基礎を持たないときには、矛盾を避けるように十分に注意が求められる。件の著者はここでは明白な矛盾に陥っている。彼は先に述べたような無生物には道徳的な是認を認めない。しかも、富には一度ならず道徳的是認を与えている。確かに富は有用である。しかし、立派な庭園や快適な住居も有用ではないか。ここに件の著者の議論への反論の機会がある。

ある種の是認は富に伴うけれども、それはいたって弱く、恩恵をもたらす統治者や政治家に与えられる是認とはきわめて異なるので、同じ部類、あるいは呼称のもとにまとめるべきではない。

この矛盾を和らげるために、富や体力、その他の既述の特性に与えられる是認は、正義や人間性に与えられるものよりも程度が低いものである、と彼は認めている。けれどもなお、是認はどちらの場合も同種のものである、と主張するのである。もし同種のものだとすれば、その反対のものに対する否認もまた同種のものにならなければならない。ある人が信頼を裏切り、両親に冷たく、恩人に感謝を欠いているとする。別のある人はだらしがなく、善意はあるもののしばしば失敗をやらかし、話をすればぎこちなく、立ち居振る舞いもへまがある、とする。この二つの例について、否認が同類のものであるかどうか、誰であれ訊いてみたい。このぼんくら者に対して、裏切り者に対して抱くような憤りを、いくばくかでも抱くかどうかも、である。是認をもっぱら効用に依存するとすることによって、件の著者はこんな奇妙な結論に導かれている。是認は徳に関するかぎりは道徳感覚に基づいているということを、彼は知らなかったのだろうか。その感覚に

(18) 「感謝は高貴な魂のしるしである」というのは、アンドロクレスに関するイソップ寓話の教訓である。その話では、脱走した奴隷が傷ついたライオンの面倒を見て元気にし、両者は捕えられるまでともに暮らした。アンドロクレスが罰としてライオンのもとに投げ出されたとき、彼が出会ったのは血に飢えた敵ではなく、感謝に満ちた老いた旧友だった。Aesop, *Fables*, retold by Joseph Jacobs, vol. 17, *The Harvard Classics* (New York: Collier & Son, 1909–14).〔L. p. 91〕

よってある行為は正しいと認められ、それゆえに有徳なものとして是認されるのである。どんな無学な田舎者でも、彼に単に言って聞かせてやれただろう。正直で恩を忘れないことは正しいことであると。そうした徳の有用な傾向について考えたことがないので、その田舎者はそれで終わるだろう。これこそ、人々が有徳な行為を是認するうえで、良心という内なる光によって導かれている証拠ではないだろうか。女性の貞節が有用性に対する確信以外に基礎を持っていないと主張でもしたら、件の著者は馬鹿にされずにすむだろうか[原注 Page 66.][xvi]。貞節が社会にとって大いに有益であることは、容易に認められよう。けれども有徳な女性の貞節が侵害されるとき、公共の効用以外に、彼女の純潔を守るものは何もない、と彼は本気で考えたのだろうか。重大な瞬間に彼女を守るために、貞節、名誉、あるいは誇りの原理のようなものはないのだろうか。

この体系に対しては、さらに重大な反論がある。もし効用が道徳の唯一の基礎だとすれば、義務や責務を善意、寛大、あるいは友情と区別しうる意味はなくなってしまうということは、私には歴然としている。その見出しをつけた節では、義務は利害からくる動機に解消されていて、経験的にきわめて有用だとわかる、是認すべき特質を身につけるよう我々を導くとされる。これでは何もかもが混同になる。義務の知覚が利害の知覚と違わないように、どんな知覚も他の知覚と違わなくなってしまうのだから。両者がしばしば対立したものとして現れることは、利害関係者には痛切に感じられることである。それは義務が、自分にとって大いに益をなす行為の妨げとなるような場合である。『道徳原理の研究』の最初から最後までヒューム氏がまったく見落としていると思われるのは、義務の内なる感覚、良心の権威であって、それが人間にとって法であり、社会のなかで彼の振る舞いを規制するということである。彼が事実にもっと注意を払い、そこまで才気に頼ることがなければ、間違いを犯すことはなかっただろう。**義務**、**責務**、**当為**、べきといった語に対応する観念が存するのであれば、それらの観念は疑いもなく利害がらみの動機を超えたものを含意する。さもなければ、正直な人間が借金を返すか、約束を実行する義務を負うのと同じだけ、守銭奴が自分の蓄えを増やす義務を負っていることになる。

ところで、今までずっと複雑な迷路のなかを、件の著者に付き合ってはきたけれども、彼自身が認めていることからさえ、効用が道徳の基礎になりえないことは私には論証可能に見える。善意がある程度までは直接の是認の対象であることを、彼は正当にも認めている。しかし同時に、こんなふうにも主張している。「少なくとも善意の利点の一部は人類の利益を増進し、人間社会に幸福をもたらす傾向から生じる」〔原注 Page 31.〕。私としては、一部どころか、善意の利点の全体が、その傾向から生じることを認める。そして同じことが、あらゆる社会的な徳にも当てはまると思う。けれども、これでは、効用を善意の上に持ち上げるという件の著者の意図に応えることにはならないだろう。反対に、効用の全体の利点は、明白に善意から生じているのである。私をして同胞の安寧に関心を抱かせ、その幸運にともに喜び、その苦しみに同情させるのは、善意ではないだろうか。善意を措けば、私の隣人たち、さらには親族たちが幸福か悲惨かということは、私には関わりのないことになるだろう。してみるとここでも、先の例と同様に、件の著者は結果を原因と取り違えている。他者の幸福を増進させるためになされた行為は是認される。しかし善意がその是認の基礎ではないだろうか。羨望や悪意が普遍的な情念であるとすれば、効用はすべての人から見て憎むべきものになるだろう。

しかし、効用の利点が善意から導かれることは私にも明白だけれども、道徳を全体として善意に基づくものとするハチスン博士の体系を採用するつもりはまったくない。我々自身の選択に委ねられたあらゆる行為において、善意はまさに、決定的な一票となる資格がある。けれども正と不正に関わることにおいては、善意は何の権威も持っていない。どんな決定においても、裁判官が善意を規則にするとすれば不公正になるだろう。正義は、当事者が金持ちであろうと貧乏であろうと、当事者の事情にかかわりなく、借金の支払いや契約の履行を強制する。もしある人に正当に向けられているすべての要求に対応するに十分な資力が彼にないならば、善意は最も貧しい人に対する彼の寄付でさえ正当化しないであろう。何度もくり返すが、道徳の真の確固たる基礎は道徳感覚であって、道徳感覚から離れては、正や不正、是認や否認、称賛や非難といった用語は、人間の行為にあてはめても何の意味もないだろう。

とはいえ、道徳体系から効用を追放することに私は賛成ではない。反射的な精神作用によって、効用が正義やその他のあらゆる道徳的な行為に追加的な動機となりうることを私は認める。効用に関して正義は食糧のようなものである。正義は、食糧が有用であるように、有用である。そして自然は我々に、この両方の欲求を授けている。けれども、効用でなく欲求が、食物を摂るのと同様に、正義をなすよう我々を動機づける根本原因である。効用は、実際に反射的な作用によって、両者の追加的動機となるかもしれない。

結論として述べよう。人間は複雑な機械である。身体に劣らず精神においても複雑なものである。どちらの知識を獲得するためにも、その唯一の方法は注意深く、また忍耐強く、そのさまざまな源泉と運動を探究することである。性急に単一の原理を把握し、その上にまるごとの体系を打ちたてようとするよりは、その方法のほうが少なくとも真理を発見できる見込みが高い。道徳はあらゆる学のうちで、第一の地位を求めるものである。そしてそれは正当であって、なぜならその傾向は我々の振る舞いを規制するものであるからだ。したがって、確固として確立されたその学の原理と、正確にたどられたそれらの帰結を把握することは、あらゆる人にかかわることである。多くの知識の部門において、我々は自分や他人に対するさほどの先入見もなしに、間違いを犯すかもしれない。しかし、道徳体系にあっては、間違いはほとんど致命的なものになる。

読者には、私が自分で感じているある懸念を表明するために、さらにいくらか言葉を弄させていただく。『道徳原理の研究』で力説された議論は、当代随一の哲学者とまさに目されている著者の他の成果に比べて、劣っているように思われる。そして人々は、私が論争に勝つために、議論を偽装していたのではないかと疑うむきもありがちであろう。私は章や節を引用したので、世間が判定してくれるだろう。とはいえ、ヒューム氏のためにできるだけの弁明をしておきたい。正義とは人為的な徳であるというのは、彼が早くに採用した彼のお気に入りの教義の一つであって、彼のなかでは、ある種の自然の原理となっている。そして誰もが知っていることだが、持論に基づいた議論というのは、たいがい決定的なものと思われ、それに対する批判は耳を貸されることがなく、検討もなしに退けられるものだ。宗教的な問題においてだけでなく、あらゆる学問において、人間理性が往々にして偏向や先入見によって逸脱させられるのを目にするのは、実に気が滅入るものだ。もし論争に関わる著作家たちがこの偏見を常に視野に入れていれば、彼らは通常そうであるよりもっと穏やかになるだろう。私が『道徳原理の研究』の学説に反対するどんな偏見を持っていようとも、当の著者に対しては、私の良心にかけて何の偏見も抱いていない。彼の生前、我々の友情は篤実なものであった。ただ一点、意見の違いを除いては。私は論争におぼれたことはない。したがって、本書の構想と対立しないものであったら、私の愛と尊敬を得ている紳士を攻撃することは差し控えただろう。

注

（ i ）David Hume, *A Treatise of Human Nature* [London: 1739; reprint, ed. David Fate Norton and Mary J. Norton, Oxford: Oxford University Press, 2000], 3. 3. 1. 7–12, pp. 368–70.〔伊勢他訳『人間本性論』、第三巻、法政大学出版局、二〇一二年、一三七―一四一頁〕〔L. p. 32〕

（ii）Preface to the 2d ed.（1729）and to subsequent editions of Joseph Butler（1692–1752）, *Fifteen Sermons Preached at the Rolls Chapel*（1st ed., London, 1726）; in *The Works of Joseph Butler*, 3 vols.（Oxford: Clarendon Press, 1896; reprint, Bristol: Thoemmes Press, 1995）, 2: 13. トマス・ホッブズの心理的利己説に抗して、バトラーは、人間性は自己愛と善意が良心や反省に導かれる複雑な体系であると論じている。〔L. p. 32〕

（iii）約束の履行は自然的なものではなく、人為的・慣習的なものであると主張し、ヒュームは「社会を知らない」人の事例を考察している。「私は約束する」というのは、自分の約束を守る義務の感覚をすでに創出している社会慣習という文脈の外では何の意味もないことを示すためである。*Treatise*, 3. 2. 5. 2, p. 331〔伊勢他訳『人間本性論』、七四頁〕。〔L. p. 53〕

（iv）出典不明。〔L. p. 54〕

（v）Adam Smith, *The Theory of Moral Sentiments*（1759, reprint ed. D. D. Raphael and A. L. Macfie, Indianapolis: Liberty Classics, 1982), 1. 1. 1. 2, p. 9.〔水田洋訳『道徳感情論』岩波文庫、二〇〇三年、二四―二五頁〕「同感」ということでスミスは、善意あるいは同情だけでなく、「どんな情念を伴うにせよ、我々の同胞意識」(1.1. 1. 5. p. 10)〔水田訳『道徳感情論』、二八―二九頁〕を表している。〔L. p. 71〕

(vi) Jean-Jacques Rousseau, *Emile, ou de l'éducation* (1762); *Emile or On Education*, ed. and trans. Allan Bloom (New York: Basic Books, 1979), bk. 4, p. 221.〔『エミール』、岩波文庫〕〔L. p. 71〕

(vii) ケイムズが指すのは「情動と情念の外的なしるし」に関する章である。*Elements of Criticism*, 5th ed., 2 vols. (Edinburgh and London: 1774), vol. 1, chap. 15. 初版が一七六二年に刊行された『批評の原理』は、第六版まで及んでいる(ケイムズが最後に改訂した第六版は、一七八五年に刊行された。reprint, Peter Jones, ed., 2 vols., Indianapolis: Liberty Fund, 2005)。〔L. p. 72〕

(viii) Chesterfield. Philip Dormer Stanhope, 4th Earl of (1694–1773), *Letters written by the late Right Honourable Philip Dormer Stanhope, Earl of Chesterfield, to his son, Philip Stanhope*, Esq. , 2 vols. (London, 1774). チェスターフィールドの『手紙』は評判となり、しばしば再版されたが、多くのスコットランドのモラリストたちは、『手紙』は「売春婦の道徳と踊り手の手合いを教えるものだ」というサミュエル・ジョンソンの意見を共有していた。James Boswell, *Life of Johnson* (London,1791, reprint ed. R. W. Chapman, New York: Ooxford University Press, 1980, p. 188).〔L. p. 73〕

(ix) Kames, *Elements of Criticism*, vol. 1, chap. 2, pt. 1, sec i.〔L. p. 76〕

(x) Rousseau, *Emile*, bk.4, p. 221.〔L. p. 76〕

(xi) 「社会への欲求―部族社会の起源」に関する章(あるいは「素描」)への言及。Kames, Henry Home, Lord, *Sketches of the History of Man*, 2nd ed. (Edinburgh, 1778), vol, 2, bk, 2, sketch 1.〔L. p. 82〕

(xii) Hume, *An Enquiry Concerning the Principles of Morals*, 3. 2–3, p. 83.〔渡部俊明訳『道徳原理の研究』、晢書房、一九九三年、二六頁〕〔リバティ版の編者

モランが指摘するように〕ケイムズはそのまま引用しているわけではなく、次のヒュームの発言をパラフレーズしている。「そのような幸福な状態にあれば、他の社会的な徳も花開くだろう。けれども、正義という用心深く嫉妬深い徳は、夢にも浮かんだこともないのだろう。というのも、誰もがすでに十分以上のものをもっているなら、物資の配分はなんのためにするのだろうか。どんな危害も決してありえないところに、どうして所有権が生じえようか」。〔渡部訳『道徳原理の研究』、二〇頁〕〔L. p. 84〕

（xiii） Ibid., 3. 8. p. 85.〔L. p. 84〕〔渡部訳『道徳原理の研究』、二五頁。ここでもケイムズの引用は大雑把である。以下はより忠実な引用である。「極端な豊富あるいは極端な窮乏を作り出し、人間の心の中に完全な節度と人間性あるいは完全な貪欲と悪意とを植えつけてみよ。諸君は正義をまったく無用なものとなすことによって、その本質を完全に破壊し、人類にその責務を負わせるのを停止するであろう」。〕

（xiv） 「一般に言われることだが、立派な女たらしと呼ばれ、情事によって名を上げたり、体格がその種の並外れた活力を約束する人たちが、異性に歓迎され、その才能を役立てることをおのれの徳が許さない人たちの愛情さえ当然勝ちえるのである」。Hume, *Treatise*, 3.3.5.2.〔L. p. 89〕〔伊勢他訳『人間本性論』、一七六頁〕

（xv） Hume, *An Enquiry Concerning the Principles of Morals*, 5.1. fn.17, pp. 104-5.〔渡部訳『道徳原理の研究』、五九頁〕〔L. p. 90〕

（xvi） ヒュームは、貞節は正義と同様に人為的な徳であって、社会的有用性に基づいている、と主張している（*An Enquiry Concerning the Principles of Morals*, 4. 5-7, pp. 100-101〔渡部訳『道徳原理の研究』、五一頁〕）。Treatise, 3.2.12. pp. 364-6〔伊勢他訳『人間本性論』、一二〇頁〕参照。〔L. p. 92〕

第三論考　自由と必然

我々の思考を目的因に当てはめるとき、即座に思い浮かぶ主題としては、物質的な世界以上のものはなく、それには叡智と善性という最も輝かしい性格が刻印されている。道徳の世界は、より念頭に入ってこないので、一般に看過されてきた。とはいえ、題材の豊かさにかけては、道徳の世界は物質世界にひけをとるものではない。人間の内面の構造は、人間がその一部をなしている外界の仕組に劣らず驚嘆すべきものであることがわかるだろう。この主題はいっそう興味深いが、我々の内面の構造に識別される叡智と設計の形跡は、一般の人の目に留らないものがより多い。いってみれば、その筆致たるや、物質世界で見出されるよりもいっそう精巧な鉛筆で、より巧妙な手で書かれたもののようである。思考は動作よりも微妙であり、精妙なわざの多くはたんなる物質の法則よりも、意志的な行為の法則にいっそう示されている。

原因なしには何事も起こりえないということは、学識ある人だけでなく無知で無学な人も含め、すべての人に抱かれている原理である。どんな出来事もひとりでに起こるものとは考えられず、何か他のものによって生み出された結果と考えられる。原因がどれほど知られていなくても、それでも我々は発生するあらゆる物事に原因がなければならない、と結論する。この命題を推論の連鎖によってなんらかの前提から演繹しようとすると、我々はおそらく途方に暮れるはずだ。けれども、理性が我々を暗闇のなかに置き去りにするところで、知覚が確信を与えてくれる。我々は命題が真だと知覚するのである。好奇心は子どもに最も早くから見出される情動の一つである。そして、どうして、どのようにしてそんなことが起こったのか、それに与えられる原因や理由をつかむことほど、子どもが好奇心を抱くことはない。

歴史家や政治家は、どんな謎めいた行為も例外とはせず、行為の原因をたどることを第一の関心としている。どんなに異常な出来事であっても、それが結果であるという感覚は、俗衆にあってさえ、いささかも弱まることはない。俗衆は原因に帰するよりは、むしろ見えない力の働きに訴えるのだが。そのしかるべき結果に関して原因であるものは、先立つ原因との関係では結果と考えられるのであって、そのように遡ると限りがない。このように原因と結果の連鎖の中で見ると、出来事は当然必然的で確定的なものと推定される、と人は考えるだろう。というのも、原因とその結果の関係は、何か厳密で決定的なものを意味するのであり、それが我々の思考をそうでなければならない、それ以外ではありえないものへと導くからである。

ここまで述べたような感覚を我々が持っていることは、論争の余地がない。しかも、人間本性に探りをさらに入れてみると、出来事のチャンス〔確率〕とかコンティンジェンシー〔偶然〕という感覚も、前者〔必然〕の感覚に劣らず我々の本性に深く根ざしているように思われる。このチャンス、あるいは偶然の感覚が何より目立つのは、我々が未来の出来事を展望するときである。実際に、我々はあることがらを確かだとか必然だとか常に考える。季節のめぐりや、太陽が昇ったり、沈んだりすることなどである。経験が教えるように、こうしたことは定まった法則に支配されている。しかし多くのことはとりとめがなく、思いがけず、不確実であるように見える。不確実というのは、我々がその原因を知らないから、我々にとってそうだというだけでなく、またそれ自体として不確実である、あるいは不変の法則に縛られたり、起こることが予定されたりしていないということでもある。我々は自然に、起こるにちがいないことと、起こるかもしれないあるいは起こらないかもしれないこととの間に区別を設ける。だから、未来の出来事に関しては、我々はチャンスあるいは偶然の感覚をもっているのであり、出来事が精確で決定的な原因に依存しているというもう一つの感覚を追い出すように思われる。

我々自身の行為がどのような観点から精神に知覚されるかを考えると、何か同じく奇妙で不可思議なものがある。我々が動機によって行為することは、誰もが認めることである。哲学者のみならず普通の人でも、行為とその動機との結びつきは非常に強いと知覚しているので、この知覚からいずれの人も、全幅の確信をもって他者の将来の行為について推論するのである。強欲な人間が富を獲得する正当な機会ならすべて逃さず利用するだろうということは、雨と日光が植物を成長させるだろうというのと同じくらい、ほとんど疑われない。利得という動機は、土壌の熱と湿気がそれぞれの固有の効果をもたらすのと同じぐらい確実に、間違いなくその人の気質に働きかける。

もしある特定の人がどんな役割を演じるのか不確かだとしても、不確実さは、その人がある動機から行為するかどうかを疑っていることから生じるのではない。というのも、このことは決して疑問に付されないからである。不確実さは、どんな動機が優勢なのかを、我々が判断できないことからくるのである。だとすれば、人間行為の連鎖の全部が、必然で確定的なものとして、心に思い浮かぶことだろう。けれども、人間の行為はいつもその観点から我々に立ち現れるとは限らない。確かにどの特定の行為にも先立って、実際に我々は、それがある動機の必然的な結果だろうといつも判断する。しかし振り返ってみるとその判断は変化するように見える。ある人は不正で恥ずべきことをしたのだろうか。我々はその人を、不正で、恥ずべき役割を演じることで非難し、糾弾する。その人には別様に行為する力があったのであり、別様に行為すべきだったと我々は考える。いや、その人自身、自分の振る舞いについて同じ公平な判断を下す。我々の知覚の連鎖全体が、瞬間に、その人が自由な行為者であるという想定に自己調整するのである。

こうしたことは、特異な種類の人間本性における現象である。知覚が互いにぶつかり合う。あらゆる過去の出来事は必然的な原因を持っていることが認められ、しかも多くの未来の出来事は偶然的とみなされる。あらゆる未来の行為は必然的だと認められるが、しかし多くの行為は事後的には自由だったと判断される。我々の知覚は疑いもなく真理の試金石である。そして理性や経験によって見出される数少ない例外は、だからこそいっそう一般規則を確証するのに寄与する。けれども、いま明らかになった知覚は真理の試金石にはなりえない。というのも、矛盾する命題にあっては、真理はどちらの側にもありえないからである。疑いと困難の迷宮から抜け出すには、物質界と道徳界の両方について、厳密な探究を手がける以外に方法はない。そうすれば、何が現実に真理であるかを見出すことにおそらくつながるかもしれない。それでは公平かつ注意深く進んでみよう。出来事の偶然性、そして人間行為の自由と必然性に関して、我々は何を信じたらよいのかを。我々の知覚は互いに調停できるものかどうか、また真理と調停できるものかどうかを。あるいは、ここには何らかの幻想がありはしないかどうかを。

物質の世界を見ると、そこではすべてのことが原因と結果の固定的で安定した連鎖のなかで進行しているのがわかる。物質のうちに生じるあらゆる変化と、物質がとるあらゆる異なった様態が、固定的な法則の結果であることは、争う余地のない点である。あらゆる結果はいたって厳密に決定されているので、そうした状況では、他のどんな結果もその原因の作用からは生じようがなかったのである。このことはすべての哲学者が認めるように、異なる要素の最も微細な変化にさえあてはまる。その都度、揺らぎがあるように見えても、ごく微小な変化でも既定の法則の結果である。一つのものを他のものへと関わらせる、この体系全体を貫く、原因と結果の連鎖が存する。そしてその鎖のどんな小さい環が壊れても物事の構成全体を変えたり、自然法〔則〕の正規の働きを停止させたりせずにはおかないのである。そういうわけで、ここ、物質世界においては、偶然と呼ばれるものは何一つない。緩やかなものは何一つない。すべてのものが正確に今あるとおり、我々がそれを見出す状態で見出されるにちがいない。

道徳世界では、この原因と結果の必然的な連鎖はさほど明瞭に現れない。

> 人間はここでは行為者である。人間は意志を授けられており、選択によって行為する。人間は運動を始める力を持っており、その運動は機械的な法則に服さない。したがって人間はいわゆる物理的必然性のもとにはない。人間には欲求や情念があって、それを満たすように人間を駆り立てる。けれども、人間はそれらの衝動に盲目に従う必然性のもとにはない。というのも、理性が規制する力を持っているからである。理性は善悪についての冷静な見地から、動機を示唆する。人間はこの動機のもとで熟慮する。その熟慮の結果として人間は選択する。ここに我々の自由がある。[1]

この自由がどこまで及ぶかを吟味してみよう。動機が決心をするうえでいくらかの影響力を持っていることは確かである。そして動機の影響力に程度の違いがあることも、同じく確かである。例えば名誉と感謝の感覚は、友に尽くそうとする、人にとっての強力な動機である。その人の個人的な利益とも一致するとしてみよう。そうすると動機はさらに強力になる。もし違ったふうに行為すれば、貧困や恥、あるいは身体的な苦痛が確実に予想されるとしてみよう。ここではその人に選択の余地は残されない。行為への動機は、抗いがたいものになる。動機が程度の違いはあれ、ひとたび決定的な影響力を持つことが認められるなら、同じ動機であれ、いくつかの動機が重なったものであれ、動機の影響力が増大して精神にほとんど、あるいはまったく自由を残さないことになると推定するのも容易である。そういう場合には、我々が行為する必然性のもとにあることは否定できない。そしてこのことが外的な強制からではなく、精神の構造から生じるにしても、しかしこの場合には、結果は外的な強制の場合に劣らず確実で、固定的で、不可避である。このことはきわめて自明だから、ある事例では、道徳的な必然性と物理的な必然性は一致している、あるいはほとんど区別しがたいように見える。

犯罪者が監視人たちの真ん中で処刑台に向かって歩いていく。彼がこの場合に絶対的な必然性のもとにあることは誰も否定しないだろう。なぜだろうか。罪人が行くのを拒んだとしても、引きずっていかれるだろうと本人もわかっているからだ。問うてみたい。これは物理的な必然性なのか、道徳的な必然性なのか、と。一見では、答えは不明瞭である。しかし、厳密に言えば、その必然性はもっぱら道徳的なものである。というのも、罪人が処刑台に向かって歩くことを決定しているのは動機の強制力だからだ。つまり、抵抗は無駄だというわけだ。とはいえ、この状況で罪人を眺めるときに、見物人たちの心中では、必然性の観念は、罪人が縛られ、そりに乗せて運ばれるのを目にした場合に劣らず強い。

　人がしなければならない、したがって避けようがない行為について語ることはごくありふれている。彼はそれを強制されたとか、それ以外の行為をすることは不可能だったとか、我々は言う。ここで我々が言わんとするあらゆる強制は、ある種の非常に強力な動機が精神に加えられたものにすぎない。これが示すのは、あらゆる人の判断において、ある動機が、ある状況下で、ある行為を必然ならしめる力を帯びるということである。言い換えれば、手から石を落とせば地面に落下するだろうと予想するときと同等の確信をもって、しかじかの動機の結果としてしかじかの行為を我々は予想するのである。

> このことは、ある種の事例にはあてはまるかもしれない、と言えるだろう。けれどもすべての事例というわけではない。というのも、人間行為の大部分にあっては、実際、自由の感覚があるからである。心が二つのことの間で躊躇し、比較検討し、ついに決断するとき、ここに何らかの強制や必然性があるだろうか[2]？

強制がない、それは認めよう。けれども必然性に関しては、一息ついて、もっと正確に検討してみよう。下された決断、なされた選択は、何に基づいているだろうか。どんな静かで微弱なものであろうと、確かに何

（1）　ここでケイムズは彼自身の言葉を、『道徳と自然宗教の原理』の初版の第三論考「自由と必然について」から引用している。〔L. p. 100.〕

（2）　『論考』初版からのもう一つの直接引用。〔L. p. 101.〕

らかの理由や動機に基づいている。まともな人間は誰でも、別のものでなくあるものを選んだとき、その選好について、強いか弱いかの、ある理由を帰することができるはずだ。決心を下しながらそれがなぜかを言えないと言うのなら、愚かさの際立った証拠になるだろう。これが疑いのない事実なのだとすれば、決断はその時点で最大の影響力をもっているか、全体として最善で最適だと思われる動機の結果でなければならないということになる。動機の強さや影響力が違っているとすれば――これは明らかにその通りだが――その場合、最も強い動機という観念そのもののなかに、決心することにおいて最も強い影響を及ぼすにちがいないということが含まれている。このことは、天秤が重いほうに下がるにちがいないということと同様に疑いようがない。

おそらくここで横槍が入るかもしれない。「人は決断するとき、必ずしも理性的だとは限らない。気まぐれ、情念、気分、風のように軽やかに移り変わる動機からしばしば行動する」。これは認めてもよい。望むだけ気まぐれで、非合理的になるよう心を決めさせる動機を考えてみよう。それでも、その動機の影響はどんな理性的な動機の影響とも同じくらい必然的である。たとえば、怠惰な人も、理性、徳、利害が示唆しうるかぎりの最も強い考慮によって行為へと促される。その人は逡巡し、ためらう。結局、その動機すべてにあらがって、腕をたたむ。この奇妙な選択の原因はなんだろうか。それは、彼が他の人よりも動機の力に服していないということだろうか。休息の愛好が彼の動機であり、優勢な情念である。それが、栄光や富への愛が虚栄家や欲張りを動かすのと同じように効果的に、その人を今いる場所にとどまらせるのである。

要するに、動機が我々の力や指令に服していないとしても――そのことは明らかに事実だが――我々は必然的な行為者である。盲目的な衝動や本能によって行為するとき、我々は明らかに必然的な行為者である。そして熟慮と選択を容れる事柄に関しては、我々の身体構造は、何らかの見通し、狙い、目的なしには何一つ行為をすることができないようにできている。そして二つの相反する動機が立ち現れるときには、我々は恣意的な選択ができるわけではない。我々は必然的により強い動機を選好するように決心する。

確かに、人間の自由について論争するとき、動機が必然的な影響力を持っていないことを示そうとして、目の前にあるなかでおそらくいちばん悪いりんごを食べてみたり、あるいはそうしたささいな事柄において、明らかによさが小さいものを大きいものよりも選んでみたりする人がいるかもしれない。しかし動機に反して行為できることを示そうという気分が、気まぐれな選好という動機そのものであることは明白でないのだろうか。

人間の行為を支配する法則と物質の運動を支配する法則を比べると、両者は同様に作動していて、その効果は同じく必然的であることがわかるだろう。どんな行為にせよ動機がまったく十分で有力で明確であれば、自由の感覚は、前に示したように、完全に消失する。他の、選択の余地が広かったり、相反する動機が拮抗し、相克したりする場合には、心はしばらくのあいだ揺れ動き、それほど縛られていないように感じる。けれども結局は、天秤が何度か揺れたあげくに重いほうに傾くのと同じくらい必然的に、最も強い動機の側に落ち着くにちがいない。この点で心の法則と物質の法則は、完全に類似している。

けれども比較してみると我々は欺瞞に陥りやすい。物理的必然性の観念を形成するうえで、目に見えて十分な影響を及ぼすもの以外の、いかなる力も我々はほとんど考えない。獄中にある人や、杭につながれた人は、その場にとどまらざるを得ず、引きずられれば抗うことはできない。その一方で動機は非常に異なるので、必ずしも感じられるほどの効果を発揮するとは限らない。しかし比較を正確に行えば、まったく同じことが物質の運動にあてはまる。弱い動機も多少とも印象を残す。けれども、もっと強力な動機に対立すると、心を決める効果はまったくもたない。それとまさに同じ要領で、小さな力は大きな抵抗を覆すことができない。天秤で片方の皿に一オンスを乗せても、もう一方の皿の一ポンドと釣り合うことはない。心の行為と物質の運動を一緒に比較してみると、似た原因は両方において同様に似た結果をもたらすだろう。

しかし選択や理解の最終的な判断に動機が及ぼす必然的な影響について主張されてきたことのすべてを認めたうえで、クラーク博士は、人間はなおも自由な行為者である、というのは、人間は自分の意志にしたがって行為する、あるいは動作を始める力をもっているからだ、と力説する。ここにおいて、動機は運動の物理的な作用因ではないということに、彼は人間の自由を位置づけている［原注　彼の『神の存在と属性の論証』*Demonstration of the Being and Attributes*, p. 565. fol. edit. と、コリンズへの返答の随所 *Passim* を参照］[i]。

人間は意志するとおりに行為するのだから、疑いもなく自由な行為者である。だが行為する動機に必然的に影響を受けるのだから、同様に必然的な行為者でもある。その動機は当人の認可によって必然的に意志を決定する。そして意志は何らかの外的な力に妨害されないかぎり、必然的に行為を生み出す。「しかし」と彼は言う。「動機によって生み出されるのは道徳的な必然性でしかない。そして道徳的な必然性は決して必然性などではなく、最高度の自由と両立する」。博士の誤りは、道徳的な必然性と自由を対置したことにある。人間は自分の意志にしたがって行為するのだから、自由な行為者である。その意志は動機によって必然的な影響を受けるのだから、人間は同時に必然的な行為者である。両者は完全に一貫している。人間精神に関わる行為の法則は物質に関わる法則と同様に固定的なものである。必然的、確実な、不可避的という観念は同様に両者にあてはまる。

この主題を省みると、一つの大きな混乱の元は必然と制約とを区別していないことのように思われる。日常語では両者は同義語として使われる。けれどもこの主題を扱う際には区別すべきである。脱走したいという強い願望を抱いている人が、扉の警備があるから獄中にとどまっているとする。見張り人が行ってしまったと見るや、彼は脱走する。この脱走はここでは、以前に監禁されたのと同様に必然的、つまり彼が身を置いた状況の確実不可避な帰結である。一方では制約があり、他方では制約がないというわけだけれども。制約のもとになく、自分の性向と選択にしたがって行為するときには、我々の行為は自由とみなされるのももっともである。同時に、我々の行為は厳密に必然的である。というのは、あらゆる性向や選択は優勢な動機によって不可避に引き起こされたり、誘引されたりするのだからである。

先の推論は、次の仕方で、おそらくもっと手短な議論に切り詰められるというより強い印象を与えるかもしれない。ある存在がたんに本能によって、その帰結を何も考えずに行為する場合、その存在は必然的に行動していると誰もが見るにちがいない。ある行為が何らかの目的や出来事をもたらすために実行される場合、そう明白ではないものの、同じことになる。この目的や出来事が、欲求の対象であるにちがいない。というのも、まともな人なら特定の目的のために手段を講ずるとき、その手段が有効であることを願うはずだからだ。もしある出来事を実現したいと欲しなければ、我々はそれを引き起こすために行為することはありえない。だから欲求と行為は密接につながっていて、あまりに密接なので、先立つ欲求がないところでは、どんな行為もなされえない。まず出来事が欲求の対象であり、それからその出来事を引き起こすために我々は行為するのである。

こういう事情だから、我々の行為は、それが道徳的な必然であるということに反する意味では、明らかに自由ではありえないことになる。我々の欲求は明らかに我々自身の力に服してはおらず、我々には依存しない方法で喚起されるものである。そしてもし欲求が我々の力に服していないのであれば、我々の行為も我々の力に服しえないことになる。道徳的な必然に反するものとしての自由は、仮に何か意味があるとしたら、欲求に対立して行為する力を意味しなければならない。言い換えれば、行為する際、あらゆる見通しや目的、意図に逆らって我々が持つ力のことである。そのような力は、誰もそんなものに気づいていないということは別にしても、理性的な存在とはまるで相容れない、ばかげたものであるように思われる。

あるものを他のものより好む基盤がないに等しいと考えられる物事に関しては、心がそういう場合にどのように導かれるかについて、あれこれ込み入った探りを入れる必要はない。心に影響する動機のないところでは、心は恣意的に行為するかもしれないということは認めるにしても、それで、優勢な動機の存在を想定する先の推論が揺らぐことはないだろう。対象同士が互いにまったく等しく釣り合いをたもっているというのは、そんなものが見出されるとしてもごくまれで、事柄としてごく瑣末なものであって（どこにでもある卵の例のように）、原因と結果の連鎖に対して何らとるに足る影響を及ぼすことはありえない。

二つの対象のうちでどちらを選ぶかを決める動機を心がともかくまったく欠いたままであるようなことが

あるかどうか、十分疑いの余地があるだろう。というのも、対象同士がそれ自体ではまったく等しいものだとしても、空想、習慣、場所の近さなど、さまざまな気づかれない事情があって、どれか一つの対象のほうに秤が傾くかもしれない。こうした宙吊り状態では、二つの物事は等しく釣り合っていても、何か選択の根拠を探し求める際に人が抱く不安が、まったく恣意的に行為することは不自然であり、我々の構造が動機によって決定されるようにしていることの証拠である。

道徳的必然性の教義は、いくつかの点において通俗的な観念と対立するのであるが、長々と説明する余地はほとんどないので、物理的な必然性と対置することによってそれに光を当てることに努めよう。

第一に、物理的な原因の影響下にある人間は受動的である。その人は働きかけられ、行為しない。道徳的原因の影響下では、彼自身が行為する。そして道徳的原因は、行為するように人に影響を与え、決心させることによって作用する。

第二に、物理的原因は一般に、人間の性向や意志に逆らって発揮される。もし加えられた力が彼の抵抗力をしのぐのであれば、彼は従わざるをえない。そしてこの場合には、その必然性は非意志的である。それは制約ないし強制である［原注　しかしながら、物理的な必然は常に非意志的とはかぎらない。力がある快適な出来事を引き起こすために援用されるかもしれない。この場合、必然は**意志的**である。ある船が嵐のなかで帆柱も索具装置も失い、荒々しい風によって港へと運ばれるかもしれない。物理的な必然の力に服している船乗りたちはまったく受動的だが、しかし彼らの願いは岸にたどり着くことである。彼らの服している必然は、彼らの願いに対応しており、したがって**意にかなっている**。エリヤは火の馬車によって天に運ばれた。その必然は物理的なものであったが、意にかなってもいた(ii)］。

その一方で、道徳的必然は常に意志的である。道徳的原因が働くのは力や強制ではなく、誘導や説得によってである。それは判断に訴え、一般に確信をもたらす。けれども、そうであろうとなかろうと、それは欲求を喚起することによって、我々の本性の感覚的な部分に対して必ず成功を収める。そしてある人が何の制約下にもないときには、彼は自然的、必然的に、自分の欲求を満たすために行為するように進む。その行為は目的のための手段として遂行される。それは意志によって導かれ、最も厳密な意味で意志的である。同時に必然的でもある。というのも、人間本性は、欲求が常に意志を決定するものだからである。ここでの必然性は、美しい対象に喜びを感じたり、醜い対象に不快を覚えたりする必然性と同種のものである。しかし、この必然性はまったく意志的なので、外的な力から生じるものとは正反対である。

第三に、物理的必然性は、めったに起こらない意志的な場合を除いて、きわめて不快なものである。しかし、道徳的必然性は常に意志的であって、その理由で常に快適なものである。人間本性にとって、制約ほど厭わしいものはない。その一方で、自らの意志の自由を享受するときは、我々の状態は常に快適である。

第四に、物理的な原因に強いられ意に沿わない働きかけを受ける人は、その力や強制を感じ取り、その結果として自分が置かれている必然性にも気づくはずである。道徳的原因はまるで違った条件にある。それは強制力ではなく説得によって影響を及ぼすので、必然的な原因だという正体を現わさずに作用すると考えても当然である。そして実際、道徳的原因がそのように作用していることは、恒常的な経験から明らかである。それゆえ、我々が必然的な行為者であることが知られずにいるということは、ほとんど普遍的なのである。

そしてこのことは好都合にも、道徳的必然性と、通例は無差別の自由と呼ばれている、動機に逆らって行為する力との比較を示唆する。自分が必然的な行為者であることを人々に確信させるのは、難しい企てだと私も感じている。意志的な必然性が人生のあゆみのなかで感じられることは決してない。そしてその理由で、我々は日常語のなかにそれにあたる用語を見出さない。それは抽象的な推論の長大な連鎖をたどる以外には発見できないものである。したがって、それは哲学者のみに知られていて、哲学者が道徳的必然性と名付けている。

それゆえ、必然性について語るとき、人類の大部分は用心してかかるものだ。というのも、彼らは制約という意味でない必然性を理解することができず、そういう場合は必然性というのは意志的ではないからである。そういうわけで、我々は諍おうとする生来の偏見と先入観を抱いており、心底から望ましい印象を受け入れる用意ができないかぎり、それらは克服しがたい。先に示唆した比較は、私の望むところでは、道徳的必然性を、一般に気に入られるような光のなかに置くだろう。道徳的必然性は、すでに見てきたように、常に快適である。行為は、それが意志的なものであれば、必然的であってもやはり快適である。それどころか、必然性と快適さは同じ原因に端を発するので、不可分である。行為が必然的であるのは、欲求によって導かれるからである。それが同時に快適なのは、おおむね欲求を満たすことに寄与するからである。ここから明白に、必然性が大きければ大きいほど、それだけ喜びも大きいにちがいないということになる。

ここで比較のもう一端に進もう。動機も、ひいては心に影響するものもなしに、行為する力という概念を形づくることは困難である。けれども、そのような力があるとしても、その力が欲求や情念とぶつからずに発揮されるときでさえ、いかなる喜びも満足も欠いているにちがいない。動機に反して、言い換えれば欲求と相容れない仕方で、行為する力という概念を形づくることはさらに困難である。しかし、そのような力は、存在するとすれば、きわめて不快なものに違いない。というのは、ここでは、人間は自分の欲求に対立して行為するのだから、もちろん自分を惨めなものにするにちがいないからである。

この点で無差別の自由は完全に物理的必然に似てくる。というのも、人間が自分の最も合理的で考え抜かれた企図がくじかれるままにされるとき、その挫折の原因が内的原因によって引き起こされたのであれ、外的原因によって引き起こされたのであれ、苦悩するという点では違いがないからである。いつも私のそばに、やることなすことすべてにつけて私の意に反するような人がいると想像してみよう。私はみじめな存在ではないだろうか。そのような人物のかわりに、すべての人の胸中に、自分の性向、自分の最も無垢な欲求、自分の最も堅固な決意に逆らおうとする力があると想像してみよう。その場合、彼をすべての存在のなかで最も不幸にするのに、何が欠くというのだろうか。

だがここで、注意を引く考えが心に浮かぶ。動機につなぎとめられ、定められているとは、人間の運命はなんと厳しいものだろうか。悪がたまたま優勢な動機だったり、我々の最大の利益や善の姿をとって惑わせたりするとしたら、必然の法則によって悪の選択に従っているとは。優勢な動機が悪しき傾向を持っているときには、動機に逆らって行為する自由で独立した力を持っていたら、どれほど幸せだろうか。この力があれば、どんな動機が悪徳と愚行によって我々を引き戻すように我々がそそのかされるとしても、我々は徳と幸福に向かって道を進めたかもしれない。あるいは、動機の力すべてが集まって我々に押し寄せるときでも、悪しき役回りを演じることを任意の意志で差し控えることもできたかもしれない。そこまではよい。けれども、この任意の力が、悪しき動機だけでなく善き動機にも逆らって行使されたりはしないだろうか。その力が悪を差し控えさせ、善をなすのだとすれば、徳を行うことを差し控えさせ、害をなしたりはしないのだろうか。そして我々は、まったくしまりのない状態に投げ出されたりはしないだろうか。

こんな調子だと、我々は誰も信用できなくなる。約束、誓約、証言はむなしいものになるだろう。なぜなら動機に影響されない人を拘束するか、決心させるものは何もないからである。性格の違いもなくなるだろう。というのも、人が確定的な、一貫した行為原理を有する性格を持ちえなくなるからである。いや、道徳的な徳自体も、法や規則、義務の強制力のすべても、この仮説に立つと、なくなってしまうだろう。というのも、その本性の構造から、行為があらゆる動機から独立していて、その意志が気まぐれで恣意的であるなら、そんな被造物は合理的、あるいは道徳的な統治に服従するものとなることはないだろうからだ。勧誘、教示、約束、脅しには目的がなくなるだろう。要するに、そのような被造物は、そもそも存在するとしても、きわめて奇怪で、わけのわからないものだということになるだろう。自然におけるたんなる不条理であって、存在しても何の役にも立たないだろう。

我々が道徳感覚によって、最も強い反対の動機に逆らってさえ、常に決定を下すように造られていたらどうだろう。その場合、これは人間本性と両立するものになるだろう。なぜなら、それは意志と優勢な動機との間に、変化ないものとして確立されたつながりを、完全に保つだろうからである。けれども、このつながりを完全に断ち切り、動機に対立する無際限で恣意的な自由を導入したりしたら、人間の構造を改善するどころか、歪め、狂わせることになるだろう。だから我々は、意志が必然的に動機に服従することを見出したところで、遺憾に思う理由はない。人間を気まぐれで滑稽な存在にしようとするのでなければ。

この推論の展開のなかで、我々は神の予見と命令についてのあらゆる論争から抽出してきた。これまで示されたことから、神があらゆる未来の出来事を定めたように思われるけれども。というのも、自らの被造物にそのような本性を授け、それらの被造物を行為の特定の連鎖が必然的に帰結するような状態に置いた神は、現にあるとおりに出来事が生起し、人々が行為するように確かに決めるか、命じたはずだからである。先知は実際には、適切に言えば、出来事の原因ではない。というのも、出来事は予見されているから起こるというわけではないからである。出来事は起こるべく定められているから、予見しうるのである。先知は原因ではないけれども、しかし、疑いなく出来事の確実な未来性（スコラ哲学者たちの言い方で）を前提にしている。そして未来の出来事の存在を確実なものにする原因がないなら、未来の出来事が確実に予見できると主張することは、矛盾を含むことになるだろう。

『人間史素描』のなかで、ここで主張された議論は焦点を絞って述べられている。

本能的な行為に関しては、思うに、誰も自由があると考えたりはしないだろう。赤子が乳首に吸いつき、鳥が巣を造るのは、石が地面に落ちるのに劣らず必然的である。意志的な行為に関しては、一見わかりにくいけれども、必然的なことに変わりはない。外的な行為は意志によって決定され、意志は欲求によって、そして欲求は快適なもの、不快なものによって決定される。ここには原因と結果の連鎖があり、一つとして恣意的なものも、行為者の支配下にあるものもない。人間は自分の意志に従う以外に行動できない。人間は自分の欲求に従う以外に意志できない。人間は知覚された対象の快適なもの、不快なものに従って欲求するしかできない。こうした性質は人間の性向や空想に依存してはいない。美女を醜く見せたり、腐った死骸に芳香を匂わせたりする力は人間にはない。(iii)〔原注　Vol. IV. p. 95. Edit. 2d.〕

このように、深く念入りな探究のあとで見出されたことは、道徳的必然性と神の先知は行為の自由、あるいは絶対的な自由とまったく矛盾しないということである。鋭敏で慧眼の哲学者のロック氏が説明に苦慮した逆説は、見かけにすぎない。モリヌークスへの手紙で、彼は書いている。

私の理解の弱さは、率直に言ってあなたのおかげです。すなわち、我々の造物主である神が全知全能であることは疑いようもないけれども、また自分が自由であるという以上に明白な知覚はどんなものに対しても持つことができないけれども、しかし人間の自由と神の全知全能とを調和させることは私にはできない。いずれについても、私が最も確信を持って同意するどんな真理にも劣らず、完全に信じているけれども。だからそれ以来、私はその問題を考えることを放棄してきた。こんな短い結論で片づけてきた。神が自由な行為者を創ることが可能ならば、どのようにかはわからないけれども、人間は自由なのだ、と。

我々が見る自由は、この奴隷が自慢するには、
牢獄のような場所に見えざる結び目によって繋がれている。
未知の軛のもと、何も解くことができぬ、
神は彼女を彼の至高の法に従わせた、
しかし暴政はなく、

束縛はますます強力で、鎖は
彼女の眼から永久に隠されているから、
彼女は自由意志のために行為していると思うが、その実、服従している、
彼女は己が運命を制御していると思っている。

ヴォルテール『アンリアッド(3)』

出来事の偶然性と行為の自由に我々が抱く印象に関して明らかになったすべてのことはこんなところである。道徳界と物質界を相比較してみると、どちらの世界においてもあらゆることが既成の法則の結果である。宇宙全体で、偶然と呼んでよいもの、起こるかも起こらないかもしれないものは何一つなく、自然のどの部分にも、取り止めがなく浮遊したものは何もない。物質界のあらゆる運動も、道徳界のあらゆる行為も不変の法〔則〕に導かれている。だから、こうした法〔則〕が効力をもっているかぎり、原因と結果の普遍的な連鎖のどの環も壊れることはなく、一つとして現にあるのとは別のあり方をすることは、ない［原注神を罪の張本人にするという反対論に関しては、私たちの体系から出てくると見えるかもしれないが、それは哲学的というよりは通俗的なものである。罪、あるいは道徳的堕落は、それを犯す人の悪しき意図にあると想定される邪な、あるいは堕落した感情にある。さて、神の意図はあやまつことなく善である。神が追求する目的は秩序と全般的な幸福である。すべての出来事がこの目的に向かって働くように神によって導かれていると信じるには、最大級の理由がある。現今の物事のしくみには、実際にいくらかの道徳的な無秩序が含まれている。神が完璧に善であるのだから、悪がどのようにしてこの世に生じるのかは、疑いもなくかなりの難題である。しかし、この困難は私たちの学説に

特有のものではなく、私たちが抱く仮説なら何であれ、結局は同じだけの力で立ち戻ってくるものである。というのも、道徳的な悪は、少なくとも神が許容することなしには存在しえないからだ。そして第一原因に関しては、許容することは引き起こすことと同じである。なぜなら、神の意志に反しては何事もおそらく起こりえないからである。この反論に答えるために考え出されたあらゆる計画は、象を支えるために持ち出される亀でしかない。それらの計画は困難を一歩遠ざけるものの、決して除きはしないのである」。

この体系に対して、あなどりがたいと思われる反論を私は一つしか知らない。すでに見たように、どんな未来の出来事に関しても、それが何らかの動機の結果だろうとはつねに判断するけれども、事が起こった後では判断は変わる。恥ずべき行為を振り返って、我々は当の本人を間違ったことをしたと非難する。もっとよい行為をすべきだったという確信を持っているからだ。当人自身も同じ確信を抱いている。これは、あらゆる人がもつ、自分が必然的な行為者ではないという確信に訴えないだろうか。反対のことを意識している

（3） Locke to Molyneux, Jan. 1692-3, *Some Familiar Letters between Locke and several of his friends*, in *The Works of John Locke*, 12th ed., 10 vols. (London, 1823), 8: 304. ウィリアム・モリヌークス（一六五六―一六九八）はアイルランド系英国人の数学者・天文学者で、デカルトの『省察』を英訳した。***Six metaphysical meditations wherein it is proved that there is a God and that mans mind is really distinct from his body*** (London, 1680). ケイムズはヴォルテールの『アンリアッド』*La Henriade* (Rouen, France, 1723; English translation, 1728) の第七部から引用している。これはカトリック連盟に対するナヴァラのプロテスタント・アンリ（アンリ四世）の苦闘を祝福した一〇行の叙事詩である。〔L. p. 110〕

とき、人間はどうして必然的な行為者でありえようか。大罪を犯したことで呵責にさいなまれるとき、それが自分自身の場合だったらどう考えるだろうか。その人は自分の情念を抑えることもできたし、抑えるべきだったと確信しているのを認めるだろうし、自分を恥じ、痛切に悔いていることも認めるだろう。

私自身の場合を考えてみよう。親友を傷つけた呵責に発作的にさいなまれ、良心が私を真正面から見つめ、責める。その行いにはどんな激しい情念も言い訳にはならない。「私は感覚を失ってはいなかった。自分が何をしているかわかっていたが、しかし、荒れ狂う情念に身を委ねてしまった。その情念を抑えるべきだったのに」。こうした反論は、以前の版で述べられている(4)。そして私が見出せた唯一の答えは、この感情は物理的な力のみに関わるものだということだ。「私はどんな力によっても強制されたのではない。その気になっていれば、私は正しい行為ができただろう」。人はお気に入りの意見をたやすく信じ込む。そして意見形成の熱のなかで私はその答えに満足した。しかし長らく間をおいて、この主題がある程度また新しいものになってから、その答えが不十分だということに気づいた。多大な錯綜のあとで、私は一つの答えを見出したのであって、それが確固たる満足なものになるだろうと、私は確信している。

人をして不法な行いをしでかすように促す情念に突発的に駆られているとき、抗うべき力という観念すら微塵もないことは、私は当然だと思う。外的な行為が意志の必然的な帰結であるのと同様に、意志は欲求の必然的な帰結である。しかし、呵責が姿をあらわすやいなや、抑制する力という観念が相伴ってくることがわかる。そして今あげた例と、思い出そうと思えば思い出せる同種の幾多の例から、抑制する力という観念が常に呵責につきまとう、と信じる理由がある。それからというもの、両者は結びつくようになる。さらに、その結びつきは非常に全面的で、そのために抑制する力の観念が単独で現れることはけっしてないことは、次の例からも明らかであろう。

自分で私の友だと称してきた男が、私が彼に寄せる信頼を利用して、私の妻を誘惑に陥れたとする。復讐の念に燃え立って、この恥ずべき裏切り者を殺害したとしよう。これは確かに、この国の法律によって禁じられた犯罪である。けれども、私はそれを悔やむことはありえないし、呵責の念も覚えない。私は常に省みてつくづく思うが、気概のある男なら誰でも同じ事をしただろうし、私の復讐は、正当であるだけでなく避けられないものだった。この実例は人間本性の見本として出したものであり、感情のある人間なら誰もが同様の場合に考えることを表現している。そうだとすれば、呵責のないところには、行為がなされたあとでも、以前に劣らず自由や抑制する力の観念がないことになる。だから、呵責と抑制する力の観念はいつも一緒であり、とりわけ前者がなければ後者も現れないことがわかる。

完全な満足を与えるうえでまだ残っているのは、かの妄説を生み出すのは呵責の本性であることを明らかにすることである。このために私は情念が我々の意見や感情に及ぼす不規則な影響を扱った『批評の原理』〔原注 Chap. 2. Part 5.〕[iv]に触れたい。あらゆる情念、ことに激しいものは、満足に向かおうとする。残虐な犯罪に対する呵責は、当人を自分の目で見てもおぞましいものにさせる。自分を罪ありとみなすことが、呵責の念を満足させる。弁解の余地なしにすべく、その情念は別なように振る舞えたし、振る舞うべきだった

(4) 初版では pp. 197–9、第二版では p. 144〔L. p. 111.〕

という確信をその人に強いるのである。もし不法な行為が何の呵責も覚えさせないほど軽く自然なものであれば、当人は自分のしたことを、情念の擬装もなしに、まともに見る。その行為のあいだ、彼は何の抑制力も意識はしないし、その後もほとんど意識しない。

その種の行為を分析してみよう。見出されるのは、動機に逆らって行為する力の観念は、もっぱら情念の不規則な影響によっている、ということである。実際にその影響はあまりに強いので、人にある種の罪責の確信を強いるほどである。なされた事実は、抑制力という観念をまるで容れないほど偶然のものであったとしても変わらない。ある紳士が、自分の馬のかかとに噛み付くうるさい犬にピストルを向けたが、なんとも不幸なことに、弾丸は道を横切っている少女の胸に命中したとする。冷静である間は、紳士は自分に罪がないと意識している。けれども、彼の想像力が、自分の足元に斃れ伏した可憐で美しい存在を思い描くや、彼の優しく繊細な心は、彼をある種の呵責でさいなみ、自分を軽率で性急で、ある程度は罪深いものとして責めずにはおれない。

読者がこの興味深い主題についてもっと考察したければ、『人間史素描』〔原注 Vol. IV. page 113, edition 2d.〕[v]に目を通せば満足いただけるだろう。ここで著者自身について見てとれることは、傍観者にも同様にあてはまる。自分の情念を抑制する力はあったという確信によって、呵責はその罪人において満たされる。傍観者の憤慨も、罪人と同様に考えることによって等しく満たされる。けれども、他人のうちにほとんど、あるいはまったく憤慨をかき立てない些細な過ちについては、真実に対し、行為者当人の目を曇らせる以上に、他の人たちの目を曇らせるものはない。いまや、当の恐るべき反論が妖怪以上のものではなく、また動機に逆らって行為する力について我々が抱くいかなる観念も、自然のものではなく、情念が生んだ欺瞞であることを証明したので——読者にも満足のいくものであることを期待するが——私は安んじて、原因と結果の必然的な連鎖に完全に満足する。それが自然の体系であると私はまったく確信している。

普遍的必然性の学説をこのように開陳し、自然の体系であることを証明したので、最も重要な思索に進むとしよう。それはその体系が我々の道徳感情、ことに称賛、非難、長所、短所、罪などの感情と、どこまで両立するかを検討するということである。この点について確信が持てないでいては、道徳について、いかなる正当で正確な観念も持つことができない。自由と必然の学説は、その点で大いに注目に値するし、主としてそのような考えで企てられた。我々の行為が、自然的で普遍的な、先述の道徳感情に矛盾する法によって支配されていることを見出すことは、人間の構造において奇異な状況であろう。そうした状況は欠陥あるいは矛盾であり、人手の仕事には珍しくはないが、自然の作品には、あるとしても稀であろう。しかし、無差別の自由の擁護者が次のように推論するのを聞くとき、驚くことになる。

もし人間の行為が必然的なものであり、我々がそうだと知っているとしたら、非難やとがめ、自責や呵責にはいったい何の根拠があるというのだろうか。仮に時計が自身の動きを自覚していて、それが必然の法則に従って進んでいることを知っていたら、間違った時を打つことで自分を難ずることができるだろうか。むしろ、その動きが依存している歯車の調整を間違えた職人を責めるのではないだろうか。したがって、必然性の体系に立つと、我々の本性の道徳的な仕組みはまったく覆されてしまう、と彼らは力説する。正、不正についての良心の働きすべてがおしまいになり、人間はもはや道徳的な行為者ではなくなり、自分がすることに対する称賛や非難の対象でもなくなる、と。

これは人間本性に対する強力な攻撃である。そして人間が道徳的な能力がないと認めるよりは、我々が主張してきた体系を放棄した方が千倍ましだ。けれども、あれほど十分に根拠のある体系を性急に投げ出さないでおこう。もっと仔細に観察してみると、道徳感覚は必然性と両立し、欲求と意志の結合は、是認と否認、称賛と非難の障害にはならないということがおそらくわかるかもしれない。この問題を正しく考えるためには、具体的にどんな個別的な状況によってこれらの道徳感情が引き起こされるのかを、我々は入念に検討する必要がある。

私の見るところ、第一に、行為が常に是認されるのは、それが有徳な動機から発する、したがって善い目的や傾向をもっているときである。動機と行為との関係は、減ずるどころか、行為の道徳性を成り立たせる状況そのものにほかならない。動機の影響が大きければそれだけ、行為者の徳は大きくなり、我々の是認もいっそう温かいものになる。我々は気質の謙虚さや優しさで人を褒めさえしないだろうか。神が最高の賛美の対象であるのは、必然的に善なるものという理由そのもののためではないか。その一方、ある行為が否認されるのは、悪しき動機から発しているときである。その動機が行為者に及ぼす影響が大きいほど、彼の悪徳も大きくなり、我々の否認も過熱する。我々はこのように造られているので、もっとよくふるまうことはできないと最も明確に確信しているときでさえも、自分を責めるのである。

臆病者は危険に立ち向かう気概がなく、敵が迫れば自分は間違いなく背中を向けるだろうということを知っている。彼はこの弱さに打ち勝てないものの、しかし自身を非難し、責める。彼は自分の弱さを直したり、恥じるのを避けたりする以上に、このように自分を責めずにはおれない。明らかに我々のもつ賞罰の観念は、同じ基盤に立っている。もし徳が褒賞を受けるべきだとすれば、その本性の構造からして有徳で、邪悪な動機が何の影響も及ぼさないような人が、最高の要求ができる。その一方、本性からして誰よりも強い悪徳への性向をもっていて、有徳な動機がほとんど、あるいはまったく影響を及ぼさない人ほど罪深く、処罰に値する人はいない。

しかし先の例で、我々が称賛したり非難したりする人は、別の仕方で行為する力を持っていた、と力説されるであろう。我々がその人を善意ある行為で称賛したり、あさましい行為で非難したりするのは、彼はそうしないでおくこともできたのに、その行為を選んだからである。あらゆる我々の道徳感情において、人は意志的に、おのが心の命ずるところにしたがって行為すると理解されるということを、私は認める。称賛や非難に値することをするさい、人は外的な強制を免れていて、自分自身の選択に自由に従うのでなければならない。この力、すなわち自由は、道徳的あるいは意志的な必然性と完全に両立するものだが、明らかに道徳が必要とする唯一の能力である。人間のみが自分が望むとおりに行為する自由があるとすると、我々は現在、人をその行為する部分について称賛したり非難したりするが、他の条件は求めない。人は自分自身の欲求や選択にあらがって行為する力をもつべきであるとは、我々は求めない。そのような力の観念が、我々の道徳感情の何かに入ってくることはない。それどころか、個々人の本性が善であるか悪であるかなら、彼がなした選択を決心することが彼には避けがたいとすれば、まさにそのために、いっそう称賛されたり非難されたりするのである。

そこでわかることは、道徳感情は無差別の自由とか、自分の意志に逆らって行動する力のようなものを想定することなしに、本領を発揮できるということである。そんな力は、たとえ本当にあるとしても、道徳感情にはずみも力も加えるだろう、とは私には想像さえできない。人が罪を犯すとき、その人は優勢な動機にあらがうことができただろうと想定してみよう。それでは、彼はなぜあらがわなかったのだろうか。彼はなぜ邪悪な動機に屈し、自分に恥と悲惨をもたらしたのだろうか。その答えは、彼の性向が悪であり、哀れな人間であり、憎まれ嫌われるに値する、ということでなければならない。というのも、それ以外の答えは与えようがないからである。

ここではっきり見てとれることは、今回の想定と、また称賛と非難は究極的には性向あるいは心の仕組みに立脚しているという必然性の想定に基づいて、有徳な性向こそ称賛の唯一の対象であり、邪悪な性向こそ非難の唯一の対象である、ということだ。それゆえ、無差別の自由という奇怪な体系を、我々の道徳感情を説明するのに必要だとして信奉することは、虫のよい思い上がりである。こうした感情は意志的な必然性の体系とまったく調和している。そして無差別の自由を想定しても、事実上、人間が必然的な存在であると考えられる以上に、人間を道徳感情にもっとふさわしい対象にすることがどうやってできるのか、我々は想像することさえできない。

さらにもう一歩進めてみよう。それは無差別の自由は、称賛と非難についての道徳感情に含意されているどころか、ある程度は道徳感覚を行き詰まらせ、そこから生ずる感情を鈍らせるだろうということを明らかにすることである。この問題を本当に明るみに出すために、一例を挙げよう。ある人は信頼を裏切るように誘惑され、思案し揺れるのであるが、しかしついには差し出された賄賂を拒絶し、自分の義務を貫いたとする。別の人は少しの思案もなしに、軽蔑とともに賄賂を拒絶し、その申し出は自分をひどく傷つけるものだと考える。この二人のうちどちらのほうが有徳で、称賛に値するか、誰も答えに迷いはしない。

最も強力な動機に抗う力というのは、動機と抵抗力との間で心が揺れ動き、不安定であることを意味するにちがいない。というのは、その想定からして、心にはどちらの選択肢もあるからである。だとすれば、無差別の自由を授けられた人というのは、最初に述べた、有徳な動機と邪悪な動機との間で揺れ動き、迷う人によって代表されるとするのが適切である。そういうわけで、無差別の自由を授けられた人の行為は、誰もが評価するところでは、揺れ動きも迷いもなしに最も有力な動機に間違いなく導かれる人の行為よりも称賛や非難には値しないだろう。そして実際、善や悪の傾向が微弱で、心に抵抗力が立ち入る余地を残している方が、抵抗力の立ち入る余地がないほど強力な傾向よりもいっそう大きな称賛や非難に値するというのは、きわめて酷に聞こえないだろうか。事をこの観点から眺めてみると、明らかに、動機に逆らって行為する力というのは、称賛や非難を基礎づけるのに必要であるどころか、仮に実際に存在したとしても、両者からかなりかけ離れたものになるだろうと思われる。

我々の道徳感情は道徳的必然性と完全に両立するということを示したので、次に私は、意志的必然の体系ほど称賛や非難、いやあらゆる道徳感情にふさわしいより優れた基盤を提供できる行為体系はほかにない、と主張する。無差別の自由とか動機に逆らって行為する力というのは、さほどよい基盤を提供しないということが明らかになったと、私は希望する。しかも、その目的にもっとうまくかなう他の体系は私には想像できない。道徳感情について判断すると、誤りが忍び込むことはきわめてありがちである。

人間は強制や外力のもとでは意に反して行為するものであり、その場合はしたことを称賛も非難もできないということは、我々ははっきりわかっている。我々は、この省察を、意志的な行為と非意志的な行為の実質的な違いに目を向けることなく、道徳的必然性に不用意にもあてはめるのである。人は自分の良心にかけて、あらゆる意志的な行為については責任があるとされる。彼が抵抗する力を持っていたか、いなかったかは考慮されない。そして、そのような力を考慮されるべきだとしても、称賛や非難に寄与するどころか、そのいずれをも減ずる以外の効果はないことが証明されてきた。

無差別の自由を好む強固な先入見があるのは、まっとうな理由からだというのは私も承知している。それは必然性の体系よりも我々の道徳感情とより合致すると考えられるのである。この意見は誤っていることがわかる。本性の構造によって必然的に善い、あるいは悪い人は、あらゆる動機に抗い、動機に逆らって行為する力を持っていた場合よりも、いっそう称賛や非難に値する。そして実際、あらゆる行為はその第一の原因として有徳あるいは邪悪な気質から生じるのだから、称賛や非難は究極的には、外的な行為や行為する力ではなく、その原因にもとづいているにちがいない。このように考えれば、必然性の体系よりも道徳感覚と相容れる程度が少ない奇怪な体系を、我々はよろこんで放棄することになるはずである。

そしてここから私が探ってみたくなるのは、無差別の自由という欺瞞的な観念がどこから生じてくるのか、ということだ。というのも確かに、その説が一般に何の基盤もなしに信奉されるわけがないからだ。

我々は、自分が必然的な行為者であるという直観的な知覚や直接的な意識をもってはおらず、我々の本性のこの部門は人類の大多数からは隠されている、ということが観察された。それについての知識は我々の幸福には必要ではないので、推論と反省によって集めるように放任されている。とはいえ、我々は行為の自由や、自分の意志と選択にしたがって行為する力が我々のうちに存在していることについては直観的に気づいている。この力は、恣意的な仕方で意志し選択する力と同じというにはほど遠い。けれども皮相な考えで、我々はこの二つの力を混同し、両者を同じものだと考えがちなのである。力というのは確かに人類にとってお気に入りの観念であり、我々は力を拡大するように見える体系を好んで受け入れたがる。そのうえ意志の作用は微妙かつ繊細であって、人類の大部分にとって、選択する力、自分の選択に従って行為する力は、本質的に別個のものだが、すぐに同じものとして通る。

道徳感覚は道徳的あるいは意志的な必然性と完全に両立するものであり、我々は自分の性向と選択に反して行為する力の感覚のようなものは自然的に持ち合わせてはいない、ということが明らかになった。私は、そこでさらに立ち入って、偶然性の感覚を吟味することに進むことにする。狙いは主に、もしそんなものがありうるとして、それが無差別の自由という誤った確信よりも深い根を我々の本性のうちにもっているかどうかを見出すことである。我々の通常の思考の連鎖においては、確かに、あらゆる出来事は我々には必然的であるようには映らない。多くの出来事が、引き起こしたり防いだりする我々の力に服しているように思われる。そして我々は容易に、必然的な出来事、すなわち、そうでなければならないものと、偶然的な出来事、すなわち、そうであるかもしれないし、ないかもしれないものとの区別を設ける。この区別は真実味を欠いている。というのも、物質界と道徳界のどちらで生じる物事も、我々が見てきたように、おしなべて同様に必然的なものであって、同様に固定的な法則の結果だからである。

しかし、ある哲学者の信念がどんなものであれ、必然的なものと偶然的なものとの区別は、その哲学者の通常の思考の連鎖につきまとっていて、それは最も無学な人の思考と変わらない。我々は普遍的に、その区別にもとづいて行為する。いや実際、それは人類のあらゆる労働、世話、勤労の原因なのである。

私は一例をあげてこの学説を説明しよう。恒常的な経験が我々に教えるところでは、死は必然的な出来事である。人間の造りは、現在の状態で永遠に存続するようにはできていない。そして誰一人として、この地球上に一時的に存在するという以上のことは考えられない。けれども、我々の死の特定の時は偶然の出来事であるように見える。人がいつどのように死ぬかは先立つ原因の連鎖によって決定されていて、日の出や日の入りの時刻に劣らず確定されているのが、どれほど確かであっても、この学説に動かされる人はいない。寿命を延ばそうという配慮において、我々は想像上の死期の偶然性によって導かれている。ある程度の年月までは、事故に気をつけたり、食事や運動を適切に利用することで、死期は自分たち次第で大いに変わるものと考えている。こうした対策は、寿命を定める必然的な原因の連鎖が実際に存在しないかのように、その場合と同じだけの勤勉さで取り組まれる(vi)。

要するに、自分自身の実際的な考え方に注意を向け、すべての言語に登場する以下の語句の意味——可能な、**偶然的な、引き起こしたり防いだりすることが我々の力でできる物事**——を省察し、いうならば、こうした語句について反省する人は誰でも、明らかに、そうした語句が先に普遍的な必然性について確立された学説に矛盾する知覚や観念を示すことが明瞭にわかるだろう〔原注　このように真理から知覚が逸脱するので、普遍的な必然性の学説を有していた古代のストア派の間に、可能な物事についての有名な論争が生じた。ディオドロスは、キケロが著書『運命について』の第七章で伝えているように、次の意見を抱いていた。*Id solum fieri posse, quod aut verum sit, aut futurum sit verum; at quicquid futurum sit, id dicit fieri necesse esse, et quicquid non sit futurum, id negat fieri poss.* すなわち、彼の主張は、未来の出来事に偶然的なものはなく、起こるだろうまさにその出来事以外に、起こりうるものはない、ということだった。これは疑いもなく、彼らの学説をしかるべきところまで進めたものであった。このように言うと、人類の知覚と矛盾するものがありはするが。その一方で、クリュシッポスは、未来の出来事は実際に起こるのとは別のしかたで起こりうると主張した。これは彼の一般的な必然性の体系と相容れるものではなかった。だからキケロが私たちに理解させてくれるように、彼はディオドロスとの論争でしばしば戸惑ったのだ。そしてプルタルコスは著書『ストア学派論駁』で、彼のこの矛盾をあらわにしている。けれどもクリュシッポスは哲学にあらがって、自分の自然な知覚に従うほうを選んだ。起こること以外に何事もありえないというディオドロスの学説は *ignava ratio* であり、絶対的な無為に向かう。キケロの表現では、*cui si pareamus, nihil omnio agamus in vita* と主張したのだ。この運命に関する学説について、哲学者たちはこんなにも早くから、知覚と思弁とを調停する困難に気づいていたのだった[vii]〕。

事実はこの通りなので、問題は、このような偶然性についての欺瞞的感覚がどこから出てくるのか、ということである。それは本来あるものなのだろうか、それとも別の方法で説明できるのだろうか。この主題について省察するとわかるのは、規則的な出来事が必然的だと理解されるということである。昼と夜、夏と冬、〔生と〕死等々である。けれども死期、天気の良し悪し等々のような、ある程度ばらつきのある出来事は、一般に偶然的と理解される。我々の偶然性についての感覚は、出来事の不確かさからくるのだろうか。ほとんどそうではない。というのも、不確かさは、我々が無知だという意識を生み出す以上のなんらかの他の影響を心に及ぼすことが当然、ありえないからである。

そういうわけで偶然性の感覚は不確かな物事については、我々の本性にもともとある法則だと言わねばならない。この法則によって我々は多くの未来の出来事をそれ自体で不確かで、定まった存在の原因を持たないと考えるようになる。この点で、偶然性は二次性質にすぎないと考えてよく、物事のうちに現実には存在しないものである。しかし、他の二次性質と同様に、人間生活の目的に資するために、出来事の属性として現れるようにできているのである。

物事の偶然性についてのこの感覚は、物質界の出来事に関係するだけでなく、道徳的原因や人間の活動から生じる出来事にもかかわりがある。兵力も規律も互角の二つの陸軍の会戦という出来事は、誰もがある程度まで偶然と解する。ある人が決心に揺れるとき、その人がとる道筋は運あるいは偶然の事柄だとみなされる。しかし、この場合に、偶然性についての感覚は、我々が必然的な行為者だという学説とどのように調和しうるだろうか。必然性の感覚は疑いなく、偶然性の感覚と直接に矛盾するだろう。そして両者は相容れないだろう。偶然性の感覚に余地を与えるためには、欲求と意志との必然的な結合が無視されるだろう。この操作によって我々は自分が必然的な行為者であることに気づかない。我々が必然的な行為者であるという発見は、推論を長々と連ねて出てくる。推論の過程から生じる確信はあまりにも弱いので、直観的な知覚や元々ある偶然性の感覚に釣り合うことはできない。

神は万物の第一原因である。その無限の心において、神は偉大な統治の計画を練りあげた。その統治は不変不動の法〔則〕によって遂行されている。こうした法〔則〕は物心両世界に原因と結果の規則的な連鎖を生み出す。そして元来の計画に含まれていた出来事をもたらし、他の出来事の可能性の余地を残さない。この宇宙は巨大な機械であり、ねじを巻かれ、進んでいく。いくつかのばねや歯車は誤りなく互いに作用しあう。職人が決めたまさにそのとおりに針が進み、時を打つ。正しい観念を抱く者なら誰もが、これを宇宙の真の理論だと見ることだろう。さもなければ、その管轄下に、どんな一般的な秩序も、全体も、計画も、手段も目的もありえない。

この計画のうちで人間はその役目を担い、自分に意図された特定の目的を達成する。人間は行為者に違いないし、自発性を意識して行為しなければならない。人間は思考と理性を行使するのであり、その本性はこうした力を適切に使うことによって高められる。したがって、人間は引き起こすのが自分次第の物事について何らかの観念をもつはずであり、自分に意図された活動の適切な実行へと導かれるだろうということは、必然である。けれども必然性の感覚はその活動にたえず対立するだろうから、人間が必然的な行為者であることは彼には隠されるように見事に定められたのである。普遍的な必然性の計画に基づいて形成された自分の知覚や観念をもっており、自身の本性の創造者によってねじを巻かれ起動された巨大な機械の部品として自分を眺めたとすれば、人間に行為するように割り当てられた役目と矛盾したであろう。だから怠惰な議論、ストア派の不活動説が帰結したのだろう。

何事も偶然で、自分のおかげで引き起こされるものではないと考えれば、未来への配慮や、あらゆる種類の勤労や配慮の余地がなくなってしまうだろう。即座の快苦の感覚をおいてほか、行為への動機は持たなくなるだろう。彼は、たんなる本能以外に何の行為原理も持たない、野獣のように作られたことになるはずだ。人間がいま授けられている数少ない本能では足りないだろう。種を蒔く本能や、刈り取る本能を持っていたのでなければならない。あらゆる便宜を追求し、あらゆる生活の職務を果たす本能を持っていたのでなければならない。要するに、理性と思考は、人間が偶然性の感覚を与えられていなければ、そして自分が必然的な行為者であることについては無知に留め置かれているのでなくては、今あるようには行使されたことはないだろう。

哲学者に自室で抽象的な真理について思索させよう。適切に言えば、自分の力の及ぶものは何も残っていない、原因と結果の確固たる必然的な連鎖についてこのうえなく深い確信をもたせてみよう。けれども、世間に出るやいなや、彼は自由な行為者としてふるまう。そして、驚くべきことに、彼はここで誤った想定のもとでふるまいながらも、行為の目的から逸脱するどころか、逆に、もっと首尾よく目的を果たすのである。

これまで第二版はこの論考に関しては、それまで普遍的に認められていた運や偶然の観念を表現するものとしてそのままにしておいた。しかし、時間は、多くの変化を生み出すものであり、人類のうち考える部類の人たちに間違いを発見するうえで大きな影響を与えた。ここで私の意見だが、先に述べたような運（チャンス）とか偶然（コンティンジェンシー）といった感覚のようなものは、自然にはない。反対に、それらについての我々の観念は、普遍的な必然性の体系とまったく共鳴するものであり、まったくもって欺瞞的なものではない。その重要な主題を明らかにするために、どんな思想家でも口をそろえて言うだろう予備的な命題を述べておこう。つまり、何事も原因なしには生じない、ということである。

この命題は自然の働きであり、子どもたちの間でも馴染み深い。子どもたちはなぜそんなことが起こったのか、どんなふうにそれが生じたのか、いつも知りたくて仕方がないからである。どんな特異な出来事でも例外にはならない。原因なしで満足しているよりも、俗人は見えない力に訴えるのが常である。原因についての我々の確信はつねに完全とは限らないのは確かに事実である。夏と冬、日の出と日の入りのように規則正しく起こる出来事については、我々は原因について完全な確信を持っている。天候の変化のような不規則な出来事についてはそれほどでもない。そして流星や竜巻、地震のような不規則なだけでなくめったに起こらない出来事については、何より確信は持てない。けれども、どんな出来事についても、原因についての我々の確信が、原因なしに起こる物事の観念に取って代わられるほど完全に消え去ることはない。運は起こってしまった出来事に適用され、偶然は未来の出来事に適用される。そうしたことがたまたま起こったという表現によって、原因なしに起こったとか、運が原因だったというようなことは意味しえない。というのは、これまで誰も、ある結果が原因なしに存在できるとか、運が作用して結果をもたらせるとは、想像しなかったからである。我々が原因を知らないということ、責任上我々はその出来事が起こったかもしれないし、起こらなかったかもしれないことを知っているということ以外には、何も意味しないか、もしくはできない。偶然に関しては、未来の出来事が予見できないときに、それは偶然であると言われるのであって、未来のものごとが原因なしに起こるだろうというのではない。

このように説明される運と偶然は普遍的な必然の確信と完全に調和する。運と偶然は、単に我々の無知を示し、出来事の行程におけるどんな緩慢さも示してはいない。私が得たこの発見の最初の出版の機会は『人間史素描』だった［原注　Vol. IV. page. 118, edition ed.］。そこでは、その発見はもっと十分に扱われている。とりわけ、普遍的な必然性についての強固な確信は、自他いずれの善のためにも、偶然性についての欺瞞的感覚が持っているほど、自らの遂行において我々を安心させる傾向を持っていない、ということであった［原注　ホメロスによると、探究心に富む啓蒙された民族であったギリシア人の間では、宿命や運命についての学説が有力だったようである。けれども、ある人の運命が予見されたとき、それが最も名高い予言によるものでも、差し迫った悪からいっそう熱心に逃れるようにその人を仕向ける以外の効果はもたらさなかった。そのような権威は、抽象的な推論、さらには神的な権威と考えられるものにさえ対立して、自然な影響力をもっている[viii]］。そして、ここで私は目下の論考を、普遍的な必然の体系が堅固に確立され、どんな欺瞞的感覚からも解放されるのを見出した満足で終えるとしよう。

注

（i）ケイムズは第10命題から引用している。「自存する存在、万物の至高の原因は必然的に無限の力をもつのでなければならない」。Samuel Clark, *Demonstration of the Being and Attributes*, in *A Discourse concerning the Being and Attributes of God*, p. 98. クラークは神の意志と人間の主体性の問題をめぐって、自由思想家のアンソニー・コリンズ（一六七六―一七二九）とのあいだで、一連の刊行物での意見交換をおこなったが、コリンズの *Philosophical Inquiry concerning Human Liberty*（1717）に対して、*Remarks upon a Book, Entituled, A Philosophical Enquiry concerning Human Liberty*（1717）で答えている。［L. p.

103.〕

（ii）エリヤへの言及は列王紀二・一一より。〔L. p. 106〕

（iii）"Liberty and necessity considered with respect to morality,", in Kames, *Sketches of the History of Man*, vol. 4. bk. 3, sketch 8 より。ケイムズがこの素描の終わりで触れているように、その議論は『道徳と自然宗教の原理』の論考「自由と必然について」の簡約版であって、論考の一部は『衡平法の原理』*Principles of Equity*（初版一七六〇年）の第二版（一七六七）でも公にされている。〔L. p. 109〕

（iv）ケイムズは「恐れと怒りの原因」についての議論に触れている。*Elements of Criticism*, vol. 1, chap. 2, pt. 1, sec. v.〔L. p. 112〕

（v）"Liberty and necessity considered with respect to morality,", in Kames, *Sketches of the History of Man*, vol. 4. bk. 3, sketch 8.〔L. p. 113.〕

（vii）キケロによるディオドロスの意見についての説明はこうである。「というのも、彼は、真であるか真であるだろうものだけが起こりうるだろうと言い、起こるであろうことは何であれ必然的に起こるのでなければならず、起こらないだろうことは起こりえない、と言うからである」。Cicero, *On Fate*（De Fato）, ed. and trans. R. W. Sharples（Warminster, England: Aris & Philips, 1991）, 7.13, pp. 64–5; 7.28, pp. 76–7. 彼は *ignava ratio*（怠惰な議論）をこのように特徴づけている。「もし私たちがこれに従ったなら、人生のうちでまったく何もすることがないだろう」。怠惰な議論によって引き起こされる無為の実例として、キケロはディオドロスの信奉者には、病気のときに医者を呼ぶのは、人が病から回復するかしないかは運命づけられているのだから無駄だ、と主張する者がいたことを書いている。ディオドロス・クロノス（紀元前三世紀頃）は論理的な逆説を好んだことで知られる哲学者・弁論家。クリュシッポス（紀元前二八〇―二〇七）は論理学に関する書物で知られるストア派の指導的な学者。プルタルコス（紀元四五―一二五）は *De Repugnantiis Stoicorum*（『ストア学派論駁』）でストア派の学説を攻撃した。〔L. p. 119〕

第四論考　人格の同一性

すべての人は生来、自分自身と自分の存在についての感覚を有している。そしてその感覚は、ほとんどの場合、あらゆる思考と行為に伴っている。ほとんど、というのは、この感覚はいつも働いているとは限らないからである。深い眠りのなかでは、我々は自己についての意識は持っていない。そして目覚めのときの思考のいくばくかでさえ、自己意識なしにすぎていく。夢想のときは、心は自分のことを考えたりはしない。この感覚がなければ、人類は果てしない夢想のなかにあるだろう。観念がたえず心の中を浮遊し、自己とつながることもない。また人格の同一性の観念もないだろう。というのは、人間は自分自身についての意識をまったく持たないときには、違った時点で自分自身を同じ人だと考えることができないからである。

この意識は生きた種類のものである。自己保存は誰もの特有の関心である。そしてこの意識が活発だと、我々は自分自身の利害に、ことにあらゆる危険の出現を避けることに注意を向けるようになる。夢想している人間は、自分自身に注意を払わない。この意識が消え入るまでは、人が眠りに落ちることはめったにないというのは注目すべきところである。意識が活発であれば、眠りを妨げるように心を働かせておく。小川の流れは、眠気を誘う。それは音と視野の両方によって注意を固定させる。そして心をなにも揺さぶることなく、おのれを忘れさせるほど心を占める。ある種の本を読むことも、同様の仕方で、同じ効果を生み出す。自己についての意識によって、私は自分自身に自我があるものとするように、他者にも自我があるものとする。私がある人に話しかけるとき、私はあなた自身と言う。私がある人について話すとき、私は彼自身と言う。あるものについて話すとき、私はそれ自身と言う。

私は、多くの学識ある人たちが、論理的に証明できるもの以外に何事も信じられるものはないと考えるようにいたったのは、いかなる間違った偏見によるものか、わからない。そうした人たちはどのようにして、内部と外部の、自身の感覚の証拠を見逃すようになったのだろうか。その証拠は、無数の実例において、最も厳密な論証の確信にもまさる確信を生み出すというのに。かの名高いデカルトは偉大な数学者であった。そして論証に慣れるあまり、彼はその形で証明できるもの以外に何の真理も認めようとしなかった。この主題に関しては、彼はこのうえないドン・キホーテであって、自分自身の存在さえもよろこんで疑い、終にはあの著名な議論、「われ思う、ゆえにわれあり」を発見した(1)。

彼は自分の存在と同様に、自分の思考を疑う十分な理由を持っていなかったのだろうか。おかしい！ 長い人生のなかで、この議論のばかばかしさが彼には思い浮かばなかったとは。率直な人なら、人間は誰でも、どんな熟達した数学者が推論に関して持ち得るのと同じ完全な確信を、理屈ぬきに自分の存在について持っている、と彼に教えたことだろう。

自己についてはこれまでとして、人格の同一性に進もう。動物は自然によって種族、種類に分かれてい

(1) René Descartes, *Discourse on Method* (1637; reprint, trans. Donald A Cress, Indianapolis: Hackett Publishing, 1998), pt. 4, p. 18〔ルネ・デカルト『方法序説』岩波文庫〕.〔L. p. 126〕

て、それぞれの種の個体は一様に同じ外形と内的性向を持っているが、そのいずれにおいても他種の個体とは異なっている。だから種の同一性は他のあらゆる種と対比をなしている。次に、動物の身体的な部分はたえず発汗や栄養摂取によって変化しているけれども、やはり誕生から死滅まで同じ動物でありつづけ、その生命、能力、気質、性向に関しては同じである。だから同一性は、他のあらゆる動物と対比をなして、ある動物について述べられる。ここで動物について言われていることは、植物にも同じようにあてはまる。

同一性はまた、芸術作品にも、構成部分の変化にもかかわらず、帰せられる。ある一艘の船は異なる時に何度も修理され、もともとの綱や板材は一つとして残らないまでになるかもしれない。しかしながら、同じ船だと考えられるのは、もはや構成部分からではなく、あらゆる変化においてその船に適用される同じ観念からである。法律もこの種の同一性にあてはまる。ある人は、失った時計を、部品がかなり変わっているにもかかわらず、取り戻してもらう資格がある。川の同一性は水によっているはずはない。水はたえず流れ去っているからである。川床にもない。しばしば変化するからである。そうではなくて、そのあらゆる変化のなかで相も変わらず帰せられる同じ観念によってなのである。船や川、あるいは芸術作品の名前は、それらの同一性についてのその観念に心を留めさせる傾向がある。ある動物やある植物の同一性は、自然の作品であり、我々の観念からは独立である。さまざまな変化を通してのある芸術作品の同一性は、もっぱら我々の観念によっている。

動物や植物にさまざまな種があることは誰でも知っていて、一つの種に他の種と区別して同一性を帰することは即座にできる。どんな種であれ、一つの個体を他のどの個体とも区別して同一性を帰すことはさらに明白である。知識が獲得される手段は、説明を要する。というのも、その手段が明らかではないからである。芸術作品に関しては何の困難もない。その同一性は我々自身の観念に依っているからである。けれども、自然の作品の同一性は我々の観念から独立しており、我々の外部感覚のどれにも明らかではない。その同一性についての我々の知識を説明するために、私は、もっとも単純な事例として、誰もが自分自身の同一性について持っている知識から始める。誰もが自分自身と自分自身の存在について持っている意識はあらゆる彼の行為を限定する。私が食べている、私が歩いている、私が話している。これはごく自然なことなので、子どもでさえも自分を他人から区別している。さて、もし自己が現在のあらゆる思考と行為を限定するのなら、自己はまたあらゆる記憶の観念も限定するにちがいない。というのも、この能力は、物事を起こったとおりに心に呼び起こすからである。私は国王の戴冠式に出席した。もっと昔のことだが、私はオックスフォードのラドクリフ図書館の最初の礎石を見た。このようにして私は自分の同一性について知るようになる。つまり、先に述べた物事、および私によって言われ、なされ、耐え忍ばれた私の記憶に記録された他のすべてのことを見た人物であることを知っているのである。同一の人格、それは私の身体がこうむってきたかもしれないどんな変化とも関係がないのである。

記憶の助けによって私に自らの同一性を開示する同じ感覚は、他のものの同一性もまた私に開示する。特定の形と色をした犬を見る子どもは、その犬が昨日見たのと同じだと知っている。私が自分自身の同一性を確信するのは、私が考え、したことすべてを私自身と結びつけることによってである。他のものの同一性についての私が持つ知識は、それらの外観が異なった時点で同じであることを思い出すことからきている。

種の同一性についての我々の知識も同じ感覚に由来している。目は、馬を牛とは別の個体として区別することを我々に可能にする。けれども、我々はそれ以上は行けない。馬が一つの種に属し、牛が別の種に属すことを我々に教えるのは自然である。他の動物も、我々と同様に、ある個体を別の個体と区別できる。けれども野生の動物が、異なった種という観念を持っていることはありそうもない。

私の人格の同一性について私が持つ知識は、私を道徳的行為者たらしめ、私の人生のあらゆる行為に対して、神と人間に責任を負わせるものである。もし自分の人格的同一性について私が知らずにいたとしたら、私の過去の行為のいずれをも私自身と結びつけることは私の力に余るものとなるだろう。私はそうした行動に対して、別人がしたとする場合以上に、自分に責任があると考えることはできないだろう。善意ある行為に対して私に報いたり、犯罪に対して私を罰したりすることは、そうした行為を張本人としての私自身と結びつけることができないなら、よき目的にかなわないことになるだろう。報いは私にはばかげている、あるいは気まぐれなものと考えられるだろう。罰はきわめて不当なものと考えられるだろう。それゆえに、人格の同一性は道徳性の、また人定法と神の法の隅の首石なのである。

私は私自身の同一性についての感覚を持っているので、私は自然の光によって、私が属する人類という種のすべての人々が、自分の同一性について同じ感覚をもっているという確信を持っている。為政者と裁判官が賞罰の権威をもっているのは、その確信からである。

読者には、ここで私が中心的な主題と密接な関連のある短い逸話に触れることをお許し願えるだろうか。人間が外的にも内的にもこの地球上での自身の境遇に見事に適応しているということは、数知れない実例から明らかである。少なからず興味深い実例をもう一つ示そう。あらゆる動物の個体が形態でも性質でも他のすべての個体と違っているとしたら、人間の状況は嘆かわしいものになるだろう。一つの個体を見知っても、他の個体について何の示唆も提供しないだろう。人間は有害なものと無害なものを区別したり、食用になるものや他の用途に適したものを選び出したりするのに、まったく途方に暮れるだろう。けれども、自然の創造者は自身の作品において何一つ支離滅裂のままにはしていない。神自身が人間に動物を知り、人間の目的に奉仕できる動物を支配下に置くように教えている。そうした重要な目的のために用いられる手段は、我々の注目に値する。動物たちは種類、種族に分かれ、その外形も内的な性質も異なっている。一つの種を構成する個体はことごとく同じ外観と形態をしている。こうした個々の特徴を知っていなければ、我々は豊富のなかで飢えたままに置かれることだろう。経験という教師に頼っていては、あまりに学びが遅すぎるのは明らかだ。そんな手段では、動物について完璧な知識を我々に与えるのに長い年月を要するだろう。先に述べたように、内的な感覚によって我々は教えられる。それは我々の福利のために必要な動物に関する知識のすべてを我々に開示する、いたって簡便な方法なのである。

> 我々自身の種だけでなく、動物のあらゆる種の共通性質について、我々は生得の感覚をもっている。そして我々の確信は正しい。同じ種の生物には著しい同一性があり、違う種の生物の異質性もまたそれに劣らず著しい。[原注　Sketches of Man, edition 2d, Vol. IV. page 20](i)

一つの個体の本性と気質は、たとえば一頭の羊にせよ馬にせよ、人から聞いたり、自分で試してみたりして、すぐに発見される。自然の光は、さらに知られる必要のあることを提供してくれる。結論として、この動物は一生同じでありつづけるだろうということだけでなく、種全体も同じ性質である、ということも言える。

我々の主題に戻ろう。ロック氏は人格の同一性について書くときには、いつもの正確さに達していない。彼は自然の作品の同一性と、我々のそれについての知識とを不用意にもまぜこぜにしている。いな、彼は時に、同一性がその知識以外に基盤を持たないかのように表現している〔原注　第九部以降の、同一性と多様性についての章〕(ii)。私は人格の同一性について次のように考えたリード博士の賛同を得ている。

誰もが同意することだが、人格は不可分である。人格の部分というのは背理である。所領、健康、腕、あるいは脚を失った人も、なお同じ人格でありつづける。だから私の人格的同一性は私が私自身と呼ぶ不可分なものが継続的に存在することである。私は思考でも、行為でも、感情でもない。しかし、私は考え、行為し、感じるのである。思考、行為、感情は瞬間ごとに変化する。けれどもそれらが帰属する自己は永続的である。自己が永続的であることを私がどのようにして知っているのかと問われれば、その答えは、記憶から知っている、ということである。これまでに私が見た、聞いた、なした、こうむったのを覚えているすべてのことが、記憶している時に、私が存在していたことを私に確信させる。しかし、私が私の人格的同一性についての知識を持っているのは記憶からであるけれども、人格の同一性は本性上、記憶から独立して存在するにちがいない。さもなければ、私は同じ人格であるのは、記憶が働くかぎりでしかないことになる。私の記憶が働かなくなった期間には、私の存在はどうなるのだろうか。私のどんな行為の記憶も、私をその行為をなした人物にすることはない。ただ、その行為をなした人であったと私に知らしめるだけである。しかしロック氏の意見とは、ある行為を覚えていることが、私をその行為をなした人にするということだ。これは最高の天才でも時には不合理に陥ることがある、という目立った見本である。彼は生まれていない、というのも彼は彼の誕生を記憶していない、だからかくかくしかじかの場所、かくかくしかじかの時に生まれた人ではないからである——これが、ロック氏の意見からくる明白な系論ではないだろうか。(2)

この主題から、ある考えに行き着く。その考えは我々の感覚の正確さを扱うなかで、もっと十分に示されることになるだろう。我々の感覚への不信に向かう学説はことごとく、不条理な懐疑論に入りこむはずだ。もし我々の感覚が真理の証拠として認められないなら、何であれどんな事実についても我々が確信を持てるかわからない。今見たことから、我々は自分自身の存在についても、自分が違った時点で同じ人格であるということについても、確信を持てないように思われるからである。

---

(2) この手紙は現存していない。〔L. p. 130〕

補論　第三論考を擁護して書かれた小冊子[3]の大体を含む

自由と必然に関して、我が著者の学説は次の見出しのもとにまとめられよう。（1）人間は自由を授けられた理性的な存在である。（2）人間の自由は、意志的に、あるいは自らの性向と選択に従って、行為することにある。（3）人間の意志は必然的に、すなわち間違いなく確実に、動機によって決定されている。あるいは、スコラ学派の言い方では、**実践知性の究極的な判断に従って意志は必然的であるということである。**（4）したがって、無差別の自由、あるいは動機なしに、あるいは動機に逆らって行為する恣意的な力は、人間本性の部分ではない。（5）人間の行為は確定した連鎖において進行するものの、これは盲目的な運命によるものではなく、万物の第一原因たる神の予定あるいは掟によるものである。

こうした点について、哲学者や神学者たちは意見を異にするかもしれず、それぞれの陣営が相手方に誤りありと難ずるだろう。しかし、スコットランド教会のだれによってもこうした見解は不健全で異端的だと非難されるはずだということは、その見解が我々の偉大なる最初の改革者によって信奉され、カルヴァン派の神学者によって構成され、我々の大学で教えられている最も名高い神学体系のすべてで説かれていることを考えると、大いなる無知をさらけ出すものである。我々にとっては、根本原理とはこうである。生じ来たることは何であれ永遠の昔から神が運命づけており、あらゆる出来事は神の掟によって変わらず必然的に固定されており、神が予定したのとは別の形では起こりえない。

最も正統的な神学者たちは我が著者に同意している。神の掟に基づく必然性の説だけでなく、精神のみに作用する道徳的な必然性を身体のみに影響する物理的な必然性から区別することについても同様である。そして彼らは、動機の意志への作用によって生み出されるものとしての道徳的必然性に関する我が著者の説明を暗に受け入れている。彼らは自由が対立するのは必然性ではなく束縛であること、自由は無差別ではなく自発性、すなわち *lubentia rationalis*(4)にあること、そして意志は知性の最終的な判断に必然的に従うことを、我が著者とともに主張している。我が著者に負わそうと努力された帰結はどれも出てこないこと、しかし美徳と悪徳、賞と罰はこの種の必然性と相容れるものであることを、彼らは示している。だから、たとえば、偉大なるカルヴァンは次のように推論している。

必然と束縛の区別——この論争全体が関わる事柄だが——について我々がたびたび言及してきたことをかんがみると、ここで我々はその区別をもう少し正確に説明しなければならない。神の恩寵に反対して自由意志を擁護する人たちは、必然性のあるところには美徳も悪徳もありえないと主張する。答えよう。神は必然的に善であるが、必然性による神の善性はだからといって賞賛により値しないものではない。さらに、悪魔は必然的に邪悪であるが、にもかかわらずその邪悪さは罪がより少ないわけではない。これは我々の思いつき

(3) ケイムズが触れているこの小冊子は『道徳と自然宗教に関する論考への反論を検討する』(一七五六)と題されたもので、危険な異端派の著作として『道徳と自然宗教の原理』の初版を断罪する小冊子が出回ったことに応えて書かれた。〔L. p. 131〕

(4) 合理的な自発性。〔L. p. 132〕

ではない。というのも、聖アウグスティヌスと聖ベルナルドゥスも同じように論じているからである。――我々の論敵の主張では、意志的なものは同時に必然的ではありえない。彼らに示そう。これらの性質はいずれも神の善性に見出される、と。彼らは、人間が自分が不可避になさざるをえない行為で責めを負うのは不条理であると言い立てる。先に挙げた例で、ここには何の不条理もないことを示した。――彼らはまた反論する。美徳や悪徳が自由な選択から、つまり彼らの言う意味での自由にしたがって生ずるのでなければ、罰を加えたり、褒賞を授けたりする理由がありえない、と。罰に関して答えよう。罰は悪を働いた人たちにしかるべくして課されるものである、と。というのも、その選択が自由である、つまり恣意的であるのか、それとも悪しき動機の影響下でなされたことなのかは、何の違いもないからである。――褒賞に関しては、人間の功績というより、神の善性に従って授けられるものだと我々が言うことに、確かに何の不条理も存しない。(5)

Calvin. *Tractat. Theolog.* p. 152. edit. Amstelod. 1667.

ジュネーヴの教授である学識あるフランシス・トゥレティーニは、正統的な神学者としての権威は最大級の重みがあると認められるであろうが、この問題を自らの『神学研究』第一巻七二八〜七三七頁で「恣意的自由について」(*de Libero Arbitrio*)の見出しのもとに十分に吟味し、我が著者と同じ学説を主張している。(6)自由は自発性ではなく無差別にあると考える点に、またあらゆる種類の必然性は自由と矛盾しないと主張する点に、ペラギウス派〔五世紀に出現したキリスト教神学上の教説の信奉者、異端とされた。ローマの修道士ペラギウス(三五〇?―四二五?)が提唱〕とアルミニウス派〔一七世紀のオランダのカルヴァン派神学者アルミニウスが始めた宗派で、予定説に反対、信仰による救済を重視〕の重大で根本的な異端説がある、と彼は述べている。たいへんな正確さと説得力をもって、彼はいくつかの種類の必然性を考察している。彼の示すところでは、そのうち二つ、物質の法則から生じる相互作用と物理的必然性は、自由にとって破壊的である。しかし、動機によって必然的に決定される心の構造に由来する理性的ないし道徳的な必然性と、神の掟から生じる必然性は、正統的な意味での自由と完全に相容れる。

彼はこの学説に対する、それは人間をたんなる機械にするものだという反論を退ける。そして我が著者とまったく同様のしかたで示すのは、アルミニウス派の言う無差別の自由、すなわち、あらゆる動機に逆らう恣意的な力に基づくと、人間ははなはだ不合理で責任を欠いた存在になり、議論も推論も、戒律も命令も、人間に向けたところで空しいものになるだろう、ということである。以下は彼の言葉である（第一巻五六六頁）。

> 自由と相容れない必然性はただ二種類だけある。物理的な必然性と束縛である。他の種類の必然性、神の掟や影響からくる必然性や、対象そのもの、知性の最終的な判断からくる必然性は、自由を覆すものどころか、むしろ自由を確立するものである。というのも、それらは意志を束縛するのではなく、意志を説得し、それまでは不随意だったことに、意志的な選択を生み出すからである。というのも、ある人が判断力と知性をもっ

（5）カルヴァン『神学論文集』。初版は Jean Calvin, *Tractat. Theolog. & Comment.*（Geneva, 1576）.〔L. pp. 132–3〕

（6）François Turrettini（1623–1687）, *Institutio teologiae elencticae*, 3 vols.（Geneva, 1679–1685）.〔L. p. 134〕

て、自分の意志の十分な同意とともに、自分の性向にしたがってどんなことをなそうと、自由にふるまわずにいることは不可能だからである。もっとも、別の意味では必然的にふるまっているわけだが。これは、人間に課せられた必然性がどの部門から生じると考えるにしても妥当する。ものそれ自体の存在からにせよ、意志を実効的に決定する動機からにせよ、第一原因の掟と筋道からにせよ、同じである。

ジュネーヴ大学の講座でトゥレティーニの後継者であり、この国の大学では最も健全な原理の著者の一人として認められているベネディクト・ピクテ〔スイスの改革派神学者〕は、いたって明瞭なしかたで同じ学説を打ち立てており、その言葉はこれ以上正確で明快にはしようがないほどである。

自由意志について論じる前に、この語の意味を説明しなければならない。自由意志ということで我々は、どんな外的な強制もなく、判断力と知性によって、自らが好むことをなす能力以外のなにも理解しない。この自由意志には二つのことが対立する。第一に、物理的、あるいは自然的な必然性であって、無生物に見るようなものである。例えば、火が燃えるような必然性である。第二に、束縛の必然性である。これは外的な暴力から生じるものであり、それを被る人の性向に反して課せられるものである。人間が監獄や偶像崇拝の寺院に追いやられたような場合である。けれども、すべての被造物がそのもとにあり、どんな理性的な存在もまぬがれえない神への依存という必然性を、自由に対置してはならない。また知性の最終的な判断から生じる理性的な必然性についても同様である。それは私に最善なものとして映るものを必然的に選ぶような場合である。というのも、私の選択は、必然的ではあるものの、にもかかわらず自由だからである。それゆえ、自由に必要なすべては、人が自発的に、知性をもって行為すべきことだけである。ここから、神はあらゆる存在のうちで最も自由なものであるが、しかし神は必然的に善をなすように定められているということが帰結する。同じことは聖人や天使にも言える。だから、自由は無差別にあるのではない。というのも、そうだとすれば、神は自由な存在ではないことになるからである。そして人間が善をなす決心をすればするほど、あるいは完全になればなるほど、享受する自由が少なくなる、これは理に合わない。これは次の推論からさらに裏付けられる。我々はみんなまったく自由に自分の主要な善や幸福と我々に見えるものを選ぶ。というのも、そのような選択で、心からでも意志的でもなく選択する人がいるだろうか。しかしこの選択に対して、我々は強力で抗いがたい必然性によって定められている。というのも、何人もこの場合に無差別の自由を有してはいないからである。誰も自分が不幸であるようにとは願うことはできないし、あるいは悪そのものを選ぶことはできない。したがって、自由は決して無差別にあるのではない。

Theolog. Christ. l. 4. cap. 6. §4 (7)

我が著者に同意する近代のカルヴァン派の書き手たちから、一人を例に挙げよう。ニューイングランドのストックブリッジの牧師、ジョナサン・エドワーズ師である。彼の最近の論考は『道徳的な主体性、美徳と悪徳、賞罰、賞賛と非難に不可欠と考えられる意志の自由の近代に支配的な観念に関する入念で厳密な探究』と題されていて、一七五四年にボストンで刊行された(8)。この著者の敬虔さと正統性は、おそらく、アル

(7) 『キリスト教神学』。Benedict Pictet (1655–1724). *Theologia Christiana*, 2 vols. (Geneva, 1696). 〔I. p. 134〕

ミニウス派以外の誰も、あえて疑問に付することはないだろう。道徳的必然性についての我が著者の学説へのあらゆる反論に答え、それが理性にも聖書にも合致することを示し、これを悪しき傾向に帰すことの不正を示すのに、この本ほど頼もしいものはないだろう。ことさらに文章を引くことは無用である。というのも、この本全体が最初から最後まで、この学説を支持する議論の途切れない一つの連鎖となっているからである。彼はいたるところで論じ、主張している。

意志はどんな場合にも最も強い動機によって必然的に決定されており、この道徳的必然性（p.24）は自然的必然性と同じくらい絶対的であろう。すなわち、自然的な結果が自然的な原因と連結しているのと同じくらい、道徳的な結果はその道徳的な原因に完全に連結しているのであろう。

というのも、彼は次のように言うからである（p.22）。「この二つの間の違いは、連結の本性にあるというより、連結される二つの言葉にある」。彼は意志の自己決定的な力、無差別や偶然性を含意するような自由の観念を却下し（p.29）、数章にわたって（p.135〜192）、アルミニウス派が主張する自由の観念は責任や美徳、悪徳、賞賛や非難に欠かせないものどころではなく、逆に徳とは相容れないものであることを示している。徳は常に動機の決定力を想定しなければならないからである。

彼は、この学説と関連する聖書の幾節かを検討している。キリストの人間的な魂の意志による行為は必然的に聖なるものであり、しかも有徳で称賛や報奨に値するものであることを示している。神を罪の張本人とするというこの学説に対する反論に、我が著者とまったく同じように、神の意図と罪人の意図とを区別することによって答えている。

この著者の性格を知っているか、あるいは彼の本を一読した人なら誰でも、この人の宗教に対する情熱をいささかも疑うことはないだろう。だが、ニューイングランドでも他のあらゆるところでも、最も価値のある人間が中傷され、誹られがちであるようだ。というのも、エドワーズ氏は自分の本を締め括って、こう述べているからである（p. 285）。

> 当世風の神の合理的な原理とされるものに関して自画自賛する人たちが、この論考の主題に対して怒りを覚え、**異教徒の運命**やホッブズのいう必然性、人間をたんなる機械にすることに対して、日ごろからの糾弾を新たにするということはありうる話である。**宿命的**、**不可避的**、**抗しがたい**、といった恐ろしい形容詞を集

（8） Jonathan. Edwards（1703–1758）, *A Careful and Strict Inquiry into the Modern Prevailing Notions of That Freedom of Will, Which Is Supposed to Be Essential to Moral Agency, Virtue and Vice, Reward and Punishment, Praise and Blame*（Boston, 1754; London, 1762）. ケイムズは当初は自分の見解がこのアメリカのカルヴァン派の牧師に支持されることを期待していたものの、エドワーズはこの問題をまったく違ったふうに見ていた。グラスゴウの牧師ジョン・アーヴィンへの手紙で、エドワーズは主張した。「彼の『道徳と自然宗教の原理』と私の『探究』をともに読んだことのある人なら誰にとっても、我々の構想はお互いにきわめて異なっていることは明白にちがいない」。エドワーズは自身の『探究』の後の版にこの手紙を、「スコットランド教会の牧師への手紙のなかでの『道徳と自然宗教に関する論考』についての言及」と題した付録として加えた。〔I. p. 135〕

め、さらにおぞましいとか冒涜的といった言葉も付け加えられるかもしれない。また想像力にとって衝撃的で、度量があまりに小さいか、自分たちが受け入れた意見と反対者への軽蔑に自信を持ちすぎたために、この問題をあらゆる真剣で慎重な検討によって吟味しようとはできない人々の情念に近づいた色合いで、これまで言われてきたことを色づけるために、おそらく多くの手立てが用いられるかもしれない。あるいは、一般の人たちには何より耳障りに聞こえると彼らが考える特定の事柄が取り出されるかもしれない。こうしたことが辛辣で軽蔑的な言葉で修飾され、述べ立てられて、そこから何もかもが、勝ち誇って、侮蔑をもって扱われるかもしれない。

このようなやり方はどれほど不適切で下品なものだろうか。真理を公正で偏らずに求めようとする者の行動にどれほど似つかわしくないものだろうか。それをエドワーズ師は十分に示している。また本書の読者が彼とともにそのような精神を非難することを私も疑うべくもない。

守勢にずっと立ってばかりいるのも憂鬱なので、気晴らしのためにもここで一つ手を変えて、運試しとばかりに攻撃に転じてみたい。無差別の自由にもう少し迫ってみよう。それはカルヴァン派と考えられる人たちの一部にとってさえ、最近はきわめて有力な持論となっているのだから。そしてこの説が立ち入った吟味に堪えるものであるかどうかを検討してみよう。冷静に調べてみれば、おそらくそれは弁護する持論とするにも値しないことがわかるだろう。重要さが同じ二つの物事から選択する無差別の自由というのはきわめて耳ざわりのよいものであり、反対も受けずに通るかもしれない。

けれども、無差別の自由はこうした性質の事例に限られない。人間について、いかなる理由や動機も意志に介入させずに、意志し行為する力をもっていることが主張される。人間は動機なしというだけでなく、心に影響しうる最も強い動機に直接逆らって意志し行為する力をもっているという、さらに途方もないことまで、同じだけの確信をもって主張される。

この学説は人類の常識〔共通感覚〕に対する大胆な攻撃であると主張してもよいだろう。この学説がいかほどの証拠もなしに、それを裏付ける実験も何一つしないで、自明視されていることもまた劣らず大胆なことである。このように述べたような存在はありうるかもしれない。けれども擁護すべき理由をもたない人は誰も、これが自分にあてはまらないことを証言するだろう。

私はあえて断言しよう。この論争を知らない普通の人にしかるべき質問を投げかけてみると、その答えはどの問いに対しても、先に説明したような無差別の自由に矛盾するものになるだろう、と。しかし、この考察を当面措くとして、私は別の角度から論難を加えよう。議論の都合上、そうした力が人間に備わっていると仮定した場合、そのような力からどんな帰結が生じるかを吟味することによってである。自由と必然に関する論考のなかで、人間はそうした能力を授けられたなら、不条理で無責任な存在になるだろう、ということを詳述した。そうした人間は信頼しようがない。誓約も約束も脆弱な結びつきになるだろう。だから彼は社会生活にはいたって不適な者になる。

付言すると、この力は、人間により大きな自制心（self-command）を賦与するために人間に内在していると想像されるにしても、実際には逆効果である。おそらく意志するか、行為する瞬間に、人間はこの想定に立つと、自分から離れさってていき、まったく恣意的なものになるにちがいない。けれどもそうすると、事前に備えるどんな手段もなく、どんな思慮深く賢明な人でさえも、何の影響力も行使できない。すべてが反故にされるかもしれず、誰だって行為を始める時点で、その理由を言うことができない。事が起こる前の時点では、誰も自分が何を選ぶか、どんなふうに行為するか言うことができない。事の本質上明らかに、神でさえも、まったく恣意的で、内外のすべての結合からも独立した行為については、予見できない。

先の論難とは異なる、第二の論難を加えよう。私は人間を、全能なる存在の摂理によって万物が治められている世界という巨大な劇場の役者として考察する。私には思われるのだが、摂理が導く影響は、この想定上の無差別の自由によっては、人間の行為からまったく排除されることになる。ことがらの作用は確固たる法則によって支配され、それによって摂理の偉大なる設計に誤りなく寄与する。しかし人間の行為がまったく恣意的で、何の制御も受けないと仮定するなら、いったいどんな規則に服しうるのだろうか。それは神の導きのもとにあることもできない。というのも、これを想定することは実際、無差別の自由を無に帰すからである。

神の影響は意志を決定するうえで、他のすべての動機に優越するにちがいない。したがって、道徳的必然性という意味で人間を必然的な行為者にする効力をもっているにちがいない。だから人間は、そのような力を持つと想定すれば、摂理の支配下から身を引き、善悪いずれであれ動機から無関係に、理由からも、あらゆる展望、見通し、目的とも無関係に、何より奇怪で何より不条理な行為の道筋に放り出されることになる。ここには人間行為が効力を及ぼしうるかぎり、偶然〔チャンス〕が明らかに最も無様な恰好で立ち入る。これによって陰鬱な光景が展開され、感情をもつあらゆる人に恐怖を呼び起こすには十分である。これより後は、アルミニウス派に盲目の宿命――それは、実に不愉快な学説にほかならない――に反対の声をあげさせてはいけない。けれども盲目の宿命は、盲目の偶然より悪いものだろうか。仮にも私がそのどちらかを信じることができるなら、絶望に陥り、神の存在を否定する誘惑に駆られることを恐れるだろう。

しかし、こんな陰鬱な光景はこれぐらいにしておき、時おり先に述べた考えに立ち返ろう。無差別の自由は絵空事であり、事実の裏づけもなく、誰一人として、いまだかつて意識したこともないものだ、ということだ。ここから、私は言う。この観念は本当の意味でまじめに抱かれたことはかつてなく、最も熱烈なアルミニウス派によってさえ抱かれたことがない、と。この学説を信奉する人たちは、きっと言葉のうえで取り上げているだけで、物事をありのままに吟味することを怠っている。というのも、常識のある人で、善悪いずれであれ、何の考慮にも動かされず、何の目的や目標も視野に入れずに、決心したり意志したりすることができると想像した人があるだろうか。ある人が行為するとき、何がその人を動かしているか、当人が言えることが期待される。もし何の説明もできないのであれば、誰だってその人を変人か狂人だと考える。

この帰結として、敢えてさらに言っておこう。道徳的必然性の学説は、ある党派の教義によって精神がゆがめられていない常識人の間には、普遍的に受け入れられているものである、と。この学説は普遍的に受け入れられていると私は言う。とはいえ、勉強熱心で思索的な人でもなければ、長々と述べられることも、その全容が見られることもない。行為に関しては、誰もが実際に自分を自由だと思っている。というのも、自分が意志的に、自分自身の選択にしたがって行為していることを自覚しているからだ。しかしながら、同時に、自分が恣意的、あるいは無差別に選択したり意志したりする力がないことも自覚している。その意志は欲求によって規制されており、欲求は自分の恣意的な力には服していない、と気づいているのだ。そしてひとたびこのことを認めるなら、道徳的必然性の連鎖は確立される。というのも、まともな人なら誰でも、行為するときに、自分の意志が欲求に影響されていることをいささかも疑いはしないからである。これが無差別の自由に対するとどめとなる。

先の照明から、無差別の自由という有名な学説が私に避けがたいものに思われる。そして私の確信がこうだから、論集の著者が我々の教会からアルミニウス派の学説を追放するのに見事な働きをしたと考えずにはいられない。私のまじめな意見なのだが、当の説をその必然的な帰結とともに受け入れることは、実際には世界に盲目的な偶然、混乱、および無政府状態をもたらすことであり、無神論への道へまっしぐらである。とはいえアルミニウス派をいささかでも無神論、無宗教のかどで告発するなど、私の考えとはほど遠い。たくさんの善良で敬虔な人たちからアルミニウス派の学説が支持されてきたのであり、今もそうであることを、私は承知している。

けれども、こうした人たちが進むだけ進んで扉の向こうの醜い様子を目の当たりにする前に、玄関口で立ち止まるよう主張する自由は行使しなければならない。そうした様子は今彼らの前にも明らかになった。その学説が宗教や道徳と相容れるものとなるように新たな形をとりうるとすれば、そのような改良はあらゆる善き性質をもった人たちに快いものになるにちがいない。なぜならば、無差別の自由に愛着する人たちにそれが慰めを提供できるからだ。しかし予言の才を持っているなどと称するつもりはないが、私は敢えて予告する。道徳的必然性に至らないところでは、どこでも立ち止まることはきわめて困難であろう、と。そしてアルミニウス派の学説を確固たるものに改良すれば、間違いなくカルヴァンや我々の他の改革者たちの原理に行き着くにちがいない、と。

注

（i）「道徳の原理と進歩」についての素描より。*Sketches*, vol. 4, bk. 3, sketch 2.〔L. p. 129〕

（ii）Locke, *An Essay Concerning Human Understanding*, II. xxvii. 9–29, pp. 335–48〔大槻春彦訳『人間知性論』岩波文庫、二、三一二—三三五頁〕。〔L. p. 129〕

第二部

第一論考　信念

欲求する、願望する、決意する、意志する、信じる、こうしたことすべては、定義しえないが、単純な精神作用を表している。しかも世の誰もが理解しているのであって、どんな人も、日々自分自身の心に去来するこうしたことをよく知っている。カエサルが元老院で殺害されたと私は信じているということ、ガンガネッリ〔ローマ教皇クレメンス一四世在位：一七六九―一七七四、本名 Giovanni Vincenzo Antonio Ganganelli、ヨーロッパ諸国の圧力に屈してイエズス会の解散を命令〕は立派な教皇であったこと、あるいは英国王には一三人の子どもがいることを、私が言ったとき、誰一人として私の言わんとすることを理解するのに困難を覚えない。一方で、パタゴニア人を信じないとか、またマホメットの墓が二つの磁石の間に吊り下げられていることを信じない、と私が言ったときもほぼ同様である。だから、人間本性についての論考の著者〔ディヴィッド・ヒューム〕は別として、どんな書き手も信念を分析することが必要だと考えたことはなかったのである。

この著者は二つの命題を提示している。まず「信念は心の別個の作用や知覚ではなく、命題を思い描く特定のしかたにすぎない(1)」。次に、「信念はその部分や構成に何の変化ももたらさないのなら、観念の生気にあるにちがいない」。人間の心にまつわる事柄はどれ一つとして、人間本性を研究しようとする人々にとって大事なものだから、こうした命題を検討に付してみよう。最初の命題はいくつかの例では妥当だが、あらゆる例で妥当だというにはほど遠い。これは帰納によってもわかるだろう。空に一羽の鳥を見て、それを私は鷲だと信じる。私の信念が、その鳥についての私の知覚に入り込んでくるのであり、別個の作用でも、知覚でもない。反対の例を挙げよう。私が離れた囲いのなかで餌を食んでいる馬をみる。その馬が存在しているという信念が、その馬についての私の知覚に入り込む。私はまた、それが一ヶ月前にニューマーケットで国王杯〔キングズプレート〕を獲得したのと同じ馬だと信じる。この事実についての私の信念はまったく記憶にもとづいており、その馬についての私の知覚の一部をなしていない。

命題に関しても、同じ違いがあてはまる。次の例をとってみよう。三角形の二辺の合計が、第三の辺よりも長い、という例である。この命題についての私の概念は、私の信念を含んでいる、あるいはもっと適切に言えば、その正しさについての知識を含んでいる。同じことはあらゆる自明な命題にあてはまるが、証拠が必要な命題にはあてはまらない。例えば、次の命題の例をとってみよう。三角形の三つの角は二直角に等しい、というものである。その命題の正しさについての私の知識は、その命題についての私の概念の一部を形成できない。というのも、私の知識は、証明を読んだ後にくるからである。

同じ違いが、証言を基礎とする信念にも見られる。信じがたい事実が、その正直さが疑われるような人によって断定されたとする。私はその一言たりとも信じない。その事実の真実性が、後に疑いようのない証拠

（1） これはヒュームの議論についてのケイムズによる言い換えである。「信念は私たちの観念の本性や秩序にあるのではなく、その抱かれ方、心にとっての感じにある」。（*Treatise*, 1.3. 七―八参照〔木曾好能訳『人間本性論』第一巻、法政大学出版局、一九九五年、一二一頁〕）〔I. p. 143〕

によって確認されると、私はそれを断固として信じる。けれども、その事実についての私の概念は、どちらの場合もまるで同じである。だから、一方の場合に信じ、他方の場合に信じないことは、いずれもその事実についての私の概念の一部となることはできない。

私がこの命題の分析により多く骨を折ってきたのは、正確な定義と記述が哲学ではきわめて大切であるからだけでなく、我が著者が主に自説の基礎として主張する第二の命題を切り崩すことに役立つからである。信念が命題についての概念と別である場合、それはその概念の生気には存しえない、ということは明らかに違いない。けれども、信念がその命題についての概念の一部をなすときでさえ、彼の議論はきわめて稚拙なように思われる。彼が述べるところでは、信念はその部分や構成に関して概念に何の変化ももたらさないなら、概念の生気にあるはずである。けれども、どうして信念が、概念の一つの変容でしかない生気になければならないのだろうか。この議論では、信念は微弱な概念にあると結論しても、あるいはなんらかの他の変容にあると結論しても、同じくらい正しくはないだろうか。この議論はよって立つ足場がない。現実性への信念は、色が音と違うのと同じくらい、概念の生気とはかけ離れている。信念は真偽に相関しており、知識の一部門をなしている。概念の生気はどちらにも、少しの関係もない。このことは歴然としているから、我が著者に、ある盲人の話をあてはめたくもなる。色についての彼の観念を尋ねられて、それはトランペットの音に似ている、と言った盲人である。かの著者はその盲人より弁解の余地がない。というのも、視覚のある人に色が分かるのと同じくらい、彼は信念がよくわかっていたはずだからである。けれども、彼には擁護すべき体系があった。そして哲学者にはこれほどありふれたことはないのだが、お気に入りの体系のために常識〔コモン・センス〕すらも犠牲にするのである。

事実を虚構と、真実を虚偽と区別することは、どんな人にとってもこのうえなく重要である。この区別をつけるための手段はどんな人の手にも与えられているものだが、とはいえ誤りを予防するためにこの手段を応用するには、ある程度の知性が必要とされる。ここで、生気があろうがなかろうが、信念をたんに概念に還元することによって、人間がこの区別をできなくなったとしたら、人間はパイロット〔舵取り〕も舵もなく、どんな風にも弄ばれる船と何の違いがあるだろうか。しかし、我が著者の学説は彼をもっと先へと連れて行く。彼は信念とともに誠実さも追放しなければならない。というのも、どちらを抜きにしても、もう一方は無益になるからだ。社会の一つの大きな利点は、知識を伝達することである。それによって誰もが、全員の知識を入手できるであろう。けれどもこの知識の泉は、もし人間が他人から報告されたことを生まれつき信じるようにできていなかったら、完全に干上がってしまうだろう。一部の書き手たちは、何と冷徹かつ不敵に、人間精神の気高い構造に痛撃を浴びせるのだろうか！

真理からこれほど逸脱した体系では、どんな正しい推論も、人間本性についての真なる描写も期待できない。この著者は、真の歴史は心をしっかりととらえ、どんな創作の物語よりも生き生きとしたしかたでその対象を提示する、と主張する。誰も自分で判断しなければならないが、私は自分の場合にはそうは認めることができない。歴史は確かに平明な歴史風の文体で語られた創作物の語りよりもいっそうしっかりと、心をとらえる。けれども審美眼のある誰が、詩が歴史よりもいっそう強い印象を与えることを疑いうるだろうか。(2)「感情の人」を、リチャード役かリア王役の名高いギャリックを見に行かせてみよう。そうすれば、劇的な表現が、歴史ではまず及ばないような強烈で生き生きした印象を与えることを知るだろう。けれども歴史が劇や叙事詩よりもさらに生き生きした仕方で対象を提示するものだと仮定してみよう。私はウェルギリウスの一節を読むとする。ニースス〔ニーソス〕とエウリュアルスのエピソードだとしてみよう。また、リウィウスの一節、つまりガリア人によるローマの掠奪を読むとする。(3) もし後者の話にいっそう生き生きした観念を抱くとしたら、それを件の著者に、この結果の原因を指摘するために述べよう。確かに彼は、それが表現や韻律の調和の力であるとは認めないだろう。というのも、こうした点では、歴史家は詩人に負けるにちがいないからである。概念に対するリウィウスの優れた影響は、彼が真の歴史家であるという効果だということ以外に、満足な説明が与えられないことは明白である。それで、件の著者が自分の見解について、それが当てはまると想定してできることは、せいぜい、この歴史家の権威が信念を生み出し、その信念が創作の物語よりもいっそう生き生きとした観念を生み出す、ということだけである。真実は実際に我々の観念にある程度の活気を付与する。しかしながら、事実についての生き生きした概念を伝えるうえで、歴史が劇や叙事詩を凌ぐということは認めるわけにはいかない。というのも、想像力に基づく作品においては、真実さが欠けていることを、感情と言葉遣いが埋め合わせて余りあるからである。けれども、たんなる娯楽を目的とした叙事詩や悲劇にあっては、詩人によるどんな細密な描写も、最もピクチャレスクな〔目に浮かぶような〕(4) イメージも、どんな繊細な表現も、あるいは読者のどんな生き生きした概念も、全部合わせても信念を生み出すには役立たないことは確かである。

実際に時として、信念は生気ある印象の結果である。劇の上演は一例で、我々の注意を他のあらゆる対象から、ひいては我々自身からも、そらせるほどに影響を及ぼす場合がそうである。この状況では、我々は俳優のことを考えることはなく、彼を、演じている人物そのものだと想像する。その人物そのものが眼前にいるというわけだ。我々はその人物が実在し、行為しているものとして知覚し、また実在し行為していると信じる。とはいえ、この信念はほんの束の間のものである。我々が自分自身や、自分のいる場所についての意識を喚起されるやいなや、その信念は夢のように消え去ってしまう。生き生きした印象もまた、この場合でさえ、信念の原因ではなく、心の注意を自身とその状況からそらすことによって、その機会となるにすぎない。暗闇のなかの幽霊についての観念が、心を満たし心を自身からそらすと、想像の力によって現実へと転じるのは、そうした仕方による。我々は幽霊を見たり聞いたりしていると思う。それを確信し、実際にそう

(2) デヴィッド・ギャリック（一七一七—一七七九）は有名な俳優、劇作家、ドルリーレーン劇場の共同経営者、サミュエル・ジョンソンの友人。〔L. p. 145〕

(3) 以下を参照。**Vergil**, ***Aeneid***, **Book V**〔ウェルギリウス、泉井久之助『アエネーイス』、岩波文庫、上、第五巻、一九七六年〕; **Livy**, ***History of Rome***, **Book V**.〔L. p. 145〕

(4) ピクチャレスク（Picturesque）は、ウィリアム・ギルピン著『主としてピクチャレスク美に関してワイ川および南ウェールズの幾つかの地形その他の一七七〇年夏になされた観察』によって、一七八二年に初めて導入された審美上の理念であるとされている。当時、啓蒙合理主義の美の理念は疑問視され、美と崇高は非合理的とされた。この対立理念の調停者として登場したピクチャレスクはゴシックやケルト主義とともにロマン主義的感性の一部をなした。

だろうと信じるのである。

私自身の感覚の証拠に関しては、信念の本質が印象の活気にあるということを決して認めはしないけれども、活気と信念がこの場合にはつねに結合しているということは、件の著者にここまでは同意する。かつて見たことのある山を、千マイルも離れたところにいたとしても、私は存在していると信じる。その山について私が抱くイメージや観念は、単なる想像力によって形成できるものよりもいっそう生気に富み、明瞭である。けれどもこれは、先に見たように、言語の力によって私の心に喚起される観念については真実とはほど遠い。

他者からの証拠に由来する信念は、別の基盤に立っている。正直さ、および信じようとする性向は、人間本性のうちで対応する原理である。そして主として、こうした原理は、人間が頻繁に欺かれることがないように、調整されている。我々が持つ、信じようとする性向は、証言者について我々が抱く見解や、その人が語る話の性質によって制約を受ける。けれども、あらゆる他の状況が信じるにたるほど一致しているとしても、話し手が真実を語るだけにとどまらず、ただ楽しませるために言っているのなら、彼の語りはいささかも我々に信じるよう促すものではなく、その話を、詩で頂点に達するような最も強い彩りで活気づけるよう彼にさせるだけである。

我々自身の感覚や他人の証言は信念のしかるべき原因ではあるけれども、しかしこうした原因は、我々の当面の気分によって、効力が増減するということだけは付け加えておこう。希望や恐れが情念の影響を受けるように、信念もそうである。希望と恐れは未来の出来事に関わる。もしその出来事が快いもので、それが存在する見込みが高いなら、その存在についての我々の概念は、希望と呼ばれる様相を帯びる。その出来事がきわめて快くて、実現の見込みが非常に高いものであれば、それに比例して我々の希望は増し、時としてそれが実際に起こるだろうという固い信念に転じる。弱い精神には、予想される出来事の喜ばしさが、その影響をおのずと及ぼす。想像力が見込みに鼓舞されて、蓋然性を高め、終には固い確信、あるいは信念に転じる。その一方で、もし出来事の存在がありそうもないと考えられ、不安が優位になるなら、心は落ち込み、不安はその出来事が起こらないだろうという固い確信に転じる。心の作用は、展望される出来事が快適でない場合でも、いたって似通っているのである。

この論考を次の考察で結ぶとしよう。我々自身の感覚と他者の証言は、信念の原因であるものの、こうした原因の効力は、相当に現在の心の調子しだいである、と。快い出来事が起こった、あるいは起こるだろうという私の信念は、私の精神が高揚しているとき、蓋然性以上のものになる。精神が消沈していると、私の信念はそれ以下になる。出来事が不快な場合、私の精神が消沈していれば、私の信念は蓋然性以上のものになるし、高揚していればそれ以下のものになる。

情念はやはり信念にいっそう強い影響を及ぼす。このことに関しては『批評の原理』の第二章第五節をご覧いただきたい。(5)

(5) *Elements of Criticism*, vol. 1, chap. 2, pt. V が扱うのは "the influence of passion with respect to our perceptions, opinions, and belief." 〔I, p. 148〕

第二論考　外的感覚

内的感覚は、心に去来するものごと、つまり傾向や決意、意欲、反省などについて我々に告げ知らせる。いくつかの外的感覚によって我々は外界の物事を見出す。後者が、神の存在証明を強める寄与をするかぎりで、ここでの主題である。

明快を期して、この論考はいくつかの節に分けられる。第一節は異なる外的感覚の知覚。第二節は実体と性質。第三節は一次性質と二次性質。第四節は外的感覚の信頼性である。

第一節　外的感覚による知覚

外的感覚による知覚は、相互に大きく異なっている。最も単純なものとして、触覚と視覚による知覚から始めよう。私は目を閉じ、書き物机に片手を乗せるとする。私は一定の形をした硬くなめらかな物体の抵抗を手に感じる。同じ机を目で見ると、この二つの感覚による知覚が対応しているかぎり、その形は同じように見える。けれども、より重要なこととして注目すべきは、この感覚のいずれによっても、私はその机が私から独立に存在し、同じく独立した特性、あるいは性質をもっていることを知らされる、ということである。こうした感覚は物を実際にあるがままに私に知らせるのに明らかに寄与する。

聴覚、嗅覚、味覚は、先述の感覚とは大きく異なった知覚を呼び起こす。音は私の耳の鼓膜を打つ空気のある振動によって私のうちに生み出される。匂いは私の鼻孔に触れる**発散**（*effluvia* 臭気）によって、味は私の口蓋に触れる物質片によって生み出される。こうした感覚に関しては、それらの知覚は、それらを生み出した原因とは何の類似性も持っていない、ということは少なからず注目に値する。また、それらは私から独立して存在する物事と何ら対応しない。太鼓を打っても空気中の振動以外には何も生じないし、その振動以外には何ら私の耳に触れるものはない。けれども、その結果は音の知覚であり、そのことは太鼓を打つことや空気の振動のいずれとも、いささかの親近性も有してはいないし、私の心のなか以外にどんな存在も持ってはいない。バラは私の鼻孔に触れる**発散**を放ち、私が知覚する香りはバラのなかにも、**発散**のなかにもない。私が砂糖に感じる甘みは砂糖によって生み出されるが、その性質を砂糖のなかに探しても無駄だろう。他の物質に求める場合と同じである。この分析から見えてくるのは、音、匂い、味は物質でもなければ物質の性質でもなく、知覚者のなかに生み出される結果である、ということだ。何人も経験したのでなければ、そのような驚異すべき結果が、見かけのうえではいたって不相応な原因によって生み出されうるなどと想像することはないだろう。だがそうした結果は、我々の幸福に大いに寄与しているのである。

第二節　実体と性質

実体と**性質**という用語についての正しい概念は推論の多くの部門で、とりわけ神についての推論では必要であり、こうした語について、論理学の我々の偉大な巨匠であるロック氏が与えた説明はきわめて曖昧なものだから、読者に満足がゆくまで、私としてはそう期待するが、その意味を確定することに努めてみよう[1]［原注　参照、"Of Our Complex Ideas of Substances," in Locke, *Essay*, II.xxiii.］。

私が一本の樹に目をやる。そして、樹形、拡がり、色、時には揺れを知覚する。もしこれらが互いに何の関係もなく、ばらばらの対象として知覚されるなら、私は実体についてどんな観念ももつはずがないだろう。これは、おそらく一部の動物の状況なのかもしれない。だが人間の目はもっと完全である。我々が実際に知覚するものは、一定の形、大きさ、色をした樹である。揺れを見るとき、私の知覚は別々の揺れだけではなく、揺れている物体を知覚している。そしてこれらはきわめて密接な関係に結合しているので、動きや色、形の概念を独立の存在として形成することさえできず、樹に属し、樹に内在したものとして概念を形成する。手短に言えば、視覚は物を存在するままに知覚するように我々に与えられている。そして視覚が物を存在するままに我々に知らせることがないなら、我々はこの世界で生きていくのに不適格ということになるだろう。さて、個別のものから抽象し、一般的に推論するとき、独立した存在を持っていない物は性質と、そうした性質が属するものは、物体あるいは実体と名づけられる。このように、性質と同じく実体の観念は、視覚から導き出される。そしてそのように限定された対象は同時に、知覚者からはまったく独立に実際に存在するものとして、知覚される。

類似の知覚は触覚からも生じる。私の手をこのテーブルの上に乗せると、滑らかさ、硬さ、形、拡がりだけでなく、私が物体と呼ぶある物についての知覚ももつ。いま述べた個々の事柄は、性質として知覚される。滑らかさ、硬さ、拡がり、形は、ばらばらで関連のない存在として知覚されるのではなく、私が**物体**と呼ぶものに内在し、属するものとして知覚されるのであり、そうした物体は実際に存在し、独立で永続的な存在を有している。私が**テーブル**という語で言い表すのは、いくつかの性質を有したこの物体である。

視覚と触覚による知覚についての先の分析は、他の感覚による知覚と比較することによって何よりうまく解説できるだろう。私は音を聞き、匂いを感じる。これらは、どんな物体や物、あるいは実体の性質や特性として知覚されるのでもない。それらは、心のうちに単純な存在として出現するのであり、独立性や永続的な存在についての知覚を示唆することはない。視覚や触覚が我々をそれ以上のところまで連れて行ってくれるのでなければ、我々はけっして実体の観念をもつことはできないだろう。

哲学者たちが**性質**について現在さかんに論じておきながら、**実体**については多大な懐疑と躊躇をしているのは、両者が相関した観念であり、互いを含意するものであることをかんがみれば、少なからず驚くべきことである。我々が形を性質と呼ぶのは、それを独立した存在でなく、形のあるものに属しているものとして我々が知覚すること以外に、どんな理由があるだろうか。そして我々が**実体**と呼ぶものは、他のものの特性ではなく、それだけで自存しており、独立した存在を有しているからである。我々が形を、音を知覚するように知覚するのであれば、形は性質とは考えられないであろう。一言でいえば、性質は何か他のもの——その性質が属するもの——を想定しなければ理解しがたい。実際には、音、そして匂いも、性質として考えら

（1）〔大槻春彦訳『人間知性論』岩波文庫、二、一九七四年、二四三頁以下〕

れる。けれども、これは、本来の知覚からではなく、習慣から生じたものである。というのも、いったん物とその性質の区別を習得し、音や匂いが実体より性質に似ていると分かったなら、我々はそれらを容易に性質として考える習慣となるからである。

視覚と触覚によって性質として知覚される物に関して、先に示唆されたもう一つの所見が思い浮かぶ。我々はこうした物の概念を、それが属する存在から独立には形成できないということである。想像の上でさえも、色や形、動作や拡がりを、物体あるいは実体から切り離すことは我々の力に余る。運動している何らかの物体から抽象して、動作それだけを考えるようなことはできない。何度も、三角形の観念を、その形をした物体から独立に形成することに繰り返し努めてみよう。その企ては無駄に終わるだろう。形のない物体を考えることはできない。物体なき形を考えることもほとんど同じくできない。というのも、これは形を、独立の存在を有しないものとして考えると同時に独立の存在を有するものとして考えること、あるいは性質であると同時に性質でないと考えることだからである。こうして、実体は視覚と触覚によるあらゆる知覚だけでなく、色や形、拡がり、動作について我々が形成しうるあらゆる概念の一部をなしているということがわかる。我々の観念の連鎖全体を考慮すると、実体、つまり性質をもった存在あるいは物の観念ほど、我々に馴染み深い観念はない。

こうしたことを考慮すると、物質についてのどんな間違った概念のために、ロック氏が実体の観念についてああも曖昧で不分明に語るようになったのか、私には容易には見てとりがたい。彼があらゆる性質から抽象された実体一般の観念を形成するのに、そうした抽象が我々の力に余るとき、苦労したのは驚くにあたらない。けれども、性質を備えた個別の実体について、何であれその観念を形成することほど容易なことはない。しかし、これはどういうわけか彼の頭から抜け落ちている。彼は馬や石の観念を形成するとき、感覚的な性質についてのいくつかの観念の集合以外に、観念のなかに入れてはいない［原注　Book 2. chap. 22.］[i]。そして彼が言うには

こうした性質がどうやってそれだけで、あるいは性質同士のうちに存在するのか考えようがないのだから、そうした性質はある共通の主体のうちに、それに支えられて存在すると想定することになる。その支えを、我々は**実体**という名で言い表す。支えとして想定する物について、明晰あるいは判明な観念を我々が形成することができないのは確かだが。［原注　Book 2. Chap. 23］[2]

一つの問いだけで、全体の謎が明らかになったのだろう。どうして、性質がそれだけで、あるいは性質同士のうちに存在すると考えられないのか。ロック氏自身はこんな答えを与えたにちがいない。物は考えようがない、というのも属性、あるいは性質はそれが属する物なしでは存在できないからだ。というのも、もし存在しうるのなら、属性や性質ではなくなるだろうからだ、と。ではなぜ彼は、性質を何らかの共通の主体のうちに存在し、その主体によって支えられると想定する、というようなきわめてあやふやな推論をするのだろうか。それはたんなる想定ではなく、観念の本質的な部分をなしている。それは視覚や触覚によって我々

(2) 大槻春彦訳『人間知性論』岩波文庫、二、一九七四年、一二四六ページ。

には必然的に示唆されるものである。彼が述べるには、我々は実体について明晰で判明な観念を有していない。彼の言わんとすることが、性質から抽象された実体について明晰で判明な観念を我々は有していない、ということであれば、あらゆる実体から抽象された実体の観念をまったく形成できないということも本当である。

しかし、実体から抽象された性質の観念を我々が形成できないのもまた本当である。実体と性質どちらの観念も、この点に関してはまったく同じ条件にある。このことについて、哲学者たちがほとんど注意を向けていないのは驚きである。同時に、多くの存在しているものについて、おそらくどれ一つについても完全な観念はもちえないとしても、明晰で判明な観念を我々は有している。我々は人生の有益な目的すべてに資するような物事の観念を有している。我々の感覚が、存在するものの外的な性質を越えては及んでいないことは事実である。どんなものについても、我々は本質、内的な性質について直接の知覚を有してはいない。こうしたことは、生じた結果から見出すのである。しかし、もし我々が物事の本質、内的性質を直接に知覚する感覚を持っているなら、それらについての我々の観念は実際にもっと満たされた完全なものになるだろうが、今以上に明晰で判明になることはないだろう。というのも、そう想定しても、内的であれ外的であれその属性によるしか、我々は実体の観念を形成できないだろうからだ。あらゆるその属性から抽象されたある物の観念を形成することは不可能である。

ここまで述べてきたことをまとめて言うと、次のようになる。視覚と触覚によって我々は性質だけでなく、実体や物体の知覚をもつ。我々が知覚するのは、形、拡がり、運動ではない。形があり、拡がりをもち、運動している物である。我々は性質から抽象された実体の観念を形成することはできないように、実体から抽象された性質の観念も形成できない。これらは関係しあった観念であり、互いを含意しているのである。

第三節　一次性質と二次性質

哲学者たちのあいだに一次性質についてかなりの同意が見られることとして、そうした性質は物体あるいは実体に内在しており、我々から完全に独立に、物体あるいは実体とともに存在している、ということがある。その定義によれば、一次性質は視覚と触覚の対象であり、かつこれらの感覚のみの対象である。したがって、二次性質は、何か意味をもっているとしても、他の感覚の対象でなければならない。本当にそうかどうかは、少しずつ検討していくとしよう。こうした定義によれば、形、大きさ、固さ、無限の分割可能性は一次性質である。そのすべては実体あるいは物体に属していて、実体、あるいは物体そのものと同様に、我々から独立している。重力をあらゆる他の粒子と一体化しようとするあらゆる物質粒子の傾向と解するなら、重力は一次性質と考えてもよいかもしれない。運動への傾向は、適切に、一つの力である。けれども、作用する力は特性、あるいは性質であり、一次性質と考えてもさしつかえない。**惰性**は静止から運動への変化に抵抗する物体の力である。**慣性**は物体に押し付けられた運動の度合いを物体が保つようにさせる、もう一つの力である。こうした力もまた一次性質のリストに加えてよい。

色は、一見すると一次性質のように見えるかもしれない。というのも、我々は形のない物体と同様に、色のない物体をほとんど考えることはできないからだ。けれども、探ってみると、物体の表面にはさまざまな形と結びつきをした粒子しか見出せず、それらは色との類似性が最もかけ離れているというわけではない。実際にこうした粒子は目に対して光線を反射し、見る者に色の知覚を生み出すかもしれない。しかし、その知覚は一次であれ二次であれ、物体の性質ではありえない。熱は、快適な感じのものであれ苦痛な感じのものであれ、火や、感じることのできない無生物のなかにはありえない。そのような感じを呼び起こす火のなかの力は、確かに一次性質に分類されるかもしれず、だから色の知覚を呼び起こす物体のなかの力もそうかもしれない。けれども原因とその結果を混同してはならない。

ここで与えられた分析によれば、知覚者の心のなか以外のどこにも存在しない音や匂い、味は、一次であれ二次であれ、物体の性質ではありえない。しかしながら、ロック氏はこれらを力に転ずることで二次性質にしようとしている。彼いわく、「色は見えているとおりの性質ではなく、我々のうちに色の知覚を呼び起こす物質のなかの力である」[原注　Book 2. chap.8. Sect.10](ii)。同様に、甘みは甘さの知覚を呼び起こす砂糖のなかのある力にちがいないし、音は音の知覚を呼び起こす太鼓のなかのある力にちがいない。けれども、二次性質についてのこの説明は、明らかに結果をその原因に転じているので、満足なものではない。これまでに述べたように、精神的な知覚は、固有の意味では知覚される対象の性質とは考えられない。そしてもしこの知覚が知覚される対象に内在するある力に転換できるなら、それは二次性質ではなく、一次性質ということになるだろう。

こうした乗り越えがたい難点にもかかわらず、先述の知覚を、それが実際に存在している心のなかではなく、知覚を生み出す物体のなかに位置づけることには誰もが同意している。その理由で、かつその理由だけで、それらは二次性質と考えられている。学のある人も俗衆と同じく、甘みは砂糖の性質、芳香はバラの性質、色はあらゆる物体の性質であると考えることほどなじみ深いことはない。さて、この錯覚が二次性質の基礎だとすれば、そうした性質は人間の心のなかにある知覚と定義されなければならず、それは自然の錯覚によって、外的物体に押し付けられるということになる。

自然は無駄に本道を外れることはけっしてない。この錯覚は本道を通っては得られない何か価値ある目的のために考案されたにちがいない。もし我々が二次性質と呼ばれるものについて何の観念も持たず、周囲に実際に存在しているそのままの物体やその一次性質のほかは何も知覚しないとした場合に、自然の姿はどうなるものだろうか考えてみよう。我々がまるで知りもしない光景を考えるのは難しい。けれどもいささかでも反省を加えてみれば、それが冷たく、面白みのないものに映るだろう。

美女の肌の真紅と白さ、その妙なる声音が彼女の恋人の心のなかにしかないとしたら、どれほど魅力が乏しいものとなるだろう！　そうした想定に立つと、雄弁家とか、軍に対して熱弁をふるう将軍の影響力などどれほどささいなものだろうか！　もし我々が、耳にする音声が話し手からくるのではないと意識していたら、会話はずっと面白みのないものになるはずだ。バラは、何の芳香もないと知られていたら、ほとんど顧みられもしないだろう。

全部を一望のもとに要約すると、この幻想のとばりが引っ込められでもしたら、人間は自分の内部以外に何の喜びも見出せず、それらの外的な原因に顧慮を払わないまま、内部の対象にまったくかかりきりになるだろう。社会は大いにゆるみ、利己的な情念が、何ら妨げるものもなく蔓延するだろう。物事を我々に見えるままに考え、描く方がずっとたやすいことだ。我々は魔法に満ちた妖精の国に置かれたかのようである。花園が、それ自体は無味乾燥で飾りも欠いているけれども、見たところでは華麗な彩りを、完璧な調和のもとでまとっているのを見てみるとよい！　目立ち、記憶に残るように対象をさまざまな装いのもとで眼前に示し、空想のうえに陽気でいきいきした光景、壮大で目を引くような光景、厳粛で憂うつな光景を描き出すこと、それは驚くべき技巧だ。そこから快適で、感動的な情動が生じるのである。けれども、この色彩の美しさはことごとくたんなる幻想、ある種の魔法である。

音の幻想はさらに大きな影響力を持っている。演説家が音の調和と、彼の主題の多様性に適した違った調子で教えを述べ立てるのに耳を傾けてみるとよい。音楽家がたえなる調べで心を魅惑するのに聞き入ってみるとよい。この幻想こそが会話の魅力を形成している。人から人へと伝わる思想は、話し手が高低さまざまな調子で注意を引くことがなければ、ほとんど影響力を持たないだろう。最もかぐわしい花々を生み出す、手入れの行き届いた畑の匂いはどれほど甘美でみずみずしいことだろうか！　一言でいえば、この幻想は人々や物を心地よい一体感のもとでつなぎあわせる社会の接着剤である。

あやうく付け加えるのを忘れるところだったが、痛みや快は心のなかをおいて他のどこにも存在しないけれども、何であれ身体の不具合によって引き起こされる痛みは、この幻想によってその影響を受ける部分に置かれる。それによって、我々はその部分に手当てを施すように導かれるのである。

物事が互いに有している関係は、類似の錯覚の例を与えてくれる。等しさ、一様さ、類似、近似は我々に依存せず、知覚されようがされまいが存在している関係であって、それゆえに一次的関係と呼ぶのがふさわしいかもしれない。適切さと不適切さ、調和と不調和は内的感覚の知覚であり、知覚される対象のうちに存在を有してはいない。けれどもこうした知覚は、自然の幻想によって対象のなかに置かれ、対象に属するものと考えられるために、したがって二次的関係と呼んでよい。

第四節　外的感覚の信頼性

外的感覚は二つの非常に異なる目的に寄与する。一つは我々に関わりのある物事の情報をもたらすことであり、もう一つは我々を楽しませることである。後者に関しては、直前の節で述べたが、享楽は真理を意図したものではないのだから、幻想が幸いにも我々の善のために役立てられるからといって、そのことは我々の本性を貶めることにはならない。遠近法という技法によって平らな画面に、丘や谷に見えるような外観を描く画家は、我々を楽しませてくれるから賞賛に値こそすれ、欺瞞者という非難には値しない。前者の目的に関しては、我々が自分の感覚による証拠を信頼するように、自然が定めている。そうした感覚は、健全な状態にあるときには、我々を欺くことはない。主に外界のものを知らせるように意図された感覚は主として、視覚と触覚である。これらの感覚は、その対象が実在するという絶対の確信を与えてくれる。両方の感覚によって、我々は自分とは独立に存在している外界の物を知覚する。私は野原で草を食む白い馬を見る。私はテーブルの上にある本を暗闇のなかで取り上げる。これらの存在を、私は自分自身の存在に劣らず疑うことができない。さらに全能なる神がもっと満足のいく証拠を与えることができると考えることは、私の力にさえ余ることだ。そして私の知覚の信頼性は、絶え間のない経験からも裏付けられる。私は一定の形と大きさをした樹を見ている。樹のところまで足を運んで、私はその場で、樹が私の身体に与える抵抗によってその樹に気づく。その樹を来る日も来る日も来る年も来る年も目の当たりにして、その対象が季節や時期がもたらすものの他には何の変化もなく、同じであることを見出す。とうとうその樹が伐られてしまえば、もはや見られることも触れられることもない。

眼は見事に、もっとも手ごろな距離にある対象をはっきり見るためにつくられている。顕微鏡は間近にある対象を正確に見せてくれるが、遠くの対象には届かない。望遠鏡は我々の視野の範囲を広げてくれるが、微細な対象は眼に入らなくなる。通常の眼は、まさに中間的な距離にあるもののためにつくられていて、それがもっとも有用なものなのだ。確かに我々は、違った距離や違った媒体によって、物事を違ったふうに見る。けれどもその不完全さは、そう言えるとしても、経験によってほどなく正され、我々を裏切って有害な誤りに陥らせることはない。黄疸のとき対象が黄色く見えるように、眼が病気にかかると、時として我々は物を実際の姿とはちがったふうに見ることがある。けれどもこういう場合でさえ、わずかでも反省を加えてみればこの誤りは明らかになる。要するに、自分の感覚に信頼を置くということ以上に、すべての人が必然的に定められていることはない。感覚の情報は信頼されている。我々は完璧な確信をもって、その感覚に基づいた自らの生とその運を信じている。我々は自分の能力に疑いをもつことがないように構成されているのだから、感覚の信頼性に疑いを抱くことはない。

我々の感覚の信頼性がこのように我々の本性の必然性に基礎を置いており、たえざる経験によって裏付けられているのだから、誰であれ、それを疑問にするということが思い浮かぶというのは、奇異に映らざるをえない。けれども、真新しさの影響は大きい。そして大胆な才気にあふれる人が、常識をものともせず自らの新しい道を切り開こうとしたとき、その絵空事的な形而上学的観念がその人をどこまで連れていくかは予測しがたいものがある。人間の知識の原理に関する論考を著した近年の著者は、外的対象の実在性を否定することで、我々の感覚の信頼性の根本を攻撃し、それによってどこまでも頑固な懐疑論への道を開いている。(3) というのも、もしきわめて物質的な問題において感覚が我々を欺くのなら、我々の感覚にどんな信頼を置けるものだろうか。もし外的な対象の実在性への懐疑に我々が屈しようものなら、次の段階は、我々自身の心に去来するもの、観念や知覚の実在性を疑うことだろう。というのも、我々の後者についての確信は、前者についての確信より明らかだというわけではないからである。そして最後の段階は、我々自身の存在を疑うことであろう。というのも、以前の論考で、この事実についての確実性を、感覚や感じに基づくもの以外には、我々が有していないことが示されているからである。

上述の論考の著者であるバークリ博士は、神の存在に反対する唯物論者が力説している議論を回避するた

---

(3) George Berkley (1685–1753), *A Treatise Concerning the Principles of Human Knowledge* (1710; reprint, ed. Jonathan Dancy, New York: Oxford University Press, 1998).〔大槻春彦訳『人知原理論』、岩波文庫、一九五八年〕〔L. p. 158〕

めに、こんな恣意的な意見を採用するに至った、と報じられている。そうだとすれば、彼は運が悪かった。というのもこの学説は、たとえ普遍的な懐疑論に至らないとしても、少なくとも無神論を利する抜け目のない議論を提供するからである。もし私が自分自身の心に去来するものしか意識できず、外界の独立した存在について気づかせてくれる私の感覚を信頼できないとしたら、世界には私しか存在しないということになるからである。少なくとも、私は、身体であれ精神であれ、他の存在について私の感覚からは何らの証拠も得ることができない。これは不用意な譲歩である。なぜなら、それは神についての知識に達するための我々の第一の手段を奪ってしまうからである。感覚や感じを措けば、この学識豊かな神学者は、我々が先述の重要な真理を他のどんな手段によって発見したかを指摘するのは難しい作業になると認識するだろう。

もし外的な対象の実在性を確立すること以外に何も念頭にないのであれば、そうした対象の存在に反対する形而上学的な逆説を解決するのに多大な考慮を払う価値はほとんどないだろう。常識や経験のほうがうまく反駁できるからである。けれども前述の学説から帰結することは広範であり、人間の知識の最も貴重な部分の根幹に打撃を与えるように思われる。だから我々の感覚の信頼性を、それに対する反論として説かれてきた議論の誤りを見抜くことで立て直そうという企ては、思うに、一般の人々にも受け入れがたくはないかもしれない。いずれにせよ、その企ては本書にあっては必要である。本書の主目的は、外的であれ内的であれ我々の感覚が、神についての知識が我々にもたらされる第一の源泉であるということを示すことである。

件の著者は大胆にも、物質の存在、外的感覚の対象の実在性を否定している。知的存在の精神以外には何ものも実際に存在しないと主張している。要するに、すべてを観念の世界に還元しているのである。彼いわく、「家や山、川、一言でいえばあらゆる感覚できる対象が、理解する者によって知覚された存在から区別される自然的、あるいは実質的な存在を有するというのは、人々の間に奇妙にも流布している意見である」。彼はあえてこれを明白な矛盾とまで呼ぶ。そしてこうした対象の実在に対する彼の反論は、次の通りである。

> 前述の対象は、感覚によって知覚される物である。我々は自分自身の観念あるいは知覚以外には何も知覚することはできない。それゆえ、我々が人間、家、山などと呼ぶものは、観念あるいは知覚以外の何ものでもありえない[4]。

この議論は、件の著者にしかるべき敬意を払って、後ほど吟味することとしよう。とりあえず、次のことに注目しておこう。人類が、自分の観念を人々や家や山と取り違えるようなきわめて奇妙な欺瞞のもとにあるとしても、だからといってここには明白な矛盾、あるいはそもそもどんな矛盾もあるということにはならないだろう。というのも、欺瞞と矛盾とはまったく異なったことだからである。けれども彼は著作の続く部分でこの高尚な主張から落ちて、いっそう首尾一貫して、こう論じている。「堅固で、形があり、動かせる実体が精神の外に存在するとしても、しかし、これについての知に我々が到達することはできないだろう」[原注 Sect. 18.][iii]と。もし我々の感覚が事実の証言に耐えないなら、それは真実である。そして彼は付け加える[原注 Sect. 20][iv]。「仮に精神なしにはどんな物体も存在しないとすれば、我々がいま有している外的な物

（4） Berkeley, *Principles*, sec. 4, p. 104.〔大槻訳『人知原理論』、四五―四六頁〕〔L. p. 159〕

体の存在を想定するまさに同じ理由があることになるかもしれない」。我々の感覚が誤りだとすれば、それが正しいかもしれない。

博士の基本的な主張は、我々は自分自身の観念や知覚以外には何も知覚できないということである。この主張について彼は、証拠を挙げようともしていない。彼自身の精神は例外として、宇宙全体を無にしかねないほどの大胆な企てにあって、ここまで奇異で常識に矛盾する主張が、言葉通りに受け取られると期待する理由は彼にはない。我々がどんな手段で外的な対象を知覚するのかは、説明することはおろか理解することさえ容易でない、というのはそうかもしれない。しかし我々の無知は、たいていの場合、事実に反する不完全な議論をする。この調子では、彼は同様に物質世界の多くの作用を否定しにかかるかもしれない。そのことは彼も他の人々も、これまで説明してはいないのだが。同時に、外的な対象の知覚の仕方を説明するのと同じくらい、我々自身の観念、我々に加えられる印象の知覚の仕方を説明することは、おそらく難しいかもしれない。

博士はまたこの大胆な学説によって、自然の、あるいは自然の創造主の力に限界を設けることを考えるべきだった。もし人間に外的な対象を知覚する能力を授けることが全能なる神の力に属していたとすれば、神はそのようにした。どうすれば外的な対象が現にある以上に我々にはっきりと明らかになるのか、我々は概念をもつことができない。したがって博士は、外的な対象を知覚する人間の能力というのは矛盾であろうし、だから人間に賦与する特権は神の力のうちにはない、と主張したのももっともであった。彼は自分の議論をそこまで進める必要を知覚していた。しかしながら、これが理解されていないと感じた彼は矛盾のようなものを指摘しようとはしていない。そして彼がそれを矛盾だと証明できないなら、疑問は終息する。というのも、事実のみが可能だとすれば、我々の本性に受け入れ可能な、その実在性についてのまさに最高の証拠、つまり我々の感覚の証言を我々は有しているからである。

心に課せられる印象以外に心に現れるものはないということが、この学説を支持するものとして主張されてきた。そして、心は現前しているもの以外は何も意識できない、ということもそうである。この困難は容易に解決される。というのも、「心に現れるもの、心のうちに去来するものしか我々は意識できない」という命題は、それが自明であるかのように、当然とされているからである。しかし、正反対のことが明らかな事実であって、我々は心に現前していない多くのものを意識している。つまり、知覚や観念のように、心のうちにはないものを、である。印象は外的な対象によって我々に課せられるものであり、そうして外的対象そのものの直接の知覚を呼び起こす、と考えることに何の困難もない。外的感覚の作用に注意してみれば、外的対象すべてが同じような仕方で印象を与えるわけではないことがわかる。ある例では我々は印象を感じ、それを印象として意識する。他の例では、その印象をまったく意識しないまま、外的対象のみを知覚する。そして現在の主題について読者を十分に満足させるためには、いくつかの外的感覚――それによって、心は外的対象とその属性を意識するようになる――の作用を手短に通覧するだけではおそらく実りはないかもしれない。

そして最初に、外的な存在について我々に何も知らせない、嗅覚について見てみよう。ここでは働きは最も単純な類のものである。それは感官で生み出された印象以上のものではなく、それが我々に匂いを知覚させる。確かに経験と習慣は、我々をしてそれを原因たるある外的な物に帰すように導く。しかし、このつながりが経験の産物でしかないことは、以下の考察からもはっきりするだろう。新しい匂いが知覚されたとき、我々はそれをどんな原因に帰したものか、すっかり途方に暮れる。そして子どもは匂いを感じるとき、何であれ何がしかの原因に帰するようには導かれない。

触覚と味覚において、我々は感官で造られる印象だけでなく、その印象を生み出す物体も意識する。私がこのテーブルの上に手を乗せるとき、その印象は手の動きに抵抗する、硬くて滑らかな物体についてのものである。この印象において、それが間違いではないかというわずかな疑いを生むものはいささかもない。その物体はそれがある場所で作用し、もっぱら抵抗によって作用する。その感覚から、外的な存在について我々は考えられる最も完全で明晰な知覚を得るのであって、それは疑いや曖昧さ、ひいては難癖の余地がない。そしてこの知覚は同時に、我々の他の感覚が外的な存在について我々に知らせるとき、その感覚の信頼性を支えているにちがいない。

残るは視覚であって、博士が外物の実在に対して反論するとき、主として念頭に置いていると思われるものである。ここではかの著者が一度も触れてはいないものの、彼にとっておそらく重大であったかもしれない困難が生ずる。それは、どんな存在もそれがある場所以外では作用しようがなく、離れた物体は、心がその物体に作用できないのと同様に、心に作用できないということである。このことは視覚の作用において、何か媒体が必要とされることを示しているように思われ、一つの媒体はある事実によって示唆される。視覚対象の像が網膜に描かれ、それが視覚の作用を、ある点で触覚の作用と同じ土台に基づくものにする。いずれの感覚も感官で生み出される印象によって遂行されるのである。そこには実際違いがあるのであって、触覚の印象は感じられるのに対して、視覚の印象は感じられない。我々はいかなる印象に気づくこともなく、ただその印象を生み出す対象そのものに気づくのである。

そしてここでは興味深い事情が視野にのぼってくる。おそらく印象は網膜に描かれた像によって心に生み出されるのであり、それによって外的な対象は知覚される。けれども自然はあらゆる曖昧さを除き、対象そのものの、ひとえに対象だけの判明な知覚を我々に与えるために、この印象を隠蔽している。触覚や味覚において、感官で生み出された印象は何の混乱も曖昧さももたらすこともなく、印象を生み出す物体はそれが実際にある場所で作用しているものとして知覚される。しかし視覚対象の印象が、視覚器官である網膜に生み出されたものとして知覚されるのであれば、あらゆる対象が目の中にあるもののように見えるにちがいない。自然主義者たちの間では、外在性、あるいは距離がそもそも視覚によって発見しうるものなのか、その見かけが経験の結果でないのか疑われている。けれども、物体とその作用がきわめて緊密にその場で結びついているので、もし網膜の感官の印象に我々が気づいたのなら、心は物体もそこに位置づけようとする恒常的な傾向をもったはずである。それは視覚の作用においてきわめて錯綜した状況になるだろう。感じることと経験が絶えず対立することになるからである。それはこの高貴な感覚によって我々が享受するあらゆる喜びを損じるのに十分である。

人間のような近視眼的な生きものにあっては、それがどのように引き起こされるかを我々が説明できないということは、どんな十分に確証された事実を否定するにも、この世で最もまずい理由だろう。我々は光線の介在がどのようにして周囲の事物に対する展望を我々に開くのか説明できない。だが、そのために事実を疑うふりをするのは、非常な傲慢というものである。というのも実際には、自然には我々が説明できるもの以外には何もない、と主張しているのだからである。

光線の介在によって離れた対象が知覚されるというのは、何の矛盾も無理もない。そしてそう主張されないかぎりは、我々にはこの知覚の証拠を疑問にする理由はない。そして結局、視覚の働きのこの特定の段階は、誰一人として疑いを抱かない他の段階に比べて、考えることも説明することもより難しいわけではない。外的な物体の像がどのように網膜に描かれるのかを説明することは、おそらく容易ではない。その像がどのように心に伝達されるかは、誰も説明できない。それでは、最後の段階すなわち外的対象の知覚について、前の二つ以上にためらうべきであろうか。どの段階も、等しく例外のない証拠によって支えられているのだから。視覚の働き全体は人間の知識をはるかに超えている。けれどもそれは磁気や電気、その他あまたの自然現象以上ではない。我々がその原因を知らないからといって、それが後者以上に、前者に欺瞞ではないかという疑いを抱かせることにはならないはずである。

外的な対象についての我々の知覚が真理にかなっているのか、それともたんなる幻想なのかということは、推論だけではどちらか確かめられない問いである。しかしそれは、我々の感覚の信頼性についていささかの疑いも容れない、もっと高度な証拠、つまり直観的な確信によって確かめられる。明らかに、外的な対象の実在を想定するなら、我々は実際以上に生き生きとした、説得的なしかたで対象が我々に示されるような概念を形成することはできない。それではどうして、人間本性が受け入れられるようなよい証拠を我々が有している事柄を疑うのだろうか。けれども、我々はそれを思索においてしか疑うことはできないし、できても瞬間のことである。我々は外的な対象の実在性についてどこまでも確信を抱いている。それは最高度の確かさに至っており、我々は欺かれないという最大級の安心感をもって、それにしたがって行為する。また我々は実際に欺かれない。この事柄を吟味にかけると、どんな実験も我々の知覚に応答し、我々の信念をますます固く裏付ける。

本論考を閉じるにあたって、我々の感覚の証拠と、人間の証言の証拠を比較してみよう。一部の人たちが信頼性に欠けるからといってどんな人間の証言も信用すべきでないというのは、きわめて説得力のない議論である。そうした実例が及ぼす、あるいは及ぼすべき効果というのは、我々の信じようとする傾向を修正し、状況を吟味するまで信じるのを保留する習慣をつける、ということだけである。我々の感覚の証拠は疑いもなく、人間の証言の証拠をはるかに超えている。そして何度も欺かれた実例のあとで後者を信頼するのであれば、同じくらい多く欺かれた実例があるとしても――実際はそうではないが――、前者に信頼を置くだけの理由がある。人々が健全な心身の状態にあるなら、感覚によって誤りに至ることはめったにない。

注

（i）Locke, *Essay*, II.xxiii. 4, p. 297.〔大槻訳『人間知性論』、二、二四六頁〕〔L. p. 152〕

（ii）そのままの引用ではなく、二次性質についてのロックの定義をケイムズがパラフレーズしたものである。ロックによる二次性質は「対象そのもののうちにあるものではなく、その一次性質、つまり大きさや形状、きめ、感覚できない部分の動きによって、私たちのうちにさまざまな感覚を生み出す力であって、色、音、味などである」（*Essay*, II.viii.10, p. 142).〔大槻訳『人間知性論』、一、一八八頁〕〔L. p.

155〕

（iii） Berkeley, *Principles*, p. 109.〔大槻訳『人知原理論』、五五—五六頁〕〔L. p. 160〕

（iv） Ibid.〔大槻訳『人知原理論』、五七—五八頁〕〔L. p. 160〕

第三論考　視覚についてのさまざまな理論(1)

視覚は人間に属するすべての感覚のうちで、最も単純で判明なものの一つである。しかし多くの哲学者たちのせいで実に込み入ったものにされ、そのために普通の人々までそれについて自信が持てず、信頼しないように誘われている。本論考の意図はこうした哲学者たちの誤りを指摘し、視覚に、信頼性に関して人間本性のうちでそれが正当に有している権威を回復することである。さらに展望を広げて、人間の知識の領域を超えた事柄に挑もうとすることに関して著述家たちに警戒させるようにしたい。それについては、視覚の理論というこの限られた主題においても、私はいくつか屈辱的な例を示す機会をもとう。**頂が天に達する塔を建てようと**したシンアルの住人たち(2)の行った企てに比べても、それは弁解の余地が乏しい。穏健であることが、行動だけでなく、推論においても人間にはふさわしい。人間は万物の霊長ではあるけれども、身体のみならず精神においても力は限られている。この限界を人間が踏み越えようとしたら、行為も思考も無駄に終わり、行き着く先は失望と恥辱しかない。

心身がどう結びついているか、どのように相互作用するかは我々には隠されているし、永久に隠されたま

---

(1)　第三版に初出。

(2)　シンアルはバビロニアの一地域（今日のイラク南部にあたる）で、バベルの塔が建てられた（『創世記』一一：一―九）。〔L. p. 165〕

までであろう。心が物質に、物質が心にどのように作用を及ぼすかについて、我々はいささかも推測することはできない。しかし著述家たちはその謎について、人間の創造にあたって全能なる神との協議に加わることが許されたかのように、馴れ馴れしく語っている〔原注　*Quam bellum est velle confiteri potius nescire quod nescias, quam ista effutientem nauseare, atque ipsum displicere.* I Cic. de Natur. Deor. l. I.「そして私にこう言いなさい。私たちはまた神々が私たちの帰した名前を有しているものと考えてよいものだろうか(i)」〕。

その主題について書かれた奇異でまとまりのない資料を集めると大量になる。注釈者たちによって採用されているさまざまな視覚の理論のなかには、私がとんでもなく間違っているのでなければ、バベルの塔を築こうとする多くの向こう見ずな企てが見られよう。これらについては、私としては本論考に関係のあることだけに限定する。

その主題について書いてきた人たちがみな陥っている一つの主要な誤りは、物質に固有の原理を心に適用しようとすることである。ある物体は離れた他の物体には作用できず、また接触しているものによってしか作用を受けない、ということは物質には正しく言える。物質について我々が形成する観念にはことごとく、縦、横、高さの拡がりが入っている。そしてそのように拡がりのあるものはすべて、我々の概念では物質である。したがって、もし心あるいは精神が物質と異なるのであれば、誰もが認めるだろうが、心あるいは精神は、拡がりをもっているはずがなく、それゆえ空間を占めることも、場所との何らかの関係を持つこともありえない。

さて、位置ということが前述の原理には含意されているのだから、位置を持たない心にその原理をあててはめる根拠はありえない。心身の相互作用は、物質の相互作用を支配するのとはまったく異なる法則によって支配されているにちがいない。そうした法則は人間の知識の限界を超えており、それを探ろうとする企ては挫折に終わり、ばかげたものになるにちがいない。けれども、著述家たちは不用意に前述の物質に固有の原理を心にあてはめることで、形而上学的駄弁の迷宮に迷い込んでいる。脳が魂のなかに位置を占めるとか、幻影や像が神経を伝って脳に運ばれて、そこで魂に触れて、魂に印象を生み出す、などなどである。

まずアリストテレスによる視覚の説明から始めよう。心身が離れては作用しあえないことを自明視しているので、彼はあらゆる外界の対象について、見ている者の心には幻像あるいは形相がある、と考えるにいたった。蝋に対する印章の刻印のように、素材なき対象の形を有している、というのである。そしてそれらによって、外的な対象は見えるようになる。(3) 彼の追随者たちが付け加えるのは、こうした幻像や形相は、外的な対象から送られて、受動的知性に対する印象を生み出すが、それは能動的知性によって知覚されるということである。視覚についてのこの説明は、エピクロスの説明と変わるところがない。エピクロスによる

(3) 以下を参照。Aristotle, *On the Soul*, trans. J. A. Smith, *The Complete Works of Aristotle*, ed. Jonathan Barnes (Princeton: Princeton University Press, 1984), 2. 7. 〔L. p. 167〕

(4) ルクレティウスが自著 ***De rerum natura***（『事物の本性について』）で述べたように、エピクロス（紀元前三四一―二七〇）は視覚の原子論的な説を唱えた。その説によると、対象は微細な粒子（*eidola*）を発し、それがもとの物体の形を保持し、それが眼に入って視覚を引き起こすという。〔L. p. 167〕

と、外的な対象は、たえずあらゆる方向に、それ自身の微細な虚像あるいは薄片を送り出し、それが心に触れると知覚の媒体になる、という(4)。

こうした哲学者たちが薄片や幻像の代わりに、対象から観察者の眼に伝わる光線というものに行き着いていれば、真理に近づいていただろう。しかし彼らは暗中模索していて、網膜の像については何も知らなかったのだから、弁解の余地も十分にあるかもしれない。しかし彼らが最初の段階で少し立ち止まったことは、そう容易に弁解できるものではないはずだ。彼らは、こうした薄片や幻像が、心は意識していないのに、それでも離れた対象を見る媒体になるのはどうしてかを説明することによってしか、満足を与えることは期待できなかった。ポーターフィールド博士はこの欠陥を埋めようとしている唯一の著述家である。彼によると、

見るにあたって心はある法則に服している。その法則により、心は自らの感覚作用を感覚中枢から網膜まで、そこから垂線に沿って対象そのものまでさかのぼる。したがって心が知覚するものは外的対象であって、心のうちにはない、と結論を下す。(ii)［原注 Medical Essays, vol. 3, p. 228］

脳あるいは感覚中枢に位置を有する感覚作用について、また想像上の垂線をたどってさかのぼることについて、人はどう思うだろうか。こうした言葉に何らかの意味があるのだろうか。

ここで、アリストテレスもエピクロスも外的な対象そのものを見ていることについて、いささかの疑いも抱いていないことが見てとれよう。彼らはこうした対象が、離れていながらも、どのようにして知覚されるのかを説明するふりをしているだけなのだ。デカルトはいっそう厳格に離れた対象が我々に作用しえないと

いう原則にこだわり、そうした対象の知覚を我々が持っていることを否定して、我々が知覚する対象は外的なものではなく、心の内なる像あるいは観念であると主張している。その前提から彼は、外的な対象の存在は推論の過程、そのイメージや観念から推定する以外には我々には知りえない、と結論している(5)。ロックはこの説を受け入れて主張する。

我々は何であれ、心の内にその観念や像を抱くことによってしか知覚することも、思い出すことも、想像することもできない。我々が意識しているのは観念や像であって、それ以外の何ものでもない。したがって、我々は外的な事物について、観念や像についての推論から得られるもののほかは、何の知識も有することができない(6)。

それゆえに彼は一章まるまる割いて、推論によって外的な対象の存在を明らかにしようとしている。ポー

（5）デカルトは、感覚は私たちに物質世界に関する有益な情報をもたらしてはくれるものの、物の本性については信頼できる知識を与えてはくれない、と主張した。〔L. p. 168〕

（6）そのままの引用ではなく、ロックの以下の議論のケイムズによるパラフレーズである。それによると、感覚は魂に「考えるもとになる観念」を供給する。ロックの述べるところでは、そうした観念を複合し、自身の働きについて反省する」ことによって、「魂は想起、想像、推論その他の思考の働きについて、その能力だけでなく蓄えを増す」（*Essay*, II.i.20, p. 116〔ロック、大槻春彦訳『人間知性論』岩波文庫、一、一九七二年、一五三頁〕）。〔L. p. 168〕

ターフィールド博士はこの説にこだわって、非常に強い言い方で自説を表現している。

身体が心に、心が身体にどのように作用するのか、私は知らない。けれどもこれだけは私は強く確信している。何ものも、それが位置していない場所で作用することも、作用を受けることもありえない、ということである。したがって、我々の心はそれ自身の固有の様態、および心が現れる**感覚中枢**のさまざまな状態と条件のほかは決して知覚できない。私が太陽や月を見るとき、こうした天体は、私の心からはるか遠くにあるのだから、しかるべきものの言い方で、私の心に作用を及ぼしうるということは不可能である。物がその場にないところで作用しうると想像することは、物がそれがない場所に位置することができると想像することと同じくらい理に合わないことである。こうした天体は実際に光を放っていて、その光が**網膜**に降り注いで、**感覚中枢**にある興奮を引き起こす。この興奮だけが何がしかの仕方で心に作用しうるものである。だから我々の心が知覚するのは天にある太陽や月ではなく、**感覚中枢**に刻まれるその像、表象でしかない。魂がこうした像をどのように見るのか、**感覚中枢**のそうした興奮からくる観念をどのように受け止めるのか、私は知らない。けれども魂は、その場にない外的な物体そのものを決して知覚できないことは確かだと思う。［原注 Medical Essays, vol. 3, p. 220］

この理論について、二つの個別的な点で我々の感覚の証言と矛盾することは見逃せない。まず、我々が外的な対象を見ていることを否定することであり、次に、誰も知覚したことのない、心の内なる像を我々が知覚していると認めていることである。さらに、こうした点が正しいとしても、この視覚の説明は悲しいほど不完全なままであることが見てとれよう。我々は**網膜**上の像を認めるが、こうした像がどのように脳に伝えられるのか、誰一人として正しく述べることはできない。次に、伝えられるとしても、それがどのように心のうちに知覚を引き起こすのか誰も説明できない。そして、その知覚を受け入れるとしても、それは当然、像についてのものであるはずである。しかし、こうした像について、我々はいささかの意識も持っていないのである。

けれども、こうした見解を翻すと、この理論と直接に矛盾する確固たる事実に基づいた議論が生じてくる。最後に述べた三人の哲学者は、外的な対象は我々の視覚から隠されているので、外的対象についての我々の信念は、推論の過程に基づいているにちがいないと主張する点では足並みを揃えている。彼らの推論は、順次述べていくが、二人の鋭敏なる哲学者、バークリとヒュームによって不十分であることが明らかにされてきた。けれども、そうした推論が確固たるものだとしても、どうして意見が非常に多様にならなければならないのだろうか。深い推論ができないのは誰であろうか。彼らは外的な対象についてまったく無知なままでいるにちがいない。しかし、万人の証言するところは、正反対のことを裏づけしている。お気に入りの持論のために自らの感覚の証拠を放棄するこうした哲学者たちだけが例外なのである。子どもでさえも、最も鋭敏な思索家たちに劣らず生き生きと、外的な対象についての確信を有している。実際、視覚の対象はあまりにはっきりと知覚されるので、我々の本性の創造者は、それらをもっと明晰にすることができたはずだとか、それらについてもっと満足な確信を我々に与えることができたのではないかと考えることさえできないのである。これがどのように果たされるかは、人間の知識の及ぶところではない。だから我々はそれがどのように果たされるか言おうとするつもりはない。それが果たされている、と言うまでである。

物質のみに妥当する原理を心にもあてはめるという同じ誤りに惑わされて、バークリとヒュームという二人の哲学者は、いっそう野放図な理論を我々に提供している。前者は、心と物質が離れて作用しあえないことを自明視し、デカルトとロックが物質の存在について主張した議論の不十分さを見てとって、臆面もなくその存在を否定するまでした。後者は、物質の存在を否定するバークリの根拠が同じく心の存在にも決定的に反するということを見てとって、実に大胆にも両方とも捨ててしまった。そして幻像や観念以外には何も救い出さず、それらはどんな主体や基体に根差すこともなしに、虚空を漂っているだけである。それは他のどんな著述家の想像に入ってきたものにもまして、常識からかけ離れた理不尽さである。

我々は離れた対象を見ることができないという想定に、多くの哲学者たちを悩ませてきた、外的な対象は二つの眼でみて一つだけに見えるのはいかにしてか、という困難が付け加わる。外的対象が我々には見えず、網膜の表象像しか我々は知覚しないとすれば、この二つの像によって喚起された二つの知覚があらゆる外的対象に二つに見える外観を与える、というのは大いにありそうに思われる。ガッサンディとポルタは、両目が開いていても我々は一度には片目でしか見ない、という明らかな事実に反することを言う以外に、その困難の解決を想像できなかった(7)。

偉大なるニュートンはこの二つの像から生じる困難を察していて、次のように述べて困難を取り除こうと努めている。

両眼で見られた対象の像が、視神経が脳に入る前に出会うところで結合する。両方の神経の右側にある繊維がそこで結合し、結合したあとでそこから頭の右側にある神経で脳に入る。両方の神経の左側にある繊維も同じ場所で結合し、結合した後で頭の左側にある神経で脳に入る。この二つの神経は、繊維が単一の形象、像を結ぶようなしかたで脳のうちで出会う。感覚中枢の右半分は両方の視神経の右側を経て神経が出会う場所に達し、そこから頭の右側を経て脳に入る。感覚中枢の左半分も同様の方法で両眼の左側から入ってくる。そういうことではないだろうか。というのも、両眼で同じ方向を見るような動物（人間、犬、羊、牛など）の視神経は脳に入る前に出会っているからである。けれども両眼が同じ方向を見ないような動物（魚やカメレオンのような）の視神経は、私のもつ情報が正しければ、出会うことはない。〔原注　彼の光学に対する一五番目の質疑[iii]〕

その困難は単一の知覚を生み出すために二つの像を脳の中で一体化することによって解決が試みられた。けれども、これが事実なのか、それとも、ありうることでさえあるのかどうかは、我々の知りうるところでは

（7）　ピエール・ガッサンディ（一五九二―一六五五）はフランスのカトリック司祭、哲学者、天文学者、数学者であり、エピクロスとキリスト教を調和させようとする企て（*Syntagma Philosophicum*, 1658）や、天文学の実験（はじめて水星の子午線通過を観測した）で最もよく知られている。ジャンバティスタ・デラ・ポルタ（一五三五―一六一五）は魔術と光学の両方に関心を寄せたイタリアの自然哲学者であり、自らの暗箱を用いた実験を *Magia Naturalis*（1558; English trans., *Natural Magick*, 1658）で記述し、両眼視を *De refractione, optics parte*（『屈折、分光について』、一五九三年刊行）で考察した。〔L. p. 170〕

ない。我々が事実だと知っている一つのことは、外的な対象は、視神経がたまたま一つになっていないところでも、一つに見えるということである。ヴェサリウスによって報告された一つの事例では、視神経は合流していなかった。けれども、この人の親友は生前、視覚の欠陥や、対象が自分には二重に見えることについて、何の不満もないと告げている。

けれども私が第一にここで述べたいことは、アイザック卿は、網膜の像が視神経を伝って運ばれ脳で結合されると言うとき、人間の知識の限界を踏み越えている、ということである。仮説は好みのままに捨てられるかもしれない。けれども証明したり反駁したりするデータを我々が持たない、我々の知を超えた物事についての仮説であれば、空中楼閣と何ら変わりはない。この世に存在した最も偉大な哲学者がこのような非難を受けるとすれば、他のすべての人には最もまじめな訓戒になるはずだ。この仮説はもっともらしく見えさえしない、と私がさらに述べても読者は許されるであろう。場所から場所へと運ばれるキャンバスに描かれた絵を私は十分に思い描くことができる。けれどもキャンバスから絵を引き離す以上に、網膜から絵がどのように引き離されるのかは、あるいはその引き離された状態で、全部であれ半分に分かれてであれ、それがどのように脳に運ばれるかは私の思念の及ぶところではない。

けれども像が脳内で形成されるとしても、それは網膜内の像とは違うにちがいない。そしてこれがどのように生じるかは言えないし、この新しい像がどのように外的な対象の知覚を引き起こしうるのかも同様である。ここで我々はまったくの闇の中に留め置かれ、そこでは光がもっとも必要とされるのである。網膜内の像が視覚に寄与するかどうかは、疑いの余地さえあるかもしれない。その像の存在は決して証拠にならない。というのも、それは暗箱に作用するのとまさしく同じように、目に作用する光線によって必然的に生み出されるものだからである。この非難はあまりに酷だと思われるかもしれない。だが真理と現実がかかわるところでは、どんな意見に――ニュートンのような人の意見にさえ――偏することも、容認されるべきではない［原注　人知の限界を超えた推測の学説枠組は哲学者たちの間では稀どころではない。アラビアの哲学者・アヴィセンナから、次の際立った実例をとりあげてみよう。彼の意見は人間は父も母もなしに、大地から次の方法で形づくられるかもしれない、というものだった。

温冷乾湿という四つの性質の混合によって一片の物質が発酵状態になると、泡が生じ、そのただなかに霊妙で気体的な実質に満ちた泡が存する。そのなかに、神の指令によって霊が注ぎ込まれる。この泡に対して別の泡が生じ、薄い膜によって三つの受容体に分けられ、気体的な実質で満たされる。これらのうちに、統御する精神に服する特定の能力が置かれ、その精神にすべてのものを伝達する任を担う。最初に述べた泡がその炎熱によって火のような円錐形に形作られる。それによって周囲の密度の高い物体が同じ形をとり、厚い膜で覆われた固体の肉となり、それが私たちが心臓と呼ぶものである。多大な熱から出た湿気を含む大量の余剰物について考えてみると、一部はその余剰物を供給するように形作られる。この精神が自身に好都合なものと有害なもの双方への感覚を賦与され、前者を引き寄せ後者を退けるようになる。こうした働きのために二つの部分、すなわち脳と肝臓が形作られる。前者は感覚にかかわるすべてのことを、後者は栄養にかかわるすべてのことをつかさどる。

これは、かのアラビアの医師によって想像された、大いに未消化の素材のあらましである（iv）］。

ブリッグズ博士はニュートン卿とともに、脳内の二つの別の像が外的な対象を二重に見えるようにさせるはずだということを当然として、二つを次のような仕方で一体化させようと努めている。

網膜の結合点から視床下部に通っている視神経の繊維が、同じ長さ、同じ緊張、同じ状態をもっているなら、同じ調子をもっているはずであり、それゆえに光線の印象によって引き起こされる振動も、音楽の斉唱と同様に、心に一つの像を示すだろう。けれども、結合しない網膜の部分から通る繊維が、違った緊張と調子をもっているなら、和合しない振動を有し、心に違った像を示すにちがいない(8)。

聴覚の対象から視覚の対象への推論は決して妥当ではない。というのも、異なった感覚の対象の間には、何がしかの種類の比較の根拠になる類似性がまったくないからである。私にすぐに考えられるのは、同じ調子をもった繊維がよく似た音を、お望みなら同じ音を生み出すはずだということである。また違った調子をもった繊維が違った音を生み出すはずだということもそうである。しかし、調子が同じであれ違うのであれ、繊維が像を生み出すなど、私にはまったく考えられない。そこには、意味のない言葉を聞く以外の、何があるだろうか。博士による比較が、彼の説を支えるどころか覆すものだと付け加える必要もほとんどない。二つの音は調和していても不調和でも、違ったものとして知覚される。斉唱のなかの二つの音でも例外ではない。というのは、斉唱は和音を生むのであって、単一の音のなかにはいかなる和音もないからである。

ポーターフィールド博士は視覚について才気のある論考を著していて、そこでこの主題がきわめて長々と論じられている。(9) 彼はアイザック卿ともブリッグズ博士とも違っている。というのも、視神経繊維にそって脳へ伝えられる運動によって網膜上の二つの像が生み出され、心のうちに二つの知覚を生み出すこと、また心はこの知覚を感覚中枢から網膜へ、そしてさらに知覚対象へと逆にたどることを、彼は認めているからである。ここでは二つの知覚は、最終段階に至るまでの全過程を通して、別々のままである。そして彼は対象が二つでなく一つに見える理由を次のように述べている。「我々の本性の本来の法則によって、我々は見える対象をその本当の場所に知覚する。したがって、同時に本当の場所においてそれぞれの目で見られた対象は、一つに見えるに違いない」。

ここで、我々は外的な対象を見ていて、しかもそれを両目で同じ場所で見ていることが当然とされている。無意識のうちに、それは認められているにちがいない。というのも、外的な対象が想像のなか以外では見えないと彼がずっと説いてきたことに、明らかに矛盾するからである。博士には、単一の視覚を自分自身の説に基づいて説明する責任があった。しかし彼はそれを反対の説にもとづいて説明している。二つの物体

(8) ウィリアム・ブリッグズ（一六四二—一七〇四）は視神経乳頭（「盲点」としても知られている）の発見者であり、以下の作品の著者でもある。*Opthalmographia*（Cambridge, 1676; London, 1685）, *Nova visionis theoria*（1685）.〔L. p. 173〕

(9) William Porterfield, *A treatise on the eye, the manner and phaenomena of vision*, 2 vols.（London: A. Miller, and Edinburgh: G. Hamilton and J. Balfour, 1759）.〔L. p. 173〕

が、同じ時に同じ場所を占めることができないのは事実である。だが想像のなかでは二つの物体は同じ場所を占めるかもしれず、物体が一万個以上あっても同様である。博士が仮に自説に、つまり我々は心のうちなる観念や像からの推論によってしか外的対象については知らない、という彼自身の理論に固執していたとしたら、あらゆる議論は彼をして、アイザック卿やブリッグズ博士と同じ結論を下すように導いたにちがいない。網膜内の二つの像は二重の外的対象という見かけをもたらすはずだ、ということである。これはおのずと博士の理論に対する反論になっている。なぜなら実際には目が健常な状態にあるときには、対象が決して二重に見えることはないからである。

しかし、外的対象の像ではなく、外的対象そのものを見ることから何が帰結するかを検討してみれば、さらに納得のいく反論を提供することになるだろう。その入り口として、二つの器官をもった他の外的感覚についての説明を前提として述べよう。私は一つの球体に両手を乗せる。印象はそれぞれの手に、いや、それぞれの指に生じ、その印象のことごとくが心によって感じられるにちがいない。ここには場所の一致はないものの、対象が二重に感じられたりはしない。聴覚において、それぞれの耳の鼓膜に印象が生じるため、心に音の二つの知覚を呼び起こすと人は自然に考えるだろう。しかし実際には、我々は一つの音しか聞かない。二つの鼻孔から吸い込まれる臭気についても、結果は似通っている。ここには、同じ対象の出現が増殖するのを防ぐ、何かの原因があるにちがいない。

アイザック・ニュートン卿とブリッグズ博士は視覚については、二つの像を一つに結合し、単一の知覚だけを生み出すことによってこの困難を説明する。他の感覚については、我々は暗闇に取り残されたままである。というのも、その感覚のどれにも、この説明があてはまるとは言われていないからである。スミス博士〔不詳〕は自らの光学で、単一の知覚をもっぱら習慣に帰している。実際それは、子どもの頃には我々は二重に見、二重に聞き、二重に感じ、二重に嗅ぐ、と主張しているわけだ。この解決は私には容認できない。もし我々が二重の知覚を持って生まれてくるなら、その知覚は習慣によって変化をうけるのではなく、強められるだろう。けれども、おそらく博士の言いたいことは、やがて同じ対象を二重に知覚することは誤りだということが発見されて、我々はその誤りを正し、対象をただ実際にあるがままに、単一のものとしてのみ知覚することを学習する、ということだ。知覚と反省の間に想定されるこの対立、後者の得る完全な勝利というのは、歳月をかけた成熟の成果に違いない。そうであれば、回想に上らないはずがないだろう。しかし、誰一人として自分がそんな記憶をもっているとはいえないのだから、そんな対立はそもそも存在したためしがない、という証拠である。

この主題について書いた人たちは、二つの知覚は必然的に外的な対象を二重に見せる、ということを当然と見なしている。また彼らがそう見なす理由があるのは、外的な対象はその観念や像としてしか知覚されないと想定しているからである。アイザック・ニュートン卿は目の二つの像を脳内の単一の像に還元しようと努めており、したがって単一の知覚を生み出すとしている。ブリッグズ博士は違った方法で同じことを試みている。ポーターフィールド博士は二つの知覚を認めるものの、実際には、対象が両目で同じ場所に見られるとき、二つを一つに還元している。

けれども、外的な対象そのものは知覚されている、という現実の事実を前提にするなら、疑問は、どうして二つの知覚が必然的に二つの対象の外観を生み出すのか、ということである。この疑問に注目してみよう。もし外的な対象が推論の連鎖によってしか知りえないのなら、二重の知覚からくる結論は当然、外的な対象は二重に見えるだろう、ということだ。しかし、外的な対象が知覚され、おそらくは知られる場合は、事情は大きく異なっている。私の小犬は私の名が彫られた首輪をしている。長らく私の友であり、私が他の犬と間違えることはありえない。片方の目で見ても、その生きものが私にはわかる。もう片方の目で見ても同じだ。同じ対象を違ったときに見ていること以外、ここには何があるだろうか。いま一度に両目でその犬を見ても、やはり同じ犬だ。二つの知覚は実際は異なっているが、やがて一致する。けれども、その犬を前の犬だと見ること以外、この一致の結果は他のどんなものでありうるだろうか。私は犬に目を向け、その犬に両手を乗せ、同時にその吠え声を聞く。この実験において、私の知覚は多種多様だ。しかしそれらは同じ対象の違った知覚なのだから、それらの知覚には複数に見える外観をその対象に与える傾向はない。

なるほど、我々の目が一つの対象を二つの目で見ても一つに見える代わりに、一つの目で見ても二重に見えるようにつくられているのかもしれないと、我々は視覚について認識すべきであるかもしれない。けれどもこれは錯覚であろうし、我々の本性の造物主のせいにすることはできない。造物主は我々に対象をあるがままに知覚する視覚を賦与された。実に見事に錯覚を防がれたので、欠陥のある目で対象が二重に見えるときには、その誤りを見抜く手段が提供されている。五感のうち、四つの感覚は二つの器官をもっているので、一つが役に立たなくなっても、その役割はもう一つが補うであろう。こうした器官は実際、二つの知覚を生み出す。けれども、同じ対象の二重の知覚であるから、対象を二重に見せるような効果は持ちえない。

繰り返し、連続して知覚される対象がどうして一つに見えるのかを説明する必要があるとは誰も思わない。同時的な知覚も同じだとはどうして言えないのだろうか。聴覚、嗅覚、触覚において、対象は二重に現れることは決してない。

視覚ではどうして二重に現れるのだろうか。外的な対象そのものはそれぞれの目で別々に見られることを自明とする、ポーターフィールド博士の単一の視覚についての説明に私は満足しない。というのも、二つの見かけ上の対象が同じ場所にあるときには混ぜ合わされるにちがいないけれども、とはいうものの、二つの対象という印象や確信は、なお残るはずだからである。けれども、この通りだとしても、それぞれの目が別々の対象を見るということを認めている点で、博士は疑いなく間違っている。両目がただ一つの対象しか見ないということは、次のことからも明らかである。すなわち、外的な対象は片目で次々に見ようと、両目で同時に見ようと、二重に見えることはない、ということである。そして対象は一つに見えるのだから、二つの対象を混ぜ合わせるという彼の解決策は妥当ではない。

この論考で単一の視覚について加えた説明が強固なものであることは、二重の器官をもった他の感覚のどれにも等しくあてはまるのだから、疑いの余地がありえない。その一方で博士の説明は視覚にしかあてはまらない。要するに、視覚という知覚から外的対象の実在に強固な確信を抱くように、我々は造られているのである。そして同じ構造によって、一つの器官からでも一対の器官からでも、対象の同一性について我々は強固な確信を抱く。我々に物をあるがままに知覚させることが、全能なる神の手に余るとでもいうのだろうか。実際には、神はそうなさっている。そして我々の両目でみるとき、対象は二重に見えることはない、ということ以上に、適切な証拠は必要だろうか。そういうわけで、多くの賢明なる哲学者を悩ませてきた困難は、まったく何の困難でもないことがわかる。

哲学者たちは視覚を説明するために、最大限の力を傾けるかもしれない。けれども、すべては徒労である。というのも、それは人間の知識の限界を越えているからである。他の感覚を説明するうえでも、それに劣らず悩ましい困難がある。音、匂い、味は、それを生み出す原因とはいささかの関係も持っていない。このことは直前の論考で述べた。ここでは好奇心にあふれた、人間の知識の限界を踏み越えようとする探究者たちにはさらなる仕事がある。こうしたことを私が説明するつもりはない。ただ、私に与えられたごく乏しい知識に謙虚に満足している、というだけである。というのも、普遍的な知識は人間には与えられていないからだ。

ここまで見てきたことを繰り返して、結論としよう。心身のつながり、両者がどのように作用しあうかは我々から隠されており、永久に隠されたままであろうということだ。我々の感覚は我々の行為の導きになるだけでなく、多様な楽しみの手段でもある。その有益な効力は誰もが知るところだ。けれども、どんな手段でこの効果が生み出されるかは、誰の知るところでもない。だがそれが我々の感覚の働きに支障をきたすわけではないのだから、我々は自分の無知に悩まされることはない。我々は経験から、視覚においては外的対象の表象は二つの目の網膜に描き出されることを知っている。けれども、どのようにしてこうした像が視覚に寄与するのか、あるいはそもそも寄与するのかどうか、我々は知らない。一つだけ確かなことがあって、我々の知覚は像ではなく、対象そのものの知覚だということだ。

そして結局、何ゆえにこうした偉大な哲学者たちは視覚の説明にあたって、身体に対する心の他の作用を説明するときにもまして大胆になったのだろうか。血液の循環が物質の何らかの力から説明できると主張されることはない。歩行とか、呼吸とか、楽器のうえで手を動かすとかいったこともほぼ同様である。こうした例でも、言及可能な他の多くの例でも、魂が第一動因である。そして著述家たちは身体がどのように心に動かされるのかをあえて述べない。ではどうして、視覚についてはこうも手の込んだ、わかりにくい理論が出てくるのだろうか。外的な対象をあるがままに見ることは、今述べたことのいずれにも劣らず、単純な働きなのである。

注

（i） Cicero, *On the Nature of the Gods*（De Natura Deorum）, trans. P. G. Walsh（Oxford: Clarendon Press, 1997）, 1.84, p. 32.〔L. p. 166〕

（ii） William Porterfield, "An essay concerning the motions of our eyes. Part 1. Of their external motions"（1737）in *Medical Essays and Observations, Published by a Society in Edinburgh*, 5 vols., 5th ed.（London and Edinburgh, 1771）. この論集はケイムズとポーターフィールドがともに所属していたエディンバラ哲学会によって刊行された。ウィリアム・ポーターフィールド（一六九五―一七七一）はエディンバラ大学医学教授で、感覚についての第一の権威であり、*A Treatise on the Eye*（1759）の著者であった。〔L. p. 167〕

（iii） Sir Issac Newton（1642–1727）, *Optics: Or, a Treatise of the Reflexions, Refractions, Inflexions and Colours of Light*（London, 1704）, pp. 320–1.〔L. p. 171〕〔島尾永康訳『光学』岩波文庫、一九八三年、三〇八ページ〕

（iv） 医師にして哲学者のアヴィセンナことイブン・

シーナー（九八〇—一〇三七）は中世イスラム哲学の中心人物であって、その影響は西欧、もっとも目立ったところではトマス・アクィナスに及んだ。トマスはアヴィセンナの *al-Shifa*（「魂について」）に広範な注釈を加えている。〔L. p. 172〕

第四論考　物質と精神(1)

長さ、幅、厚さに拡がりをもったものは何であれ、物質と名づけられる。だから、あらゆる物質粒子の本質的な特性として、空間を占め、他のあらゆる粒子をその空間から排除するということがある。精神については、物質と対立しているという以外に我々には観念がないので、精神と非物質的な実体は、同義語として通っている。したがって延長、長さ、幅、厚さといった性質は、精神に帰すことはできない。物質であれ精神であれ、他の存在が同じ空間を占めることを排除しなければならないということも、我々の精神の概念には入ってこない。

我々が物質について形づくることができるどんな観念からも、物質が必然的に受動的だとか惰性的だと考える理由はない。我々が知るかぎり、その性質のいずれも、物質が運動力を付与されているということと矛盾するわけではない。物質がさまざまな力を有しているということには、我々は期待できる最良の証拠がある。すなわち経験である。重力はあらゆる物質粒子に内在するある力である。慣性力とか固有の力もそうである。磁気、電気、弾性、非常にさまざまな選択的引力は、ある種の物質のみに属する。有機体にまでのぼると、物質の力はさらに増加する。最も低級な植物でも、生命にはどれほど多くの力が必要なことだろう

(1)　この論考は第三版の増補。

か！　動物にまで進めば、生命や感覚、自発的な運動だけでなく、思考する力や、さらに高等な動物では、反省する力まで見出せる。多くの野獣は知恵と推論の明らかなしるしを示している。

したがってロック氏はウースター主教に答えて、「全能なる存在はある感覚のある被造物の組織に対して、何らかの程度の感覚、知覚、思考を与えることができる」(2)と主張している。彼はまず、我々のもつ物質についての概念と、思考力との間に何ら矛盾がないこと、次に、実際に神は多くの動物に思考する力を授けていることを示すことによって、これを明らかにしている。動物が魂と体という二つの異なる実体からなっていること、また思考は魂に限られること、そして物質は思考できないことを証明する以外に、この議論の力を打破する方法はないように私には思える。この証明は実際にしばしば試みられてはきたが、まるで成功を見ていない。物質が作用できるということは、無数の実例から私には明らかに見える。ところで、思考は作用の一種なのだから、ある種の作用を実行できる物質が、他の種の作用を実行できないということを証明するのは困難だろう。その証明の基礎となるデータを、私は知らない。

同じ動物の魂と身体、それらの結びつき、両者が相互にどのように作用しあうかを論じるとき、一方なりもう一方なりの側に何らかの種類の証拠が示される可能性がなければ、すべては想定、推測である。それは我々には謎である。人間の知識がそこまで届くことがない限りは、永久に謎のままであろう。推測にふけるなら、下等動物は生殖と自己保存の能力を持ち、自らの安寧に必要なかぎりで思考能力さえ有する、有機物にすぎないということだろう。けれども、人間は、全能なる神の地上での最も高貴な御業であって、二つの別々の実体、つまり片や物質、片や魂ないし精神から成り立っている、ということになる。人間の最も高貴な能力は、後者に固有なものだということになる。後者が前者から独立に存続できるということは、我々が啓示に負う事実であって、人間の探究の届く範囲をはるかに越えている。

ここで人間の行為の分析に移ろう。そのすべてが心から発するのか、部分的には身体から発するのかは、あえて言うことはしない。人間の行為は二つの種類があり、身体を動かすものと、知識の獲得に寄与するものである。

前者の種類の行為は、あるときには絶え間なく、あるときには間をおいて行われる。心臓の拍動や血液の循環、その他の生命に欠かせないことは、絶え間なく動くことが必要である。手や頭の動き、話をすること、歩くこと、その他の自発的な動作では、我々は間をおいて行う。こうした行為は大部分、意識を伴って

（2） ***Locke's Reply to the Right Reverend the Lord Bishop of Worcester's Answer to his Letter*** (1697). 一六九六年にウースター主教エドワード・スティリングフリートは『三位一体の教義の擁護論』***A Discourse in Vindication of the Doctrine of the Trinity*** を刊行し、そのなかでロックの実体についての観念の神学的な含意に攻撃を向けている。これは公開の論争を促したが、スティリングフリートが一六九九年に亡くなったために中断された。この著作の、スティリングフリートに対する第二の応答で、ロックは『人間知性論』の論点を再説し、擁護している。『人間知性論』では、ロックは「最初の永遠なる思惟存在、全能なる精神が、望みとあらば、感覚のない物質的な被造物のある体系をしかるべきだと考えるようにまとめあわせて、一定の感覚、知覚、思考を与えるということには何の矛盾もない」(IV.iii.6, p. 541) とみると書いている。〔L. p. 180〕

いる。生きていくうえで必要な行為は何の意識もなしに遂行される。

生きていくうえで必要な行為は、実例を挙げるまでもない。けれども、他の種類のものは、それに値するほどの注目は引かない。外的な動作のためには、身体は一般に心の導きによってそれへの準備をする。ゆるい綱の上で踊るとき、身体の釣り合いが保たれるのは内的な指令によってである。外的な動作が思いがけず生じるときには、常に痛ましいものである。平坦な道を歩いているとき、私は不覚にも穴に足を落とす。激しい衝撃がそれに引き続くが、私が用心していればそれは起きなかったことだろう。私は階段を苦もなく下りる。だがもう一段あると思っていたところもう床だったときには、衝撃はかなりのものだ。駆けている馬の動作が一定しているときには、騎手は予想される動作に身体を合わせていて、スムーズに進む。けれども、もし馬が耳が悪くて不規則な動きをしたときには、騎手は予想したのとは違う動きで戸惑うのである。

自発的な行為は一般に意志によって導かれるが、必ずしもそうではない。バイオリンやハープシコードを弾いているときの指の動作はことごとく、奏者のうちでは意志の作用が先行している。けれども、奏者は意志が介在する余地もなく、素早いだけでなく正確に指を操る。意志の作用が必要なのは最初だけである。引き続いては習慣により、新たに意志の働きは立ち入らない。ストッキングを編むのを覚えるときには、針の動きにはすべて厳しい集中を要する。だが、練習によって、九歳か一〇歳の少女でも、一度も自分の作ったものを見ることもなく、目にも留まらぬほど早く針を動かす。

知識の獲得に寄与する行為のうちでは、思考が第一のものである。心が常に考えているのかどうかは、哲学者たちにもよく知られた問いだ。デカルトは、自然の作品を見渡して世界を自分好みに形づくったが、心の本質は考えることにあるとしている。彼は、いかなるものの本質に踏み入ることも人間は否定されている、とは言ってはいない。ロックはもっと正しく、思考は魂の働きにすぎないと考えている。そして多くの薄弱な議論によって、魂はいつも考えているわけではないことを証明しようと努める。我々は必ずしも考えていることを意識しておらず、「何かが考え、それに気づいていないと思うことは難しい[3]」と付け加えている。一つ確かなことがあって、思考はそれについての意識に先立っていなければならないということだ。だが意識が必ず引き続くはずだということは、証明されるまで我々の同意には値しない命題である。だが、その証明を試みたことのある著作家がいることは、私は発見できていない。上で見たように、生きていくうえで必要な行為は我々がそれを意識することもなく導かれる。そしてそのような行為が、第一に重要なものだが、意識なしで遂行されうるのであれば、思考の働きが必然的に例外にちがいないとは、私には理解できない。

我々が常に考えているかどうかについて、私は意見を形成するつもりはない。その問いに判定を下すには、人間に与えられているより多くの知識が必要である。けれども、あえて私の意見を述べるというなら、我々は時には、意識することなく考えている。長年の経験から、その問題について何も知らないにせよ、我々は眠っている間にもしばしば考え、推論していると私は信ずるに至った。これがありそうだと思える事

〔L. p. 182〕

(3) Locke, *Essay*, II.i.ii, p. 110.〔ロック、大槻春彦訳『人間知性論』岩波文庫、一九七二年、一三三頁〕

実が手元にある。私の唯一の気がかりは、私自身のもの以外に証拠がないということなのだ。けれども、読者が我慢強く耳を傾けてくれるなら、初めに読者に想像できそうなよりも多くの真実がこの命題にあることを、読者はおそらく見てとるだろう。しばしば私は夜に床に就くとき、私が研究している込み入った点に関連して、さまざまな観念がとりとめもなく私の心に漂う。おそらく夢も見ない安らかな眠りの後、その主題が私には完璧にまとまって呈示される。これは睡眠中考えることなしに起こりうることが明らかにされないかぎり、私はこれを例の命題の証明だと考えなければならない。親友の最期の時に立ち会ったとき私に起きた出来事を私は決して忘れはしないだろう。

彼に寄り添い、臨終の時を見守って、不安による疲れのため私は別室に退いた。その恐ろしい時に私に思い浮かんだのは、その一、二ヵ月前に研究したものの不首尾に終わっていた、法の非常に難しい問題だった。まったくの驚きだが、解決が何の思考も交えることなく、瞬時に浮かんだのだった。私は三つの短い命題を書き留め、あまりによく仕上がっていたので、その後、一語も変更する機会がなかったほどだ。

今になっても驚きなしに振り返ることはできない、奇妙な事実がある。非常に形而上学的な著作を熟読した後、当の著者はあらゆる疑いを払拭しようとしていたが、私の考えはきわめてぼんやりしたままにとどまっていた。自分の無力を確信し、私はこんなことは二度と考えまいと心に決めてその本を置いた。六ヵ月以上後になって、好奇心のままに何が私をそんなに悩ませたのか吟味してみた。読者にお知らせして信じていただけるとはまず期待していないが、著作の中で私が疑った点を一つ残らず直接書きとめられるほど明白に、すべての語が理解できたことをお知らせしておこう。その論文は著者の手に送られたが、彼は数日後に論文を返してよこし、私の修正が正しいことを認めた。

かつて私は熱に冒され、死の淵に瀕したことがある。熱が引いた後、私は建築にまつわるある問題を思い返した。それは病を得る前に研究していたものだが、それについて何もはっきりさせることはできないでいた。私は秘書に命じて四ページにわたる内容を書き取らせたが、私の健康が回復して後、読み返して是認できるものだった。

私は音楽についても同様の効果を何度も経験したことがある。私はある新しい曲をその一音も書きとめることもできないまま聞いた後、何日も経ってから曲全体が思い浮かんだことがある。初めてとりたててこれに気づいたのは、ある曲を通しでハミングし、どこでその曲を聞いたのだろうかと思っていたときだった。思い出すのに苦労したが、二週間以上前、私はしかじかの場所でその曲を耳にしたのであり、この二つの線を結び合わせることができないでいたのだ。

これまでの個別例は私が長年実践してきたことを私に示唆する。厄介な問題を研究しているとき、解決がすぐに浮かばないなら、学者はやきもきしはじめる。そして長く考えれば考えるほど、考えられなくなるものだ。これはしばしば私にもいえることだが、ここで私が実践することは、事情を調べた後、しばし考えを止めて、残りを自然に委ねることだ。空いた時間にその主題を思い返すと、うまくいくこともいかないこともある。けれども遅かれ早かれ、解決が浮かんでこないことはめったになく、それはしばしば私が他所事を考えているときか、あるいはほとんど何も考えていないときのことだ。こうした事実は、私自身の証言のほか、何の証拠もない。けれども、自然は基本的に何事においても同じなのだから、そのような事実について、私の経験が特異なものでないと信じる理由はある。そして私は自信をもって他の人たちの経験に訴え、彼らの証言によって支えられるか倒れるか問うてみたい。

私は他の方法では説明できないいくつかの事実から、心は睡眠中も考えているという見解に確信をもっている。人々は普通、床に就いたのがどれだけ遅くても、朝いつもの時間に起きる。もしある人が旅に出るつもりで、いつもの時間より一、二時間早起きするつもりなら、おそらくぐっすり眠っていても、その時間に目覚める。外的な行為を導くある内的な作用を想定せずして、どうやってこれを説明できるだろう。ある人の眠りは慣れた物音では乱されない。けれども、小声で言われても、起きる時間だと告げられると瞬時に目覚める。深い眠りのあとで心に現れる最初の観念は、どんな原因に帰すことができるのだろうか。その観念は周囲の対象から示唆されるものとは、おそらくきわめて異なるだろう。あらゆる結果には原因がある。そして睡眠中に意識なくして心に去来する観念の連鎖以外に、私はどんな原因も思い描くことはできない。

こうした事実は、これまでほとんど考えられなかった、人間の潜在力に光をあててくるように思える。もし先に示唆した意見が実験を繰り返して十分に根拠ありと思われるなら、研究熱心な人は、自身の知識の裾野を広げるために睡眠時間さえ確保してもよいのではないか。先に示唆した方法によって、労せずして研究時間を倍増できるかもしれない。

第五論考　力、原因、結果

　この地球上の万物はたえざる流れのなかにあり、多くの活動と新しくできるものは終わりがないので、人間は生命のある存在と生命の無い存在を支配する法則を知らないままにおかれたら、自分の地位に不適応になることだろう。自他の力の観念なしには、人間は最低級の野獣と無知を競うだろうし、自分の振る舞いをどう規制すべきか、まったく当惑することだろう。けれども、人間は知識のこの部門についても、自らの安寧に寄与する他のものにもまして、不完全なままに留め置かれてはいない。力の観念は子どもにも馴染み深いものである。子どもがおもちゃを見たとき、誰が作ったの？　とか誰がここに持ってきたの？　といった質問が発せられないことはない。

　とはいえ、この観念がどのように獲得されるかは、一部の哲学者を悩ましてきたことであって、特に漸次紹介していく一人の哲学者はそうである。実際、力はどんな外的感覚によっても識別できるものではない。我々は力を見ることも、聞くことも、嗅ぐことも、味わうことも、触れることもできない。その観念が経験に由来することもありえない。経験は、既知の事実の単なる繰り返しでは、新しい対象も、新しい観念も生み出すことはできない。ある既知の対象、たとえば火と熱や、太陽と光などが組み合わされることが、示唆を与えてくれるかもしれない。しかし、そうした結合は、力の観念と同じだとはとうてい言えない。

　力は単純な観念であり、したがって定義しようがない。けれども、それに迷う人は誰一人としていない。

というのも、あらゆる外的な行為によって心に示唆されているからである。自分自身やその振る舞いを意識しないようにつくられている生き物がいるかもしれない。けれども、人間は誰でも自分自身や、自分から発する行為について意識している。人間は石を投げるとき、その石を動かしているのは自分自身だと意識せずにはいない。歩くことを学習しつつある子どもは、自分が歩くことができることを非常に早くから省みている。言い換えれば、歩く力を持っている、ということである。私はできる、私はやれる、私には力がある、などは完全に同義語だ。少年が母親に、ぼくは庭に行って花を摘むとか、グースベリーを食べてくるとか言うとする。ここにはその少年のなかに、自分が行ける、行く力を持っている、という認識が含まれていないだろうか。決意が含むのは、そのまさに本性からして、行為する力である。要するに、我々の観念の領域全体に、力ほど馴染み深いものはない。

『人間本性論』の著者は力や必然的な結びつきについて我々が持つ観念の土台を探るために、推論の世界を用いている。そして、すべての彼の熱心な研究ののち、彼は以下のように述べることしかできていない。

必然的な結合、言い換えれば力やエネルギーという観念は、たくさんの実例から出てくる。あることが他のことに常に引き続き、それが想像力のなかで両者を結びつける。それによって我々は、一方が現れると、他方が存在することを容易に予測できる。

そして彼は述べる。「この結びつきは、あらゆる角度と立場から見て、こうした例のどれからも示唆されえない」[原注 *Philosophical Essays.* Essay 7.](i)。こうして、彼は力あるいは必然的な結合の本質を、習慣がある対象から、それらに普段伴うものの観念に移行するために、生み出す性向に基づくものとしている。そしてこうした前提から、彼は非常に特異な性質の結論を引き出しており、それは彼自身が少なからず逆説的だと認めているものである。彼の言葉はこうである。

全体として、必然性は対象のうちではなく、心のうちに存する何かである。我々には、物体のなかの性質として考えられた、必然性についての最も隔たった観念を形成することさえできない。この効果、あるいは原因のうちのエネルギーは、原因そのもののうちにも、神のうちにも、この二つの原理の共起のうちにも位置づけられない。もっぱら魂に属するものであり、魂が過去のあらゆる事例のうちで、二つかそれ以上の対象の結合を考慮するのである。ここにこそ原因の本当の力が、その結びつきや必然性とともに位置づけられるのである。［原注 *Treatise of Human Nature*, vol. I. p. 290, 291.］(ii)

彼はこの学説が激烈な逆説であることを当然認めるであろう。というのも、人類の常識に戦争を挑んでいるからである。当の著者の学説に対する反論をなすうえで、このことを当の著者がしている以上に我々は鮮烈に述べることはできない。

なんということだ！　原因の効力は心の決定にあるとは！　原因は心からまったく独立には作用せず、それを思索する心、それに関わる理性がないとしても、作用を続けることはないと言わんばかりではないか。これは自然の秩序を逆転することであり、本当は一次的であるものを二次的なものにすることである。あらゆる作用には、それに比例した力が存する。そしてこの力は作用する物体に位置づけられなければならない。

> もしある原因から力を取り去るなら、力を他の原因に帰さなければならない。けれども、力をあらゆる原因から取り去り、それを知覚するという以外に原因や結果とはまるで関係のないものに付与するというのは、ひどい不条理であり、人間理性の最も確実な原理に反することである。［原注 Pag. 294.］(iii)

人は不幸にして常識とは相容れない体系を受け入れる羽目になったとき、どれほど苛酷な状況に自分を追いやるのだろうか。ひどい不条理だという自分自身の確信さえも、その人を転向させるには十分ではない。そのように推論する人には証明自体が何の影響も及ぼさないのだ。しかし、運動している物体を目の当たりにすること自体が、力の観念を心に示唆する、ということほど明白なことはない。

　そして件の著者によるこの事柄の説明は真理には遠く及ばないことを示すと、一つ二つの例から、二つの対象の恒常的な連結が想像のなかで習慣によって同様の連結を生み出すとしても、恒常的な連結は、想像のなかであろうと対象そのものの間のことであろうと、決して我々のもつ力の観念には至らないことは明白だろう。それどころではない。守備隊で兵士たちが太鼓のある音に合わせて常に繰り出す。町の門は時計が一定の時刻を指すと定期的に開閉する。こうした連結した事実は子どもにも見てとれ、その心のなかで結びつけられ、その結びつきが長年の暮らしのなかで習慣化する。しかし、その人が取替えっ子でもなければ、太鼓の音が兵士たちの動きの原因であると想像することはない。時計がある時刻を指すことが、門の開閉の原因だと想像することもない。その人はこうした作用の原因はまったく異なったものだと認識する。そしてどれほど密接に連結していようと、先述の事情によって誤りに陥ることはない。さらに適切な別の例を挙げてみよう。人間の身体構造ゆえに、我々は必然的に動機に基づいて行為する。食べ物にありつけるという見込みは、空腹の人の歩みを速めさせる。昔から続く家系への敬意は、ある男に妻をめとるよう動かす。苦悩の対象は、その人に有り金をはたかせたり、身体を賭けさせたりする。けれども誰も、動機が行動の原因だとは、ここに恒常的なだけでなく、必然的な連結があるとしても、夢にも思わない〔原注　明瞭なことだが、思考あるいは観念は、行動の原因ではありえず、おのずと運動を生み出すことはありえない。行為者は心そのものである。その力は確かに統制されていて、それに現れる特定の動機以外によっては働かされることはありえない〕。

読者はお気づきだろうが、件の著者は、力の観念をあることが常に他のことに続くという実例に基礎づけており、力の観念は想像のなかでそれらを連結するというのである。この説明によれば、我々の力の観念は二つの対象、一つは過ぎ去ったもの、もう一つは後続するもの、に基づいている。けれども、歩いている人を見る場合のように、単一の対象についてはは何を言うべきだろうか。ここには、あることが他のことに続くという連結はない。したがって、力の観念はその連結からは独立していることを認めるべきである。さもなければ、人が歩いているところを見たら、その人が歩く力を持っているという観念も我々は持たない、と主張しなければならない。どんな単純な種類のものであってさえ、あらゆる行為から我々は力について確信を与える。何人も自分自身が行為する力を持っているということを自覚している。そしてこの観念を、生命の有無を問わず、他の存在にも推し及ぼすのである。

その必要はほとんどないものの、私にはまだ声を大にして言うべきことがある。件の著者の言葉を、彼自身に向けて引用することだ。『人間本性論』のなかでは彼はこう主張しつづけている。「必然性は対象のなかにではなく、ただ心のなかだけに存在する。そして我々には、物体の性質として考えられる、必然性についての最も疎遠な観念を形成することすらできない(1)」。しかしながら、議論の進行のなかで、彼は物体の性質として考えられる力の観念を自分自身が有していることを、一度ならず見出している。だから、彼はこう述べる［原注　London edition. p. 58］(iv)。「自然は対象の影響が全面的に依存している力や原理を、我々の目から隠している」。

そしてこうした力や原理に関して、彼はいくつもの適切な例を挙げている。たとえば、栄養を与えるパンの力や性質、物体が運動を持続する力などである。これは物体の性質としての力の観念を有しているというだけでなく、この力の実在性も有しているということである。別の一節で、彼は述べている［原注　Page 72］(v)。「あらゆる自然の働きが遂行される特定の力は、決して感覚に現れることはない」。そして「ある対象が別の対象を生み出す秘密の力についての知識へと、経験が我々を導くことはない」。

この秘密の力の知識へと我々を導くものが何かは、当面は問題ではない。けれども、ここに、件の著者自身が認めていることがある。それは、彼はある対象のうちに別の対象を生み出す力があるという観念を持っている、ということである。というのも、きっと彼は、ここで自分が、言葉に結びついた何の観念も持たずに言葉を用いている、とは言わないだろうからである。特にある一節では［原注　Page 121］(vi)、「対象が間違いなく別の対象を生み出し、最大級の確実性と最強度の必然性をもって働く、対象のなかにある力」について、はっきりと明示的に語っている。これ以上適切で明晰な言葉で、物体の性質と考えられる力を記述することは誰にもできはしない。自然の知覚や感情を抑えたり、装ったりすることはいたって困難である［原注

Naturam expellas furca, tamen usque recurret.「自然を熊手で追い払っても、自然は急ぎ戻ってくる」(vii)。

物体の性質としての力についての我々の観念の現実性を確認し、それをその固有の源泉までたどったあと、原因とその結果についてのいくつかの所見を加えて、この論考を結ぶとしよう。我々は、対象が力を行使するのを目にする以外に、対象のうちに力を発見することはできないということは、ここまで見てきた。したがって、生み出された結果による以外、我々はどんな対象も原因であることを見出すことはできない。しかし引き起こされたり生み出されたりするものに関しては、事情は違う。というのも、原因が見えていないときでも、我々はある対象が結果だと知っているからである。テーブルや椅子が生み出された結果だとは、誰もがためらいもなく言う。子どもも、誰がそれを作ったか尋ねる。我々は自然の光によって、あらゆる出来事、あらゆる新しい対象が結果であるか、あるいは生み出されたもので、それゆえに原因を持つことを知っている。ここに格言がある。「原因なしには何事も現れず、何事も存在し始めない」。言い換えると、「存在し始めるものはことごとく、原因を持っていなければならない」。この格言は経験の産物ではない。というのも、最もなじみ深い物事と同様に簡単に、未知の対象や特異な出来事にもこの格言は適用されるからである。

（1）　つまり、ヒュームは、『人間本性論』から引用した一節で主張したことを主張しつづけている。〔L. p. 188〕

（1.3.14.22, pp. 111–12）〔ヒューム『人間本性論』法政大学出版局、第1巻、一九九五年、一九五頁〕先ロック氏は一つの議論によってこれを明らかにしようと努めている。彼によると、「原因なしに生み出されるものは何であれ、何ものにも生み出されない、言い換えれば、何ものも原因として持たない。しかし何ものも、それが何かである以上に原因たることはありえない」(2)。これはあからさまな論点先取である。というのも、この論法は原因が必然的であるという前提に立って進められているからである。クラーク博士は同じ反論を免れない主張をしている。「あらゆるものは原因を有しているにちがいない。というのも、もし何かが原因を欠いているとしたら、自らが自らを生み出す、すなわち、存在する前に存在したということになり、そんなことはありえないからである」(3)。そういうわけで、聡明な哲学者であっても、彼らが前から真だと知っていた命題を証明するために用いられるときには、どんな種類の議論も、いかに脆弱であっても流通するのである。同時に哲学者たちは、こうした議論が、厳密な論証だと想定しているにしても、子どもや田舎者にも通じないことに触れていない。彼らとて、この格言を知らないはずがないのである。そしてそれ以上のことがないなら、こうした議論の無益さは、この格言が自然の光に由来する確信に基づいているはずだということを示すのに、それだけで十分である。

そのうえ、結果としてのどんな対象の感覚も、それに見合う原因を推論するように我々を導く。もし対象がある目的にふさわしく適合した結果であるなら、我々は知的に設計する原因を推定することになる。もし結果が固有の手段によってもたらされる何らかのよい目的であれば、設計する、善意の原因を推定する。またこのような推論を変えることは、どんな種類の制約によっても、我々の手に余る。想像することは我々の力が及ぶかもしれないが、見事な絵画や、抒情的な詩や、美しい建築物が偶然や盲目的な運命の結果でありうると信ずることは、我々の力に余る。それはありうることかもしれない。というのは、我々が反対のことを知っているにしても、盲目的で設計を欠いた原因が卓越した結果を生み出すこともありうるかもしれないからである。けれども、我々は、目的や使途にかなって美しく見えるすべての対象が設計した善意の原因の結果である、という直観的な確信を抱いている。そうしようにも、この疑いを抱くことができないように、我々は造られている。そして経験から推し量るかぎり、我々は欺かれることはない。

注

（1） David Hume, *An Enquiry Concerning Human Understanding*（当初は *Philosophical Essays concerning Human Understanding*, 1748）, ed. Tom L. Beauchamp （Oxford: Oxford University Press, 1999）, 7.28, pp. 144-5.〔ヒューム、斎藤繁雄・一ノ瀬正樹訳『人間知性研究』法政大学出版局、二〇〇四年、六七ペー

（2） 直接の引用ではなく、たぶんに誤ってロックの発言としているのだろう。おそらくケイムズはロックの次の発言を念頭に置いていた。「何であれ、特定の単純な観念や単純な観念の集合を形成するのに寄与したり作用したりすると私たちが考えるものは何であれ、実体にせよ様態にせよ、以前には存在せず、したがって私たちの心のなかに、原因の関係を有している」（*Essays*, II. xxvi. 1, p. 324）〔ロック『人間知性論』岩波文庫、二、二九三ページ〕。しかし『論考』の初版では、上記の箇所をロックと関連づけることなく「普遍的な格率」として引用している。〔L. p. 190〕

（3） ケイムズはクラークの『神の存在と属性に関する一論』*A Discourse concerning the Being and Attributes of God* の命題11にみられる議論をパラフレーズしている。〔L. p. 190〕

ジ〕〔L. p. 186〕

(ii) Hume, *Treatise*, 1.4.14.23, p. 112.〔ヒューム、木曾好能訳『人間本性論』法政大学出版局、第1巻、一九九五年、一九五ページ〕〔L. p. 186〕

(iii) Ibid., 1.4.14.26, p. 113〔ヒューム『人間本性論』前掲、第1巻、一九七―八ページ〕.〔L. p. 187〕

(iv) *An Enquiry concerning Human Understanding*, 4.16, p. 113.〔ヒューム『人間知性研究』前掲、三〇頁〕〔L. p. 188〕

(v) Ibid., 5.35, pp. 120–1〔ヒューム『人間知性研究』、三九頁〕.〔L. p. 189〕

(vi) Ibid., 7.2.27, p. 144〔ヒューム『人間知性研究』、六九頁〕.〔L. p. 189〕

(vii) Horace, *Epistles. Satires. Arts Poetica*, trans. H. Rushton Fairclough, Loeb Classical Library, No. 194 (Harvard: Harvard University Press, 1926), Epistles, 1.10.〔L. p. 189〕

第六論考　未来の出来事についての知

我々はこの地球につなぎとめられているかぎり、身のまわりの存在やその働きについての知識は欠かせない。というのも、それなしには我々はどう身を処すかにまったく窮するだろうからである。けれども、その知識だけでは我々の幸福には十分ではないし、生存していくためにもほとんど足りない。我々は未来の出来事についていくらか知ることとも、同様に必要である。というのも、その出来事にこそ、我々はおおむねかかずらっているからである。収穫の見込みがなければ、人が種を蒔くことはないだろう。何年もしっかりと建っているという安心感がなければ、人は家を建てることもないだろう。人間はそうした知識の大事な部門を有している。未来の出来事を予測できるということである。この事実については疑いの余地がない。困難はひとえに、その知識がどのように獲得されるかということである。

自然の行程は一様に続いていき、また物事はいままであったようにあるだろうというのは、実際、確立された格言である。しかし、どんな前提から我々がこの結論を引き出すのかは、はっきりしない。過去に関しては自然の作用の一様さは、経験によって発見される。けれども、未来については何の経験もないのだから、この格言はその源泉からは引き出せない。理性も助けにはならないだろう。確かに、あるものが他のものによって生み出されることは、たった一つの事例であっても、ある力を推定させる。そして力は必然的にその結果と結びついている。しかし、力は内的なものであり、生み出された結果以外からは見出しようがないから、我々はどんな推論の連鎖によっても、その働きの瞬間をのぞいて、力が何らかの物体のなかにあると結論することはできない。力は、確かに我々は知っているのだが、その瞬間に終わるかもしれない。我々は、どんな理性の演繹によっても、この地球が、太陽が、あるいはどんな一つの存在でも、明日も存在するだろうと結論づけることさえできない。そしてそれらの未来の存在が理性によって見出せると想定しても、我々はあるものの本性、本質について知っているというより、それと、その力との必然的なつながりを発見し、一方が存続するなら、他方も存続するにちがいないとするのである。

最も活動的な存在がたちどころにそのあらゆる活動を奪われるということほど、思い描きやすいことはない。そして思い描かれるものは、不整合だとか不可能だとか判明することはありえない。過去の経験に訴えても、我々を行くところまで行かせてくれるわけではないだろう。太陽は世界の初めから我々に光と熱を提供してきた。しかし、いかなる理由があって、光と熱を与える太陽の力が続くにちがいないと結論できるのだろう。力が時間の点で限られていると考えるのは、永続的だと考えるのに劣らず容易だというのに。永続的な一般法則を打ち立てた至高の存在の知恵と善性に訴えるとすれば、困難は、推論の点で、こうした一般法則がいつまでも変わることなく同じであり続けるにちがいと結論するためのデータを我々が持っていないことである。確かに、そうした結論は実際に下されているけれども、別の根拠によっているにちがいない。というのも、推論は過去から未来の出来事に対して結論を引き出すには、経験と同じく我々の助けにはならないだろうからである。しかし、自然の作用の一様性が、万人が認める格言であることは確かである。理性にも経験にもまったく支えられてはいないけれども、物事が今まであったとおりにあるだろうと結論づけるのに、我々はいささかのためらいも覚えない。その結論に我々の人生と運命を託すほど確固たるものなのである。

この大事な結論が基づいている原理を探るべく努めてみよう。そしてこの主題は、人間の本性とその外部の状況との間に見出される驚嘆すべき対応の鮮烈な実例をもたらしてくれるだろう。もし自然の一様性についての我々の確信が理性にも経験にも根差していないのであれば、自然の光以外に根拠はありえない。我々は過去の経験を必然的に未来に推し及ぼすようにできていて、自然の恒常性と一様性について生まれつきの確信をもっているのだ。ここでの我々の知は直観的であり、推論から導かれるどんな結論よりも確たる、堅固なものなのだ。この確信は内的な感覚から生ずるにちがいない。というのも、それは我々の外的な感覚のいずれとも明らかにまったく関係がないからだ。以前の論考で一度ならず述べてきた議論は、この点で決定的だとわかるだろう。ある存在がこの感覚をまったく欠いていると想定してみよう。そのような存在は過去の経験を未来に推し及ぼすことは決してできないだろう。あらゆる出来事は、過去の経験とどれほど照応するものであっても、この存在に同じように思いがけないかたちで訪れることになるだろう。新しく、めったにない出来事が我々の身に起こる場合と同様である。おそらく、驚きは同じではないだろうが。

自然の働きの恒常性と一様性についてのこの感覚は、先に扱った主題に限ったものではなく、他の多くの対象にも如実に表れている。我々には見かけが似た存在が共通の性質をもっているという確信がある。我々は、それらの構成部分も欲求も振舞いも似たようなものだと予想する。同じ個体のふるまいの一様性だけでなく、同じ種のすべての個体に説明を及ぼすのである。この感覚の影響力は多大なものであり、経験が反対の結論に我々を導こうとする場合にも、恒常性と一様性を期待させるのである。金持ちは貧乏を、窮乏した人は安楽を考えることはない。この変わりやすい気候にあってさえ、我々は好天も悪天も終わりがあるだろうと容易に信じることはできない。いや、それは法則の事柄では我々の観念を支配していて、「事情の変容、変化は予想されない」という格言の根拠になっている。同じ感覚の影響で、自分の思考や言葉、および行為にあらわされた、ある種の一様なマナー〔礼儀〕を誰もが身につけるのである。若い時分には礼儀の影響は、さまざまな情念が抗うため、目立つことはない。その情念は、異なった、時には相反する傾向をもっているため、我々のふるまいに揺らぎをもたらすのである。けれども、若さの熱がおさまるやいなや、礼儀は我々の生き方にきまりきった規則性をもたらすのがたいていであって、そのことは大方の老人たちには見てとれることである。

類推は最もありきたりな推論の源泉の一つであって、その力は普遍的に認められている。類推に基づくあらゆる議論への確信は、まさにこの一様性の感覚からきている。ある点で似た物事はすべての点で似たものであろうと推定されるのである。

一言でいえば、我々の見解と行動の大部分は未来の目的を持っていて、我々が自然の出来事に我々の見解と行為を適合させるためには、未来の出来事についてのいくらかの知識が必要である。この目的のため、我々の本性の創造主は、二つのことをなされた。自然の恒常性と一様性を確立されたこと、そしてこの恒常性と一様性、物事が今まであったとおりにあるだろうということについて、我々に直観的な確信を授けられたこと、である。

第七論考　暗闇のなかの超自然的な力への恐れ

人間本性をちょっと一瞥するだけでも、我々がここで偶然に打ち捨てられることはなかったと確信するには十分である。この地球は人間にふさわしいものであり、人間はこの地球に住むのにふさわしい。感覚によって我々は身のまわりのもの、すくなくとも我々に影響を及ぼすかもしれないものについては、直観的な知識を有している。我々は離れた対象を発見できる。それを我々は因果関係において見分ける。そしてその未来の働きは現在の働きに劣らず、我々に開示されている。けれども、自然の秘密を我々に開示する内外両方の感覚というすばらしい道具立てにおいても、人は慎重になるようである。見たところは、何よりも有益なものなのだが。つまり、何が我々に有害で、何が友好的なのかを見分ける感覚というわけである。最も有毒な果実が最も見栄えがよいことがある。獰猛な動物がおとなしく無害な動物と美しさを共有していたりする。そして推論をどこまでも推し進めると、何が自分にとって好ましく、何が有害なのかについて、人間は生来の感覚をもっていないことが見出されよう。

我々に有益な真理を見出すための感覚を豊富に提供するのが自然の設計であるように思われるので、この感覚がどうして慎重なのかを探るのは自然なことである。自らの創造主の秘密に分け入るのは人間にあってはあまりに大胆な企てである。我々がよき秩序とよき目的について得ているあまたの実例で満足すべきところである。それが、よき秩序とよき目的は普遍的に成立しているという理性的な確信を我々に与えてくれるにちがいない。同時に、合理的な推測がこの問題についてなされるかもしれない。我々は、自然の働きのうちに余計なもの、すなわち余分なものはないという確信を抱いている。異なった手段が同じ目的をもたらすために我々に提供されることはない。経験はそれが及ぶかぎりでは、知識を獲得するために我々に与えられている。感覚はただ、経験が我々の助けになりえない場合のみである。感覚はこの場合は慎重である。というのも、何が有害で、何が有益かという知識は、経験によって獲得されるだろうからだ。そしてこのことは目的因を示唆しており、少なからず興味深いものである。人間はその本性からして活動的な生活のためにつくられており、人間の至福は大いにそれによっている。活力を喚起するために我々は経験から知識を集めるようにされていて、感覚は経験が我々に何の教示も与えられない場合にのみ提供されるのである。

こうして人間は、非常に多様な対象のただなかで、この世界に置かれている。そうした対象の本性と傾向は、経験によらずしては人間には未知なままである。この状況では、人間はある忠実な監視役に、危害に対してたえず自分を用心させるようにしておかなくては、常時危険にさらされることになるだろう。この監視役とは、人間が新しい対象を恐れる性向である。特に欲求をかきたてるような特別な美しさを持たないものに対してである。子どもにとっては自然全部が物珍しく、どんな対象が近づいてきても怖がるものである。人間の顔でさえも子供には恐ろしい。同じ臆病さと懐疑は、見知らぬ人と会話したり、未知の現象に出くわしたりする旅人にも見てとれるかもしれない。ある草や果実を初めて見ると、我々は最悪の事態を懸念し、それには毒があるのではないかと疑う。未知の動物はたちどころに危険なものと考えられる。もっと稀な自然現象は、無学な人で原因を知らないのなら、間違いなく恐怖に襲われる。この推論から、我々が未知の対象を恐れることは明らかである。そうした対象は常に恐怖の感情とともに眺められ、経験によってそれを無害だと知るまで続く。

この未知の対象への恐れはあらゆる感覚のある存在に内在するものだと考えられるが、主として弱く無防備な生きものに見られる。生きものが脆弱で繊細であればあるほど、恥ずかしがり屋で気弱であることが観察される。人間ほど脆弱で繊細な生きものはいない。そしてこの原理は人間にとってはすばらしく有用であって、好奇心という原理と釣り合っている。好奇心という原理はどんな他の生きものにもまして人間においては有力なのであり、無制限にのめり込めば、しばしば人間を裏切って致命的な事故に陥れるのだ。

未知の対象へのこの恐れは想像力を焚きつけ、その悪しき性質と考えられるものを増幅させる。というのも、情念が想像力に多大な影響を及ぼすことはよく知られた真実だからである。新しい対象について我々が知らなければ知らないほど、恐ろしい色合いの衣をそれに着せることが多くなる。その対象は想像力が思いつくかぎりのあらゆる恐ろしい性質を持っているものと想像される。そして同じ恐怖が、その性質が本物であり、想像上のものではないかのように喚起されるのである。

もし新しい未知の対象が見たところ何か恐るべきものを持っているのなら、この事情は、未知な対象を怖がるという我々の生来の傾向とあいまって、どんな断固たる人にも恐怖を呼びおこすだろう。そうした対象から恐れられる悪が質量ともに知られていない場合には、想像力が何の制約も受けずに、種類においても規模においても、考えうるかぎり最大の悪を思い描く。たとえ直接の害悪が続かなくても、心はそれが受けた衝撃によって未来に思いをはせ、奇妙な姿をおぞましい災厄の予兆として想像する。したがって、彗星や日蝕、地震のような普通でない自然現象は、俗衆には恐るべき事件の先触れとして考えられるのである。

未知の対象に対する我々の恐れで最もふつうの例は、暗闇のなかで多くの子どもたちを襲う恐怖であって、これははっきりとは説明されてこなかった。光は心を元気づけ、その結果として勇気を促す。闇は心を消沈させ、恐怖へと促す。闇が恐怖という印象を受け取る下地をすでに整えているときには、どんな対象も心を驚かせる。暗闇の中でぼんやりとしか見えない対象は、想像力をほしいままに燃え上がらせ、最も恐ろしい姿のものを想像力に生み出させる。想像力の幻影は、現実だと思われると、心を動揺させ、錯乱の発作へと追いやる。想像力はいまや最大限に増長して、恐ろしい姿のものを抱きうるかぎり極限まで増殖させるのである。対象はお化け、悪魔、妖怪、これまで見られたり描かれたりしたどんなものよりも恐るべきものになる。

この種のごく数少ない偶然事は多大な影響力を持つので、暗闇と邪悪な力との結びつきをもたらすのに十分である。そしてひとたびこの結びつきができてしまえば、対象の外観が恐怖を生みだす誘因とはならない。恐ろしいことへの思いが心に押し寄せ、暗闇によって引き起こされた恐怖を助長する。この想像は御しがたく、こうした観念を現実の姿だと思わせるように変ずるのである。

闇が引き起こす恐怖がひとえに想像力のせいだというのは、一つ反省を加えてみるだけでも明らかになるだろう。人と一緒だと、そのような効果が生じることはない、ということだ。仲間がいても超自然的な力に対しては何の安心にもならない。しかし仲間が心を照らす陽光と同じ効果をもたらして、陰鬱と消沈から心を守るのである。想像力は限界内でとどめられ、感覚と理性にしかるべく服することになる［原注　ビュフォンは八つ折版の『博物誌』第六巻で、対象がはっきりしない外観から、暗闇のなかでのお化けへの恐怖を説明しようと努めている。近くの小薮が遠くの大樹のように想像され、目の前を飛び過ぎる蝿がずっと遠くの怪鳥のように想像される。けれども、この著者は、お化けへの恐怖がいちばん大きいのは、はっきりとにせよ、おぼろげにせよ、何の対象も見えない完全な暗闇のなかだ、ということには言及していない(i)」。

注

(i) ビュフォンは、暗闇のなかのお化けについての報告が、一般には想像力のせいに帰されているのだが、こうした報告は、私たちが闇のなかでは距離や比率を判断できないことによって、それについての知覚が歪められた実在の対象に関連があるのかもしれないと示唆している。だから、「お化けの観念は自然に根ざしていて、哲学者たちが信ずるところに反して、その見かけはもっぱら想像力のみによるものではない」。Georges Louis Leclerc, comte de Buffon (1797–1788), "Du sens de la Vue"(「視覚について」) in *De L'Homme*, vols. 2 and 3 of *Histoire naturelle, générale et particulière*, 15 vols. (Paris, 1749), vol. 3, pp. 319–20. 一七四九年から一八〇四年にかけて刊行されたビュフォンの百科全書的な著作は、地球や人間、四つ足の動物、鳥、鉱物の博物誌に及んでおり、最終的に四四巻に達した(三五冊が一七八八年までに刊行され、ビュフォンの死に際して一冊が追加出版され、助手たちによって用意された八冊が一八〇四年に刊行された)。〔L. p. 200〕

第八論考　神についての知

神の存在と属性についてのアプリオリな議論は、ボイル講義で行われた説教において、最大限の理由を示して説かれた[1]。けれども、これらの説教は私の注意を引いたけれども、私の心には届いてはいない。それどころか、私にいつも相当な不安感を与えている。その原因が何かを、私はいま説明できるものと思う。このような深い形而上学的な推論は、それが決定的なものだとしても、凡俗で無学な人たちには確かにそぐわないものだ。それでは、我々の創造主は、研究を重ね思索を深めた人以外の誰にも知られないものだろうか。人類のうち残りの人たちの眼にはヴェールが投げかけられているのだろうか。この考えはいつも私の頭を離れず、悩みの種になった。もし世界を創り支配する大いなる存在が実際に存在するとして、その目的が自らの理性的な被造物に自らを開示することであるとすれば、人類のごく一部だけにとどまるということは説明しがたい。同時に、我々の神についての知識を推論だけに基礎づけることは、自然の類比にかなうものではない。我々の同胞たる被造物への我々の義務を明らかにするうえで、我々は抽象的推論のみ、いや実際にはいかなる推論にも頼ってはいない。すなわち、それは我々の心の石版に刻まれているのである。我々が自らの行為を自然の道筋に沿わせるのは、ただ本能によってであって、推論、あるいは経験にさえよるのではない。それゆえ、類比があてになるのなら、全人類を、思慮深い哲学者のみならず、凡俗で無学な人たちも受け入れるような仕方で、神は自らを我々に開示するだろうと考えるべきである。

もしこうした難解な議論が学識と思慮のある人達にも重んじられるなら、それでよい。そうした人たちは私に何の確信も、少なくとも堅固で永続的な確信は、与えてくれないことを私は認めざるをえない。我々は自らの本性に厳密な注意を払って知られること以外には、物事の本性についてはほとんど知らない。何事も原因なしに存在し始めることはできないということは、感覚から十分に明らかである〔原注　力についての論考を参照〕。けれども、このことが事物の本性から引き出される、アプリオリな議論によって証明できるということを、私は目にしたことがない〔原注　同じ論考をみよ〕。そして証明がまさに最初から我々を裏切るのであれば、続く段階で証明の助けは望むべくもない。けれども、かりにこの困難が乗り越えられるとしても、さらに取り組むべきことがある。何かが永遠の昔から存在していたことを認めるとしても、この世界が永遠の昔から、因果のたえざる連鎖のなかで存在していたのか、それともある全能の力によって生み出された結果なのかを、アプリオリに判定できるデータは私には見出せない。世界が永遠で自存していて、万物が設計や知性もなく、盲目的な運命に動かされているとは実際、考えがたいものがある。しかも私は反対のことについても証明を見出せない。永遠の昔から存在した一つの存在について、ぼんやりした観念を形づくれるとしても、永遠の昔から存在していた存在の連鎖の観念や、因果のたえざる連鎖の観念を形づくることはいっそう難しいのではないか。

（1）　すなわち、サミュエル・クラークの *Discourse concerning the Being and Attributes of God.*〔L. p. 201〕。ケイムズは若い日にクラークと手紙を交換した。

ロック氏は［原注　第四編第一〇章］(i)、我々が神の生得観念を持っていないことを認めているが、しかし神の存在は証明できると主張している。以下が彼の証明である。

始まりをもつものは何であれ何か他のものによって生み出されたのでなければならない。けれども、知的な存在である人間には始まりがある。だから、何か強力な知的存在によって生み出されたにちがいない。そしてこの強力な知的存在が始まりをもたないなら、彼は永遠の昔から存在しているのでなければならない。そしてその存在を我々は神と名づけるのである。

これはいたって脆弱な証明である。人間に始まりがあるという、自明とは言い難いことにもっぱら基礎を置いている。思考するものもしないものも、あらゆる存在がいるこの地球が、永遠の昔から存在していたかもしれないと想定することに何の不条理も含まれない。世界を創り支配する自存の知的存在について先に確信を有しているのでなければ、この議論がロック氏という論理学者の極みのような人に関して、証明として通るはずがない。そして既知の真理に関しては、少し薄弱なゆえに、厳密な証明とみなすことほどありきたりなことはない。

我々が永遠と、永遠なる存在について考えるとき、困難があらゆる側に押し寄せる。けれども、こうした困難は人間精神の限られた能力によって引き起こされたものである。我々は存在の永遠性を把握できない。それはあまりにも大きな対象であり、我々の手を逃れる。心は目に似ている。それは大きすぎる対象も小さすぎる対象もとらえられない。日常的な理解からいたってかけ離れた思弁を企てるときの我々の困難のもとは、明らかにこれである。そうした主題についての抽象的な推論は、際限のない錯綜に陥らざるをえない。実際に、因果の盲目的な連鎖を考えるより、世界を創った永遠不変の存在を考えるほうが困難は小さい。少なくとも、想像にかなったものとして、我々は後者のほうに傾く。けれども、前者の想定にも支離滅裂なところは何も見出せないのだから、それが偽であると論証できると正当に言うことはできない。

そのような難解で込み入った思索にいささかなりと明るい光を当てることは、いずれにせよほとんど期待できることではない、と付け加えるのをお許しいただきたい。そして最大限の苦慮のあげくに、なお曖昧で心を動かさないものであったとしても、そうした思索には悪しき傾向があるということは私にははっきりししている。気難しく陰鬱な気質を持った人は、その部分からは何の確信も見出せず、あらゆる物事は盲目的な偶然によって起こると信じる自らの性向を強められるだろう。この世界を統御する叡智も、秩序も、調和もなく、したがって神もいない、と信じるのである。

だから、私はそもそも神が存在することについてのアプリオリな議論――人間の能力には不釣合いなものである――についてはほとんど気にもかけずに、熱意と活力をもって神の作品のうちに、神を探し求めることにかかろう。というのは、神が自らを知らしめるように適切に慮っているのなら、作品によって我々は神を見出すにちがいないからである。そしてうまくこの探究をすすめるために、三つの命題を明らかにすることに努める。第一に、世界の創造者にして支配者である存在があるなら、その支配の必然的な一部として、自らの知的な被造物に自らを知らしめるはずだということである。第二に、神は実際にそうなさっている。そして第三に、この目的をまっとうするために、我々の本性にまったく適した方法が用いられており、その方法は最も重要な多くの他の真理が我々に開示されるのと同じである。

人間にとって、原子の偶然の集まりによって世界が形成されたということ、また万物が盲目の衝動によって動かされているということほど、気の滅入る考え方はない。その想定に立つと、人間は自分の人生に何の安心も抱くことができない。また人間がつかの間であれ知的な被造物であり続けることにとっても同様である。物事は規則性と秩序をもって運ばれてきた。けれども、偶然は一瞬にして、すべてを恐ろしい混乱に投げ込むかもしれない。徳がたんなる偶然の働きでしかないときには、我々は徳に慰めを得ることもできない。人間本性がそこまで不安定な基盤に依存しているときには、他者の誠実さへの我々の信頼を正当化することもできない。様々な存在からなるこの世界を一つの美しく調和的な体系に統合する神的存在なくしては、すべてのものが陰鬱で、うっとうしく、ばらばらに映るはずである。こうした考察や、まずもって省みればまず浮かぶさらに多くのことは、もしこの世界の事情を統括する賢明で善なる存在があるとすれば、その存在は自らの理性的な被造物から自らを隠すことはないだろうという、きわめて強い確信をもたらしてくれる。ある大いなる存在からはどんな秘密も隠されておらず、我々の善き仕事や、我々が心に抱く善き目的までもが受け入れられ、その支配は叡智と善意に導かれて我々に安心感を与え、その善き秩序に従わずには何事も起こりはしないということ――そのことを知る以上に望ましく、実質的に有益なことはありえようか。心に根差したこの感情は、あらゆる不運に対する解毒剤になる。その感情なくしては、人生はせいぜい混乱した、陰鬱な情景にすぎなくなる。

そしてこのことは、我々にとって何より大切な、善意なる神についての我々の知識を形成する、別の考察へと導く。自然の、あるいは道徳上の悪はこの世界に蔓延しているとは言いがたいけれども、そのいずれも物事の表面にはたくさん散在していて、この世界の支配には偶然や悪意が混じり込んではいないか、ある程度の疑いを生み出すには十分である。けれども善なる存在が統括していることをひとたび想定するなら、こうした悪はそのようなものとはもはや考えられない。人は、その自制が苦痛になるとしても、不法な快楽を差し控える。しかしそれから、その人はこの苦痛を悔やむべき悪とは考えない。彼は自分の意志で、満足してそれに従う。友を喪った悲嘆に対してそうするようにである。そのように影響を受けることが自分にとって正しく、ふさわしいということを自覚しているのである。同様に、人はこの人生の悪すべてを甘受する。神の善なる支配を信じ、万物が最善のもののために起こる、だから何が起こっても甘受するのが自分の義務だと確信しているのである。ここから活気を与え、陽気と上機嫌を生むような光景が展開するのであって、もし善意なる神が存在するなら、これほど測り知れない価値のある恵みを、自分の被造物に与えずにおくとは、我々は容易には考えられない。

人間は、同時に、美、規則性、秩序を好むので、この世界の仕組みと統治に示された叡智と善性を思索することにかなっている。これらは賛嘆と歓喜にふさわしい対象である。人間が愛情を、それを帰するのにふさわしい対象もなしに、賦与されているというのは、自然の通常の成り行きにそぐわない。そして神の摂理はこの感情の最高の対象なのだから、人間がその摂理を知らぬままに置かれているとしたら不自然だろう。

こうしたことは、善意の神が存在するなら、その被造物に対して自らを顕示するのがその意図にちがいないと信じる、蓋然性の高い理由にすぎないことは、私は認める。けれども、それらは高度な蓋然性をもっていて、疑いの余地をほとんど残さない。同時に、我々の愛情のこの対象を探し求めて無駄に終わるというのが我々の定めだろうけれども、にもかかわらず我々は絶望して、その絶望のなかで神は存在しないと結論づけるべきではない。神は自分の被造物すべてに自らを顕示しているわけではない、ということをただ省察してみよう。野獣たちは確かに神についてはは何も知らない。そしてこの探求に我々が失望するとしても、我々が結論できるすべては、我々には分け入れない善にして賢明なる目的のために、神は我々の目からもまたご自身を隠すことを適切と考えられた、ということである。我々は確かに自分の無知を神の存在に対する反対論に転じるべき理由はない。我々の無知は我々を一段引き下げ、野獣と等しい立場に置くだけである。

我々の論究の第二の重要な部門は、神というものが存在していて、神は我々に自らを顕示している、ということを確認することである。私が読者に求めるのはただ注目することだけであって、不合理な譲歩を求めるものではない。以前の論考〔原注「力・原因・結果」〕で二つの命題を述べた。第一に、始まりがあるすべてのものは、所産あるいは結果として知覚されるのであって、それには必然的に原因の観念が含まれている。第二に、結果のなかにどんな技巧や有用性が見出されるにしても、それは必然的に原因に帰せられる。家や庭、絵画、像そのものを考えれば、美しいと知覚される。もしこうした対象を始まりのあるものとして注視するなら、それらが結果であって、原因の観念を含んでいることを知覚する。動植物のような自然的対象もまた結果、あるいは何らかの原因の産物として認識される。このような問は何度も浮かんでくる。それはどのようにして生じたのだろうか。誰がそれを作ったのだろうか。その存在の原因は何だろうか。我々は人間の様々な技に慣れているあまり、設計と用途にかかわるあらゆる作品は、人間の既知の力を超えるのでないかぎり、人間に帰されるであろう。また人間の力を超える結果は、原因についての我々の観念を揺さぶるものではない。それらはただ、もっと強力な原因へと心を導くまでである。

技巧や有用性についての、結果のうちに見出されるものは何であれ、我々は原因に帰し、鋤や消防車〔ケイムズの時代の英国に、ポンプ式の消防車はすでに実用化され、普及していた〕のような有用な機械に注目する、という第二の命題に関しては、我々は必然的に考案者は技量の持ち主で、おそらく公共心に満ちているだろうと推論する。自然の作品に関しては、この地球上を覆うさまざまな植物にはこうも多くの技と有用性が見出されるのだから、それらは強力で知的であるばかりか善意のある、何らかの原因の所産である、と我々に推論させるのに十分である。光景がますます開けるのは、植物から動物に移り、そして自然のすべての作品のなかで最も驚異的なものである人間に達するときである。そして最後に物質界と道徳界を一望し、調和と秩序と美に満ち、偉大にして栄光ある目的に見事にかなっているさまを見ると、この偉大な所産のうちに、限りない力と知性と善性をもった原因に対する確信が必然的に伴う〔原注　以下のグリーンランド人の議論を参照。*Sketches of the History of Man.* edit. 2d. vol. 4. p. 196.〕(ii)。

こうして、原因と結果の関係において対象を見るうえで間違いなく機能する、我々の本性のうちに織り込まれた原理によって、神は我々に自らを顕示しておられるということになる。我々は色、形、大きさ、動きといった性質によって外的な対象を見出す。こうした性質を、ある仕方にしたがって結びつけられたものとして知覚するなかには、こうした性質が属する実体あるいは事物の知覚が含まれている。同時に、我々はこの実体あるいは事物を知覚して、それが始まりを持っている、何らかの原因によって生み出された結果であろうと推定する。そして我々は、この原因の力や属性をその結果から認識する。もし結果のうちにある目的への適性が存するなら、我々は知性と設計をその原因に帰す。もし生み出された結果がそれ自体としてよいものであるなら、あるいは何らかのよき目的、狙いへの傾向を持っていれば、我々は知性と設計とともに、善性をその原因に帰す。そして我々がそうするのは、いかなる推論の過程によるのでもなく、自然の光によってである。

神は自らの存在を、すべりやすいこじつけの議論によって推し量られるようにはしておかれなかった。我々が知覚するものほとんどすべてから神の印象を受けるためには、ただ目を開きさえすればよい。外的な対象を見出すのと同じ仕方で、つまり感覚の証拠によって、我々は神の存在と属性を見出す。感覚の証拠に逆らって物質の存在を否定する輩を除けば、誰一人、神の存在を真剣に、熟慮して否定できる者はいない。要するに、内的であれ外的であれ我々の感覚と、自然の行程との間には、驚嘆すべき調和が成り立っている。外的な対象の存在についても、その過去、現在、未来の働きについても、我々は感覚に依存している。こうした感覚に依存するのは我々の本性の必然によるのであって、経験にもとづけば我々は欺かれないことがわかる。神に対する我々の確信は、外的対象への確信に劣らず明確で、権威あるものである。そしてここには訴えるべき経験は我々にはないものの、経験の欠如は、事物の本性からして、経験がありえないいかなる命題に対する反論も提出できない。経験によって試す機会があるところでは常に、我々の感覚は事物の真相に対応する、というだけでも確信には事足りる。したがってどんな場合でも経験に矛盾するのでなければ、我々には自分の感覚を疑う理由はない。

ここまでで、事物の表面、そのたんなる存在からほんの一歩でも踏み出す人なら誰にでも、神は見出せる。実際、我々は鮮やかな装いをこらした大地、光輝に満ちた天を眺めるのであるが、その際、こうした対象のなかで我々に快と歓喜を与える対象のなかの何かである、美の知覚以外の何も知覚することはない。多くの人は神についての知覚を、少なくとも強力な、あるいは永続的な知覚をなんら持たぬまま、粗野にも身体的な快楽にうつつを抜かして、人生を送る。けれども、多少とも省察になじみのある人たちからは、神は長いこと隠されていることはありえない。第二、第三の部類の美を鑑賞しようとするやいなや〔原注「道徳の基盤と原理」についての論考の第二章を参照〕、規則性、秩序、意匠、よき目的への趣味〔鑑識眼〕を獲得するやいなや、自然の働きの美のうちに、我々は神を知覚しはじめる。野蛮人たちは、一貫した行動原理をもたず、情念と欲求に盲目的に衝き動かされるままに行為し、道徳感覚はほんのわずかしか持っていないから、神をその作品のなかに見出す適格性がない。彼らが人生の正しい趣意、ふるまいの尊厳、行為の美しさについてほとんど、あるいはまったく知覚を有していないとすれば、彼らは事物の大いなる体系のなかで、創造の作品の美やあらゆる部分の称賛すべき調和をどうやって知覚するのだろうか。社会は人類に自己否定を教え、道徳感覚を改善する。社会のうちで鍛えられて、秩序と規則性に対する趣味は、次第に発展する。社会的な感情は向上し、行為の道徳性は心のうちにしっかり根ざす。この改善された状態では、創造の美しさは強い印象を残す。そしてこれほど多くの美しい結果の作者である大いなる原因の卓越性を、我々は賛嘆してやまない〔原注　おお主よ、善を生み給う者よ、全能なる主よ、

かく奇しくもこれらの万象こそ汝の栄光を現わすものなれ！

美しいこの全宇宙こそ、まさに汝の御業！　されば、主よ、汝の奇しきこといかばかりぞや！　おお、われらの言葉にて表わしえざる神よ、汝はもろもろの天の彼方に坐し給うも、われらの眼には見えず、ただ汝の造りしいと低き御業の中にほのかに姿を見せ給う。(iii)　ミルトン」。

ここまでは神、および力、叡智、善性といった神の属性を我々が見出す仕方を指摘する以上のところには進んでいない。今のところは、原因と結果の連結を見出し、結果からその原因の力や属性を見出す、我々の本性のうちの原理によって我々は議論を進めている。けれども、最も本質的な種類の、至高の存在の属性が一つあって、それはまだ展開していない。それは自存という名で一般には通っていることである。すなわち、神は永遠に存在してきたにちがいない、したがって神はその存在の原因を必要とするような結果と考えられることはありえない、ということである。直接にも間接にも引き起こされることはなく、神は他のすべてのものの原因だというわけである。もしすべての存在に始まりがあるなら、世界が絶対的な虚無だった時があったにちがいない。この想定に立つと、何者も存在するようになることはありえなかったということは、直観的に確かである。この命題を我々は真だと知覚する。そして我々の知覚は、この場合、他のどんな証明よりも堅固な確信を我々に与える。だから、一つの存在は、永遠の昔から存在してきたにちがいなく、結果や所産ではないので、その存在をなにか他の存在に負うことはありえない。

永遠で自存する存在があるにちがいないということが主要な点である。残されたことはただ、この世界がそこに含まれている万物ともども、その存在によって創造されたのか、あるいは世界そのものがその一つの永遠の自存する存在であるのかどうか、を考察することである。後者の意見は古代と近代のいくにんかの著作家によって主張されている。そして永遠で自存する世界が知的な精神を含んでいて、さまざまな部分を一つの大いなる全体に統合し、原因と結果の大いなる連鎖を導いているのだと想定すると、私の理性が及ぶかぎりでは、私はその想定に何の不条理も知覚しない。しかし、この支配者たる精神が神、我々が探求しているまさにその存在だというと、その想定は当の著作家たちの拒絶するところである。彼らはこの世界は知性を欠いていて、盲目の運命、あるいはおそらくは偶然によって支配されている、と主張する。

偶然というのは、ここで述べた意味では、この語は他ならず原因についての我々の無知を意味すると先に示したのだから、破綻せざるをえない〔原注　論考「自由と必然」、p. 195〕。そして盲目の運命に関しては、この世界の統治において開示される知性と予見が、その意見と明らかに矛盾する。日々起こる無数の結果が、その原因のうちなる力、叡智、善意を物語っており、世界は強力で賢明で善意ある存在によって支配されているという直観的な確信を我々に提供する。

自然の光は我々をしてその結論に導き、それについていささかの疑いを抱くことも許さない〔原注　論考「力、原因、結果」の末尾を参照〕。したがって、この世界が永遠で自存すると想定すれば、にもかかわらず、すべてを支配する独立の原因がなければならず、その原因が神だということになる。同時に、私は世界が、少なくともこの地球が永遠だとは決して認めはしない。その意見に対しては、以下の議論が決め手となるように私には思われる。しばしば変化するものは何であれ、結果であるにちがいない。なぜなら、仮にそれが始まりをもたないのなら、それが受けるあらゆる変化は何百万年も昔に起こったことになるにちがいないからである。

この地球、少なくともその表面は、たえず変化しており、山が次第に崩れて谷となり、海が陸地を浸食し、陸が海を埋め、海がますます塩辛いものになっていく、などなどである。したがって、地表は永遠ではありえない。こうした変化が地震や洪水、あるいは他の異常事の結果かもしれない、ということは、この主張を揺るがしはしない。というのも、この地球がもし始まりをもたないのなら、あらゆる微小な変化と同じように、あらゆる大革命も、はるか昔に起こったはずだからである。

人類の大多数は神というものの観念を形づくるうえで、自存という属性を含めていない。自らこの真理を発見した人は、抽象的な推論に慣れている人にちがいない。けれども、発見した後で、その真理を人に説明することは難しくない。そしてこれは十分説くに値する。というのも、それなしには我々の神についての知識は極端に不完全なものになるにちがいないからだ。力、叡智、善性といった神の他の属性はある程度、被造物にも受け継がれている。けれども自存という属性は、神とその被造物との間に想像しうる、最も強い対立をなしている。

第三の点、つまり神が我々に自らを知らしめるために用いる手段については、先のことを述べた後では、きわめてわずかの説明しか要しない。神の本質は我々の理解力の遠く及ばぬところにある。仮に神が我々に対して白日のもとに自らをさらしているとしても、我々の外的感覚のいずれかによって神に到達することはありえないだろう。精神は外的感覚のいずれかによって到達できるものではない。そして自存、叡智、善性、力といった属性は純粋に知的なものである。実際、結果から原因を見出す感覚によって、神は疑いも誤りも容れない、満足なしかたで我々に自らを顕示している。そしてつまるところ、神の存在について我々が有している証拠は、我々自身の存在について有している証拠にほとんど劣らないのだから、それ以上のどんな証拠を我々は望めるというのだろうか。我々の感覚は、どちらにおいても証拠として我々に役立っている〔原注　論考「人格の同一性」参照〕。我々自身の存在は、実際に、あらゆる事実のうちで、最も我々の関心を引くものである。したがって、自らの存在についてては、我々は最高度の確実性を有しているはずである。それに次いでは、神の存在について以上に、他のどんな事実問題についても、より大きな確実性を有していないように私には思われる。それは外的な対象や、自然の働きの恒常性と一様性について我々が有している確実性――それを信じることに、我々の人生の仕組み全体が適合している――と等しい。

神の存在と属性について主張されるアポステリオリ〔後天的〕な議論は一般に欠陥がある。常に連鎖に欠けた環がある。つまり、原因と結果についての我々の知識が依拠している感覚である。しかし、穏やかな知覚は、たびたび繰り返されると習慣化し、推論のなかで見落とされがちになる。たくさんの命題が大いに手の込んだ議論によって曖昧にされる。その正しさについては、我々は自らの感覚に訴えるだけで事足りる。だから、世界の枠組みと秩序、そのあらゆる部分に示された叡智と善性は、神が存在する歴然たる証拠だと我々は聞かされているのである。こうしたことは、十分な確信を与えてくれると私は認める。けれども、感覚や知覚をさておくと、あるものの存在から他のものの存在を推論によって結論するのには、私はすっかり途方に暮れる。特に、秩序と美が設計者たる原因に由来しなければならないということが真だとは、どんな推論の過程によって証明できるのだろうか。

結果の観念は確かに原因の観念を含んでいる。けれども、理性は、我々が結果と名づけるものが、原因と名づけるものと同様に、それ自体で存在しないかもしれないということを明らかにするだろうか。人間の作ったものは、手段が明らかに目的に適合しており、美と秩序が見出されるのであるが、つねに知性と設計の結果であることが知られている、と主張されるとすれば、私の経験の及ぶかぎり、私はこれを正しいと認める。けれども、経験が役立たないところでは、どんな手段によって、どんな推論の連鎖の環によって、私自身の過去の経験と未来とをつなげられるのか知りたい。以前の経験によって、自然は似たような事例について判断するように我々を促す、と言われるとすれば、これはまさに感覚に訴えるために、理性と証明を放棄することである。この真理の証拠は、もっぱら感覚に基づいているのである。

あらゆるアポステリオリな議論はこの原理のうちに解消されるかもしれない――それはおそらく目下の主題を扱っている著作家たちに影響を与えたのだろう。もっとも、彼らはそれを説明していないし、十分に理解していない、と私が言っても許されるはずだ。彼らはみな、本当は我々の感覚に訴えているものを、証明を与える推論だと述べる誤りに陥っているのである。たとえば、彼らは、男女の平等について推論する。そしてこの平等に限りなく反することを、物事が偶然によって運ばれることはありえないという証明だと主張する。これは、単に推論だと考えられており、結論的なものではない。というのも、出来事は無限に多様だからである。だが理性がこの場合に証明を提供できないとしても、感覚と知覚が確信を与えてくれる。男女の平等は、設計者たる原因の結果として我々が知り、知覚している多くの実例の一つである。それについては、我々は、自分自身の存在に劣らず、疑いを抱くことはない。ごくありきたりの出来事のなかで原因と結果のつながりを我々に開示する同じ感覚が、この宇宙全体が結果と至高の原因の関係のうちにある、ということを見出させるのである。

理性と論証に代えるに感覚をもってすることは、神の証拠をあまりに不安定な足場に置くことのように見えるかもしれない。反対に、直観はどんな推論がなしうるよりも高度な確信を提供できる。人間の理性は哲学者たちには一般に買いかぶられている。理性は独自の発見をなすうえではごくわずかしか助けにならない。物事を相互に比較したり、感覚や経験からの我々の推測を導いたりすることが、理性の本分である。理性は実際に神に関する我々の探究においては助けを与えてくれる。理性は目的因や、叡智と善性の優越についての我々の視野を拡げる。

けれども、目的因からの我々の議論を神の存在証明に適用すること、美と秩序に満ちた結果から設計者たる原因へと我々が結論する力は、理性からではなく、内なる光からくる。それがそれらの原因と結果の関係において物事を示すのである。こうした結論はまったく感覚に基づいている。そしてこれほど自然で明瞭なことを著作家たちが見過ごしているのは驚きだ。けれども、人心の胸中の誇りは、理性の力によって自らの発見を拡張したい気に人をさせるのであって、それは自分自身の仕事なのである。そこには鋭敏さと透察力の功績がある。そして最も重要な発見に我々は全能なる神の手で直接に導かれれると謙虚に認めるより、自分自身の功績としたほうがいっそう気持ちがよいのである［原注　間違いを防ぐために述べておくのがよかろう。大雑把な意味では理性は前提から結論を引き出す能力と同様に、直観も含む。けれども、ここでは直観に対立するものとして、厳密で正確な意味で用いられている。直観によって私たちはある命題を真だと知覚するが、それは私たちがあるものを視覚によって存在すると知覚するのとまったく同様である。他の命題では、私たちが結論に達する前に、比較と中間段階の連鎖が必要とされる。それによって私たちは、明白にであれ蓋然的にであれ、その命題を真だと知覚する。だから明らかに、知覚の単一の働きで獲得される直観的な知のほうが、多くの知覚を要する推論よりも、おしなべて、確信の度合いが高いはずである。私たちが知を獲得するための過程が複雑であればあるほど、誤りを犯す見込みも大きくなる。したがって、私たちの確信全体も小さくなる」。

私が依拠するだろう原理をあらゆる真理のうちで最も重要なものだと示したけれども、反論も見逃してはならない。反論に対して私は最大限尊重する。それはあらゆる論争のなかでなされるべきことだし、真理が何より大事な主題を扱ううえでは、もっと厳密に言えば義務になるのである。

一つの反論があるかもしれない。この世界を造った一つの大いなる存在者の永遠性と自存を引き出した先の議論は、必ずしも当の結論を導くものではない、というものだ。なぜなら、この議論は存在の永遠の継起のために、それらの存在を相互に由来させている、という結論を同じように導くだろうからである。これほど深遠な事柄にあっては、いくばくかの正確さをもって観念を形づくることも難しい。先に見たように、人間が思考のなかで、その存在が原因の想定を認めることができないような、永遠なる存在を把握するのは大変である。一部の我が形而上学的な著作家たちがしているように、その存在の本性にある絶対的な必然性をその存在の原因であるように語るのは、ジャーゴン〔仲間内の言葉〕にすぎない。というのも、原因は結果に先立たねばならず、原因は結果のうちには決してありえない、ということ以上に明晰に我々が考えることはありえないからである。けれども、その存在に原因をもたない一つの永遠なる存在を考えることがいかに難しくても、お互いの存在をお互いから由来させる、存在の永遠の継起を思い描くこともそれに劣らず難しい。というのも、すべてのつながりが所産だと想定されるとしても、その連鎖自体は、一つの永遠なる存在と同様に、原因なしに存在するからだ。

したがって、存在の永遠の継起は、一つの永遠で自存する存在以上に自然な想定であるわけではない。そして視点を変えてみると、それはずっと自然さに欠ける、いやむしろまったく不自然な想定のように思われる。存在における継起は、個物のたえざる消滅を含意しており、実際にごく自然な概念である。しかし、だからといって、それは脆弱で依存的な存在と密接に結びついていて、この概念に最大限の暴力をふるわずに、万物の造物主——我々は当然、永続的な存在と他のあらゆる完全性を帰する——にあてはめることはできない。したがって、この永続的な継起という仮説は、神にあてはめると、理性からの支えをまったく欠き、自然に矛盾していて、これを受け入れる理由はありえないことになる。

著名な命題、「恐れがまず世界に神々を創り出した」*primos in orbe Deos fecit timor*[2]は反駁されるだろう。恐れのみがその結果をもたらしたちにちがいないというのなら、我々の神を信じる原因を増殖させることは、哲学的でないと考えられるだろうからだ。私としては、本来の意味で受け取るなら、恐れは眼に見え

（2） もともとは *Thebaid*（3.661）より。これはスタティウスによって八〇—九二年に作られた叙事詩である。〔L. p. 213〕

ない悪意ある力を我々が信じる基盤である、という命題の正しさをほとんど疑わない。というのも、恐れは善意ある神を我々が信じる原因には決してなりえないからである。他の論考で示したように〔原注「暗闇のなかの超自然的な力への恐れ」〕、悪意ある見えない力に対する我々の恐れの原因がある。そして我々の本性のうちの、そのような力を恐れる不規則な性向ほど、宗教にとって有害なものはなかった、と私は確信している。皮相な思想家たちは、こうした想像力の幻影と、我々の真の真正な知覚の対象とを混同しがちである。彼らは、前者にほとんど現実性を見出せないので、後者もまた虚構だと結論づけるむきがある。

人間は原初の未開状態にあっては、恥ずかしがりで臆病な動物であって、新しい対象はことごとく怖がり、どんな異常な出来事も何らかの見えない悪意の力のせいにする。同時にただの欲求に導かれ、規則性や秩序、行為の道徳性や自然の美については、ほとんど理解しない。この状態では人間は至高の存在者、万物の創造主の観念をまるで抱くことなく、自身の眼に見えない悪意ある力を増殖させる。人間は社会のうちで成熟し、他者の善意に恵まれるにつれて、新しい対象への恐れは次第に減じていく。人間は自然の運行に規則性と秩序を知覚しはじめる。人間は、結果から原因を、原因から結果を発見する上でも慧眼になる。次第に人間は存在とその働きのさまざまな秩序をのぼっていき、万物の原因たる神を見出すに至る。人間の歴史をおさらいしてみると、未開人は悪霊の観念にいちばんとりつかれていて、神の知識はきわめて欠いていること、あらゆる文明化された国民は、例外なしに神の固い信仰を抱いていて、悪霊への恐れはどの国民でも、社会的な交流が次第に進展するにつれて減耗していくことが、妥当すると分かるだろう。

そしてこれは、あらゆる思慮ある人を動かさずにはおかない省察へと至る。未開状態で人間は、あらゆる情念の激発とあらゆる想像力の幻影に駆り立てられている。人間の力や能力は教育とよき文化によって改善される。人間は物事の本性における深い知識を獲得し、真偽を区別することを学ぶ。そして知識と識別力が増すにつれて、神というものについての彼の確信はそれに比例してより明確になり、いっそう権威あるものとなる。神についての普遍的な確信は、あらゆる文明国民の間に行き渡っているが、まず我々の本性に基盤を持っていないはずがない。そうかもしれないと主張することは、結果が十分な原因なしにあるかもしれないと主張することである。理性は十分な原因ではありえない。というのも、この主題についての我々の推論はよくいって難解であり、人類の大多数の理解力を越えているにちがいないからである。したがって、神についての我々の知識は、人類に共通である直観と知覚に基づいているにちがいない。そして神がこの方法で理性ある被造物に自らを開示するというのは、自然の類比にかなっている。

この主題がいくらか曖昧さに陥っているとすれば、きわめて大きな重要性のある問題において、思考や表現の不正確さに意を用いていない著作家たちが責められるべきである。けれども、直観的な知覚に理性をとって代えるのが著作家たちにはありきたりの誤りである。沈黙して努力もなしに働く感覚は、一般に見逃されている。そしてあらゆる種類の推論が直観的に確かな公理や原則に基づかねばならないということを考慮することなく、我々が正しいと判断するすべてのことについて、我々は理由を見出さねばならない。この間違った先入見の実例は、万学のなかで最も完全な数学においても稀ではない。ユークリッドの第一編で、自明な命題が一つならず、証明のかたちで述べられている(3)。

まさに同じ間違った偏見によって、いくにんかの著作家たちによって道徳原理が曖昧にされてきたのである。人間行為の正邪という性質は、道徳感覚によって直観的に我々に知られる。そして理性によって見出されるどころか、そうした性質は道徳的な事柄についてのあらゆる推論が基づかなければならない公理ないし原理なのである。こうした考察の実例として、不変の責務と道徳的義務についてのクラーク博士による証明——そう呼ばれている——以上の例は要しない。本書の六七頁〔訳書の九一頁〕ですでに述べたが、それは明確な意味を、いやどんな意味も欠いた言葉だけに存する証明なのである。(4) そして長らく無視された心の解剖学が以前よりも探求の主題になった後でさえも、道徳感覚はすぐには認識されなかった。

ハチスンは物事、ことに人間行為の美と醜についての感覚を見出したが、しかしその感覚を道徳感覚だと考える誤りを犯した。行為の正邪についての感覚は、我々のふるまいを導き、何をすべきか、すべきでないかを我々に教えるものとして、それだけが道徳感覚と名づけられるべきなのに、この著者には気づかれなかった。同様に、神についての我々の知識も非常な曖昧さに陥ってきた。著作家たちは神やその属性について際限なく推論をめぐらせており、先に述べた作品からだけでなく、その存在についての生得的な知覚からも我々が神を見出す手がかりである、自然の光を見逃している。これは『人間史素描』のなかでも明らかにされており、我々の本性の一部門をなしているのだが、行為の正邪についての感覚に劣らず明白なことである。

社会の最初の段階で慣習であった英雄の神格化については、一般の意見はこうである。すなわち、生活の改良にいくらかなりとも寄与した人たちへの感謝が熱心に行き過ぎるあまり、その同国人たちが、その人たちが死によって人間社会から奪い去られるのを見るやいなや、彼らを神々の社会へと持ち上げるということである。私はこの推測を快くは思えない。未開人の間での不死性の観念は一般に曖昧である。そして自然死にせよ暴力的な死にせよ、人間が生命を絶たれると、人間はまだ生きているとは考えられず、まして存在の高い段階に移ったと考えられることもない。なるほど、未開人の間では、あらゆる新発明が輝かしい人物を生み、何らかの度合で社会の便宜に寄与する人が生涯にわたって讃えられ、死後も記憶されている。そうした人たちの思い出を讃えるために、祝宴や儀式が定められてきた。当初、ことがそれ以上に進まないと信じるのは理にかなっていない。未開人の間では超自然的な力についての最初の観念が恐怖から生じたというのは、きわめてありそうなことである。

社会が次第に改良されていくにつれて、規則性、秩序、よき設計が何がしかあいまいな仕方で、この世界の事情のなかにおいて認識されるようになった。そしてこれが自然に善意ある力――おそらくは太陽や月など、高く光輝ある存在――の統括を示唆した。これが明らかに神に関する内的な確信の最初の目覚めであっ

(3) ユークリッドの『幾何学原論』は三段論法のモデルにしたがっており、そこでは幾何学的な命題の一つ一つがそれ自身の証明によって正当化されている。〔L. p. 215〕

(4) 「物事の永遠で必然的な差異から、当然、そして必然的に一定の道徳的な義務が生ずる。その義務は、あらゆる実定的な制度や賞罰の期待に先立って、すべての理性的な被造物に課せられている。クラークの *Discourse concerning the Unchangeable Obligations of Natural Religion* の第一命題。以前のケイムズの引用については、第一部の第二論考の脚注9を参照。〔L. p. 215〕

た。これまで確かであるのは、我々のさらに啓蒙された能力によって神の単一性が見出される前には、多神教が認められていたということである。宗教の最初の段階では、上級の存在は、それらについて抱かれた観念によれば、善意においてと同じく力においてもずっと限られていた。人間は自分たち自身の種のうちに存するよりも、ずっと多大な力や善意を考えるのに、思考を慎むことはできなかった。そのような限られた控えめな観念が多神教の体系を支持した。というのも、エネルギーが不足したものを数によって補うのは、我々にはありがちだからである。そして恐れが悪意ある力の数を増殖させると、善意があると想定されたものに対する希望もそれに劣らず実りあるものになった。そこから、ほどなくして、厳粛な制度によって記憶にとどめられている善き人々が、同国人たちの好意的な想像のなかで、さらに一段高められ、地霊や守護神に変えられたということなのだ。彼らはなおも人間たちの事柄を統括していて、高められた状態で、人間の姿をとって存在していたときに非常に活躍した彼らの国に対して、善意を働かせ続けていると想定された。こうしたことは、神に向かう進歩における、精神の自然な段階であるように思われる。

神というものにたいする信仰をそのしかるべき基盤のうえに置いたので、我々はその大いなる存在に存する属性についての概観に進もう。まず最初に、〔神の単一性である。〕

神の単一性

神のこの属性、また他のすべての属性に関して、我々が十分な観念には到達しえないというのは気を滅入らせるような省察ではないはずだ。人間精神によって完璧に把握される対象としては、神はあまりにも偉大である。神の存在の仕方になんらか対応する言葉も観念も、我々は有していない。ある善き天使が我々を教え導いてくれるとしても、神について明確な概念を形づくるうえではなお途方にくれるだろう。力、知性、善性は我々が把握できる属性である。しかし、神の本性全般と、その存在の仕方に関しては、我々はこの死すべき状態では、暗闇のなかにとどまることに満足せねばならない。**単一性**という属性は、我々が、自然の光によっては、すべてのうちでいちばん確信を持たないものである。最高の次元に属する存在が二つ以上あって、その本質と作用が存在それ自体の本性によって規制され、すべて和合している、ということに矛盾はない。実際、神的な存在の本性は我々の手の届くずっと彼方にあるのだから、**単一性**あるいは**多数性**を神に当てはめることには、我々は完全に当惑するにちがいない。この性質は個々の事物に当てはまる。けれども、我々は、それが神にも当てはまるということは知らない。しかし、これほど隔たった事柄についてあえて判断を下すなら、**単一性**を支持するという結論を下さなければならない。我々は一つの永遠なる存在の必然性を認識している。そして感覚あるいは理性から、複数あると想定する根拠はいささかもない、ということで十分である。

神の力と知性

この二つの属性を私はひとまとめにする。というのも、同じ省察が両者にあてはまるからである。叡智と力は必然的にこの世界の創造と支配の前提となっていて、我々の理解がとうてい及ぶところではないのだから、それらは**無限**と称してまさしくさしつかえない。そのいずれにも、我々はいかなる限界も帰しえない。

そして、限界を帰しえないものには、無限という以外の観念を我々は持たない。

神の善意

我々の観察にかかる出来事の混合的な本性は、混合的な原因を指し示すようにおもわれるのであって、一部は善意、一部は悪意である。『人間知性の研究』の著者は、一一番目の論考「自然宗教の実践的帰結について」のなかで、エピクロス派の哲学者の口から、神の善意に反対する非常に抜け目のない議論を語らせている。あらましは次の通りである。

もし原因が結果からのみ知られるのであれば、結果を生み出すのに正確に必要とされるもの以上には、いかなる性質も決して原因に帰すべきではない。したがって、神が宇宙の存在と秩序の作者であると認めると、神はまさにそれに見合うだけの力、知性、善意を有していることになり、その手並みのなかにそれらは表れていることになる。

したがって、物事の現在の光景は、見たところ悪と無秩序に満ちているから、こういう結論になる。「この世界の不完全さにまさに釣り合うだけのもの以外に、神にはどんな属性も帰する根拠が我々にはない」。人類については、彼は違ったふうに推論する。

人間の技芸と考案の作品について認められることは、我々は結果から原因に進み、その原因から戻ることができること、まだ存在していなかった新しい結果を結論することである。そういうわけで、たとえば、造りかけの建物があって、周りに石積みやモルタル、あらゆる工具があるのを目にして、当然我々はこの建物が完成され、技術がそれに加えうるあらゆるさらなる改良を受けるだろうと結論する。しかしこの推論の基礎は明らかに、人間は我々が経験から知っているものであり、その動機や意図を我々は知っており、だから人間から予想されることに関して、たくさんの推論を引き出すことができる、ということである。だが、検討にのぼるただ一つの作品や生産物だけから我々が人間を知っているのだとしたら、このように論じることはできないだろう。というのも、我々が人間に帰す性質についてのすべての知識が、この作品や生産物から引き出される想定に立つとすれば、それ以上の何かを指し示すか、新しい推論の基礎となることは、ありえないからである。(5)

この議論で想定されているような、こうした事柄において理性が我々の唯一の導きだとすると、それは正しいように見える。どんな理性の推論によっても、結果のうちに示されるものを超えて、原因のなかに力や善意を導き出すことはできない。けれども、これは驚くほどの発見ではない。この哲学者はさらに議論を進めたかもしれない。私が完全によく知っている人についてさえも、どんな推論の連鎖によっても、その人が建て始めた家を完成するだろうとは結論できない、と彼は述べたかもしれない。彼の気質や性向を云々して

(5) Hume, *An Enquiry concerning Human Understanding*, 11.13, p. 190; 11.25, p. 195.〔L. p. 219〕斎藤・一之瀬訳『人間知性研究』、一三三―四頁、（ケイムズはヒュームの文章を適当に要約している）

も無益である。というのも、いかなる理性の原理から、そうしたことが以前と同じように続くだろうと、私は推理できるのだろうか。私がまるで知らない人に関しては、その人が家を建て始めたとしても、困難はいっそう増す、と彼はさらに述べていたかもしれない。というのも、理性のうちに、私が見知っている人たちの性質を、見知らぬ人へと移転するどんな根拠があるだろうか。それはいかなる推論の過程によっても確かになしとげられないことである。

さらに一歩進めればこうだ。理性は、私が神に対して、その手並みに表れる、見合うだけの力や知性や善意さえ帰す支えにはならない、ということである。盲目で非意図的な原因があらゆる卓越した結果を生み出すかもしれないと想定することに、私は何の矛盾も見い出せない。反対の証明を出すことを私は難しいと思う。そして働いた瞬間に、神がこうした特性を帯びたと想定すると、そうした性質が神のうちにまだ存続しているとは、どんなアプリオリな議論によって明らかにすることができるのだろうか。いな、この同じ哲学者は、ずっと先に進んで、何ものも生じたときにはその存在の原因については、どんな推論の過程によっても我々は推論することもできない、と述べたかもしれない。

けれども、人間にとって幸いなことに、理性が役立たないところでは、感覚と直観が助けになる。我々の本性に植え込まれた原理によって、我々は先の結論や推論をなすことができる。以前の論考のいくつかで、長々と示したとおりである。とりわけ、どんな対象においても見出される力は、形状や延長のように、恒久的な性質であると直観的に知覚される［原注　論考「未来の出来事についての知」］。これによって、一つの結果によって見出される力は、同様の結果を生み出すのに十分だと、どこまでも考えられる。そのうえ、大きな力が小さな結果から見出されるかもしれない。これは身体的な力にも当てはまることである。ある行為が容易に、努力もなしになされる場合のようにである。これは知恵や知性でも同じく際立っている。ごく手短な議論が判断の正確さや、深い透察を明らかにするかもしれない。

同じことは技芸にもあてはまる。すぐれた感性をもってなされたちょっとした作品を吟味すれば、芸術家がもっとすぐれた仕事に見合うだけのものを持っていることを、我々は容易に見てとる。けれども、それが何より著しいのは、善意という性質においてである。未知の原因によって生み出された一つの結果は、それがある善き目的にかなっているように見えれば、そこから我々は必然的にこの原因に力や叡智だけでなく、善意もあるとみなす〔原注　論考「力」の末尾部〕。この知覚は、ただ一つの結果から生じるのであれば、確かにほんの弱いものである。それでも、それは悪意がいささかも混じっていない、純粋な善意の知覚ではある。というのも、そんな矛盾した性質どうしが、同じ原因に帰せられることは容易ではないからである。

結果が一部は悪しきもので一部は善きものという、混合的な性質のものである場合、あるいはこうした対立する性格を有したさまざまな結果が同じ原因から生じている場合には、実際に困難があるかもしれない。こうした込み入ったケースは常に我々を悩まさないではおかない。けれども、我々が何らかの感情を抱くにちがいないので、結果のうちでいずれの性質が優っているかによって、善意あるいは悪意を原因に帰すのである。もし悪のほうが目立っているなら、善性をしめす反対の例があるとしても、我々は原因を悪意あるものと知覚する。もし全体として善意のほうが立ちまさっているなら、我々は原因を善意あるものとして知覚し、悪しき反例によって動かされることはない。我々は確かに、全体として最大限の善を生み出すのに、それが必要かもしれないと知っているのである。一言でいえば、善意と悪意からなる混合的な性格は、相反する結果が同等でそれを痛切に感じさせられる場合でもなければ、退けるのが我々の本性の傾向である。そして推論の能力によって到達できないあらゆる主題においては、我々は、当の主題が容認できる最善の証拠として、我々の本性の傾向に正当に依拠する。

我々が引き出せる結論はこういうものである。それは実際には理性からではなく、直観的な知覚から引き出したものである。我々は物事の本質ないし本性についてはわずかしか知らないのだから、こうした結論をどんなアプリオリな議論の上に据えることもできない。こうした結論を人類に対して証明することは、人類にとってたいした益にはならないだろう。このような深遠な思索を理解できる暇や才覚のある人はわずかである。そうした思索が直観的に確かなように我々に見えるということは、より賢明に定められているのである。

これは神の善意を我々が確信する確固たる基盤である。たった一つの結果から原因の純粋な善意が知覚できるのであれば、人類に対する善意に満ちた神の作品たちを見渡すとき、神の純粋な善意についてどんな疑いがありうるだろうか。善き目的に賢明にもかなった無数の物事の実例が、神の叡智とともに善性に対する最も強い確信を我々に与えてくれる。それが神の働きの恒常性、一様性に対する不動の確信と足並みをそろえる。多少の反例があったところで我々が揺らぐことはない。我々が自然についてごくわずかしか知らないのに、我々があらゆる出来事とその最終的な傾向を説明できるとしたら、実に驚きであろう。我々が全能なる神の評議に招き入れられるのでなければ、創造のすべての神秘を明らかにすることは決して望めない。

神の純粋な善性に対する我々の信念を裏付けるために、さらに別の考察も加えよう。第一に、神の独立し、すべて充足した本性のため、神は羨望や、自らの創造に対する全般的な関心をおいて、他のいかなる利害の追求にもかかずらうことはない。欠乏、弱さ、利害の対立は人間の間の悪意の原因である。神はこうした影響をことごとく免れている。したがって、神が自ら創った被造物より不完全だと想定するのでなければ、神の本性にいささかなりとも悪意があるとは想定できない。

第二の考察があって、これは私にいつも大きな満足をもたらしてきた。自然的な悪が、見かけにおいてと同じく現実にもはびこっているとすれば、自然への知識が拡大すれば、善き意図と同じく悪しき意図の新しい実例を日々発見するはずだと、我々は予想しなければならない。けれども、事実は正反対である。我々の発見は、数知れない美しい目的因を開示することによって、神の善意についてますます我々を確信させてくれる。その一方で悪しき意図という見かけは、太陽が照り出したときの霧のように、しだいに消散していく。以前は無益に見えたり、おそらくは悪しき傾向を持っているように見えたりした、多くのものがその仕組みにおいて興味深く、よき結果を生み出すことがわかってくる。そして学知がしだいに進歩していくと、その種の発見がさらに多くなされるだろうと期待してよい何より強力な理由がある。この考察そのもので、他によりどころとするものが何もなかったとしても、神の善意について我々が直観的な確信を抱く支えを得たとして安んじられるようにさせるはずだ。多少の見かけの反例の錯綜に屈することもない。その錯綜は、我々の理解力をはるかに超えた事柄では、神のうちなる何らかの悪意ではなく、我々の無知に帰せられるのが理にかなっているとしなければならない。学知が進歩すれば、あらゆるこの種の疑いと錯綜が完全に一掃される時が来るだろう、と望むべき大いなる理由がある。

私としては、もう一つの考察を示唆するだけで満足しよう。明確に善意と調和することができない出来事から神の混合的な本性を推定することは、せいぜいのところ、新手のマニ教的な体系であって［マニ教はイラン人によって三世紀頃に創唱された宗教。地中海世界を中心に伝播し、教父アウグスティヌスもかつて傾倒した。天地開闢以前から存在する光＝善と闇＝悪の二つの原理が対立するという教義を持ち、この文脈でも「善悪二元論的」の意味で用いられている］、善意にとって代えるに実際にはさらに信憑性の劣るものを出している。というのも、一つの力が大いなる善性と大いなる悪意という相容れない原理を帯びているというより、宇宙を支配する対立的な二つの力があるという概念のほうが、ずっと簡単に形成できるからである。

こうして、純粋な善意という属性に対する我々の確信は、幅広く堅固な基盤を持っているように思われる。その確信は、直観的な知覚によっても、自然科学においてなされるあらゆる発見によっても、理性と反省から示唆されるあらゆる議論によっても、我々に刻み込まれる。それに対して向けられる、多少とも重みのある反論が一つだけある。それは自然的、道徳的な悪の説明しがたさからくるものだ。先に見たように、この反論はいかに人を惑わすものではあっても、この属性に対する我々の信を揺るがすはずがない。というのも、無知による議論はどんな場合でも、説得的な議論にはなりえないからだ。だから、これは、どんなによく言っても、しっかりした反論ではなく、困難な形をとるしかない。同時に、これほど興味深い主題に思考の最大限の努力を十分に傾けると、いくつかの省察に進むだろう。そしてその省察は、自然的、道徳的な悪について一般に提供される事例は、一見して想像されるほど、純粋な善性と相容れないものではないということについて、我々に満足させることに役立つかもしれない。

　私が思うに、おそらくたいした躊躇もなしに認められるだろう、一つの予備的な論点を解決しておかないといけない。この世界が限りなく多様な被造物に満ちていて、最も卑しいものから最も高貴なものまで、存在の尺度を次第にのぼっていくということは、確かにいささかなりとも神の純粋の善意と矛盾するとは思われないだろう。これが純粋な善意に対する反論を提供すると考えることは、あらゆる無生物が生命と運動を賦与されていて、あらゆる生きものが天使でなければならない、と実際に考えることである。無限の力と善性がその働きにおいて絶対的な完全さを達しないことがありうるということ、また創造の業が、最高の完成において、存在の最高の次元にとどめられなければならないということが、一見して考えられるとしても、この思考は次のように考えることですぐに正されるだろう。この想定によると、現在の事物の体系では、存在、生命と運動によって埋められる、巨大な空白が残されている、ということである。そして、世界が最高度の完全さで創造された存在の最高の次元によって充満されるものと想定すると、創造の業を、完全さの劣る無数の被造物を加えることで完成するほうが、最高度の次元の存在と無との間に大きな空白を残しておくより、確かにいっそう広範な善意の行為なのである。

　そういうわけで、被造物の不完全さは、抽象的に考えても、力であれ叡智であれ善意であれ、神のいかなる属性も糾弾するものではない。もしそうだとしても、抽象的に考えられた苦しみというのは、それが不完全さの自然で必然的な帰結であるかぎり、糾弾と考えることはできない。この世界の支配は一般的な法則によって進められていて、それが自然の働きに恒常性と一様性をもたらす。これに対する多くの理由のうちで、以前の論考［原注　「未来の出来事についての知」］で展開された一つの理由を我々ははっきりと見出す。すなわち、自然が恒常的で一様でないなら、人間も他の感覚をもつ存在も、どう身を処するものか、まったく途方にくれるだろう、ということだ。

我々の本性はこうした一般法則に適合していて、それゆえに有益であれ有害であれ、すべての一般法則の多様性に服しているにちがいない。我々は感受性のある生きものとして造られていて、それゆえに快苦を等しく受け入れる。そして物事のまさに本性からして、知覚の繊細さは、多大な快の源泉ではあるものの、同じく多大な苦の源泉であるかもしれない。確かに、ある生きものが快だけを感じて、苦を感じないというのは矛盾だとはいえない。けれども、人間のような生きものがその存在の尺度のうちに位置を占めるはずがない、ということを帰結するもの以外には、いかなる議論もこの仮定に基礎を置くことはできない。それは確実に維持されないだろう。というのも、人間というのが現にあるとおりにあるほうが、そもそも存在しないよりもなおよいからだ。

さらに一般に見てとれることは、苦の嫌悪は、少なくとも人類においては、他のあらゆる欲求と釣り合うほど大きくはないということだ。ほとんどの人はいくらかの苦と引き換えてでも、さらに幸福を増すことを求める。だから創造された存在がその本性と条件からして苦を受け入れるということは、全体としてその生を快適なものにすることを考えれば、神の善意に対する反論にはなりえない。彼らの状態は、快も苦も受け入れない無生物のそれよりもなお好ましい。

こうして、我々の主題を概観することからでさえ、自然的な悪は神の善意に対する反論をまったく提供しないように思われる。そしてこのことは、個々別々のものに目を向けると、いっそう説得的にみえてくる。最初の論考で示したことだが、社会的な感情は、もっとも苦痛に満ちたときでさえ、直接に感じるのであれ後から反省するのであれ、何らの嫌悪も伴ってはいない。我々は自分がそのように成り立っているから、そのような成り立ちが社会的な被造物にふさわしく、かなっていることに気づいているから、ますます自らを評価する。したがって、この種の苦痛は、我々がそれに対して嫌悪を抱かず、不満も抱いたりしない以上は、悪とは呼びようがない。

こうしたことをさておくとしても、正当に自然的な悪と呼んでよいものは、小範囲に切り詰められる。そうしたものは必然的に、我々の本性の不完全さからであれ、一般法則の働きからであれ、原因と結果の確立された連鎖によって進行するものであることがわかるであろう。苦は世界に盲目的に、あるいは悪意の姿をとって配分されているわけではなく、目的、均衡、尺度が、この配分のうちには見てとれる。摂理の停止が最も厳しいときでさえ、善き傾向の感知できるしるしは明らかである。そして一般法則の善き傾向は、その善き結果の説明に我々が苦慮するような場合であってさえも、善意の確かな保証である。一つ確かなことは、人間のうちにはこうした一般法則とその帰結に服する生まれつきの原理があるということである。そしてこの原理がしかるべきかたちに育まれるなら、道徳世界の法則に従うのと同じだけ、自然界の法則に服した正しいふるまいを意識するだろうし、どちらの苦難に対してもほとんど不満を抱くことはないだろう。

けれども、苦痛や苦悩がさまざまな善き結果をもたらし、ある程度は現行の体制に必要であるということを我々が進んで示すことなしには、この主題を正当に扱ったことにはならない。第一に、苦は生命にとって有害で危険なものに対する監視役として必要である。どの人も自己保存を気遣う役目を託されている。そしてもっぱら理性の導きに委ねられたなら、その任務には人間はまず適さなくなるだろう。もし飢えという苦がなければ、人間は食糧不足で死んでしまうだろう。恐怖からくる苦がなければ、あらゆる瞬間に、最も破滅的な企てに自らを投ずるだろう。第二に、苦は、人間のものであれ神的なものであれ法の大いなる制裁である。それなしには世界にいかなる秩序も規律もないだろう。第三に、季節の不確かさや、我々が関係のある人たちの変わりやすい気分や、他の思わしくない事件からくる苦悩や失望は、我々の希望と恐れをたえず活性化しておくことで、我々の身体構造に見事にかなっている。

人間は活動的な存在であり、さまざまな仕事に従事するとき以外に、本領を発揮できない。希望も恐れもない生の変わらず一様な調子は、たちまちにして飽き飽きさせ、嫌悪感をもたせるであろう。だから苦は、我々の快を高めるためだけでなく、我々を動かし続けるためにも必要なのである［原注　摂理に対する一つの反論は、私はその擁護論が非常に強力なものだと思う。こんなふうに反論される。

嵐や暴風や、実りのない季節や、蛇、蜘蛛、蝿などといった有毒、あるいはやっかいな動物たちは、同種のさらに多くの実例とともども、自然の不完全さを露呈するものである。人間の生活は、こうしたものがなければ、ずっと楽だっただろうからだ。

けれども摂理の設計は、このうちにもはっきりと見てとれるかもしれない。太陽と月の動き、宇宙の仕組全体が、哲学者たちが見出し、観察するかぎりでは、最大限の規則性と完全性を有している。しかし、神が人間に思考や労働によって解決をもたらす力を託しているところでは、ことごとく、神は物事を不完全な状態に置き、人間の勤勉をあえて奮い起こすようにした。それなくしては、生は停滞するか、そもそも存続しようがなくなってしまうだろう。*Curis acuunt mortalia corda. Swift's thought on various subjects.*］(iv)。

この点で人間の仕組みに対して不満を述べ立てることは、言い換えれば、存在の尺度のうちで人間のような被造物がいることに対して不満を述べ立てることなのだということは、改めて述べるまでもない。もう一つだけ他のことを言うと、苦痛や苦悩は社会の利益を促進する見事な傾向を有している。悲嘆、同情、共感は強力な結合原理であって、それによって個人一人ひとりが種族全体の一般的な善に服するようになるのである。

主題のこの部門を、一つの一般的な省察で結ぶとしよう。これを最後までとっておいたのは、私の理解では神の善意を示す決定的な議論だからである。この世界の形成と支配について我々が知っていることを見渡してみると、物事を善き目的、目標にかなうものにするうえで、善き意図と至高の叡智が見られる実例は数知れない。そして我々の知識が進歩するにつれて、このような光景は我々の上でさらに増すというのも同じく正しいことである。この考察は先に裏付けておいた。けれども、ここで私が述べたいことは、悪意、悪しき意図に正当に帰すことができる実例には、ただの一つも出会うことはない、ということだ。多くの悪が指摘されるかもしれない。少なくとも、我々にとっての悪は。けれども、そうした実例についてどれほど述べ立てたところで、それは個別より全体を顧慮する一般法則からだけの帰結であるように見える。したがって、世界の創造主にして支配者の悪意のしるしにはならない。仮にそうした実例の傾向について何らかの疑いがあるとしても、それは他の実例にもきわめて明らかだが、善意の欠如よりも力の欠如に帰したほうがより合理的だろう。けれども、そうした実例を合理的にはいずれのせいにもすることができず、むしろ物事の予定された秩序と仕組、あらゆる被造物に必然的な不完全さのせいにするしかないのである。そして結局、理性的に求められるかぎり最大限の比重をこうした自然的な悪に置くとしても、説明はこんなところだ。

この世界の枠組みと支配における善意の無数の実例は、あまりに直接的で歴然としているので、いささかの疑いも容れるものではない。その一方で、自然的な悪はせいぜいのところ、悪意のきわめて疑わしい実例であると述べられるが、おそらく、ぼんやりとしたかたちで、別の原因に帰せられる。この説明を引き合わせると、見かけ上の悪を圧倒的にしのぐ数の善があるところでは、純粋な善を神に帰し、そうした悪は善き仕組の必然的な欠陥だと結論することをためらう理由があるだろうか。とりわけ、大いなる善意と大いなる悪意を同じ存在に帰すことが、我々の自然的な知覚に非常に矛盾するときはそうである。

神の善意に対する先の反論に答えるうえで、我々の未来の存在からいかなる議論を進めることも私が避けてきたことは触れておこう。それは実り多い慰めの場を提供し、この生の一時的な悪を圧倒してあまりある。けれども、こうした話題をこの事柄について主張することは公正な推論だとはまず私は思わない。それは循環論法になりかねない。というのは、神の善意は我々が未来の存在を築くことができる唯一の確固たる基礎だからである。

自然的な悪に対して思い当たることは論じたので、ここで神の善性に対する反論として出される、道徳的な悪を考察してみよう。一部の著作家たちはこの反論を推し進めて、神は道徳的な悪の原因だと結論するまでに至っている。神は人間に、道徳的な悪が生じ、満ちあふれるような構造を与えたから、というのである。道徳的な悪は人間の自由の必然的な帰結だということは、確かにこの反論に対する満足な答えではない。人間には道徳感覚が授けられていて、それが実に鮮明で強力で、自分の行為について絶対的な権威を持っている、というのがきわめてありそうな仮説である場合はそうだ。

だから、人間の自由からの議論とは別に、当の反論に対するもっと堅固な答えを探し求めなければならないだろう。以前の論考で述べたようにこの事柄を考察すれば［原注　論考「自由と必然」］、それは難しいことではない。人間の行為はことごとく一般法則に導かれたものであって、法則の働きは、単なる物質を支配する法則に劣らず過たずに働くということは、読者も納得のいくように示したと私は思う。そういうわけで、物質的な世界ばかりでなく道徳の世界でもすべてのものが全能なる神によって定められた確たる法則にしたがって進行するのだから、こんなふうに確信する正当な基盤が得られるだろう――あらゆる事柄は摂理によって最善なしかたで秩序づけられていて、それゆえに人間の悪徳や弱さでさえも、賢明で善意ある目的に応えるようにできている、と。あらゆるものが神の計画のうちでは固有の地歩を占めている。我々の行為のすべてが等しく、我々の創造主の偉大にして善き設計を推し進めることに寄与する。したがって、神の目から見て悪しきものはなく、少なくとも全体から見て悪しきものは何もないのである。

正しい光である先の光に照らして、当の反論を検討してみると、反論は説得力を失う。というのも、神が人間に道徳的な悪の感覚を授けたということは、確かに神の善性に対する反論としては主張されないだろうからだ。道徳的な悪の感覚は現実には人間に賦与された最大の恵みの一つであって、すぐれて人間を野獣から区別するものなのである。

しかし反論が別の形をとって、こんなふうに問われたらどうだろうか。すべての人間に、自らのすべての行為の原理に対して完全な権威をふるうほど、強力な道徳感覚が賦与されていないのはなぜだろうか、と。そうすればたいていの自責と、他者への危害を防げるだろうに。答えは、第一に、人間の正邪の判断もまた無謬でもないかぎり、これだけではふるまいの正確な規則性にとっては十分ではないだろう、ということだ。というのも、何があなたのもので何がわたしのものかについて我々が意見を異にするかぎり、我々にどれほど罪がなかろうと、不正が多くの場合に帰結するはずだからだ。けれども、その次に、道徳感覚の欠陥について文句を言うのは、我々が完全な被造物でないことに文句を言うことなのだ。そしてこの文句に十分な根拠があるなら、我々の理解力がごく控えめで、一般に力や能力が限られていることに文句を言うのも同じだけ正当なことになるかもしれない。内外いずれであれ、我々の感覚がことごとく不完全なのに、道徳感覚の不完全さがどうして反論として持ち出されるのだろうか。要するに、この文句が多少とも正しいとすれば、先に見たように、人間のような存在を創造したことが神の善意と相容れない、ということを示すところまでいかなければならない。

この本の第三版を書き終えた後に、デヴィッド・ヒューム氏による『自然宗教に関する対話』が出版された(6)。その目的は当の著者が以前の著作で述べたことを例示することであって、何ら新しい内容は付け加えていない。彼は対話形式を好んだことにもっともな理由を述べている。つまり、対話あるいは会話というのは、曖昧で不確かな主題に関する推論を緩やかにするには最適だということだ。この処置が彼の選択を正当化する。というのも、主題は厳密で正確な推論がなしうるよりもいっそう楽しい仕方で扱われているからだ。彼は対話の真の精神を体現している。登場人物たちは見事に支えを得ており、文体は生き生きしており、議論は適切に主張されている。実際、私を驚かせた一つのことがある。神の存在に対する我々の感覚の証拠に対して、いささかの注意も払われていないことだ。一つは先に、もう一つは『人間史素描』第四巻で[7]強調したものだ。こうした本は万人の手の届くところにあって、ヒューム氏が知らなかったはずはない。彼はそれらを軽蔑以外の何ものにも値しないほどつまらないものだと思っていたのだろうか。それは信じられない。ある議論が、一言もなく、応えられないとすれば、珍しくもないが、彼が術策を講じていると疑ってはいけないだろうか。

　他の点でもヒューム氏は同じく非難に値する。対話のなかで力説されたある議論は、神の力と知性がかぎりないものだと想定するなら、自然的にも道徳的にも悪が蔓延しているのは、神は善意に欠けているにちがいない明白な証拠だ、というものである[8]。こうした悪は、長々と、説得力ある雄弁さで描き出されている

（6）ケイムズはヒュームの死後出版された著作について触れている。*Dialogues Concerning Natural Religion*, 1779〔福鎌忠恕・斎藤繁雄訳『自然宗教に関する対話』、法政大学出版局、一九七五年〕; reprint, ed. Richard H. Popkin, Indianapolis: Hackett Publishing, 1980.〔L. p. 228〕

（7）ここで言及したのは以下の素描である。"Principles and progress of theology," in Kames, *Sketches*, vol. 4, bk. 3, sketch 3.〔L. p. 228〕

が、もう一方の面について先に述べたことには一言も触れていない。また『人間史素描』で力説されたこと〔原注　Vol. 2d. p. 203. Edit 2d.〕についても同様にほとんど触れていない。ここでは、自然的、道徳的を問わず、悪というのは、それなしには人間はきわめてみすぼらしい生きものになってしまうだろうほど、人間にとってはずっと利になることである、ということを明らかにした。先の例だけでなくこの例についても当の著者が沈黙しているのは、真理よりも議論に勝つことにいっそう執心していたかのように思われる。

非難は私にとっては心地よいものではないので、付け加えるのはもう一言だけにしよう。自然の体系を説明するなかで、ヒューム氏は、どういう先入見によるのかわからないが、我々の感覚の証拠には信を置かないと公言している。そしてこの奇異な意見によって、彼は多くの抜け出しがたい迷宮に迷い込んでいるのだ。身のまわりの対象が存在する証拠として自分の感覚を拒絶する著者が、神の存在に対してそのような証拠は不十分だと思ったとしても何の不思議があろうか。

まとめ

こうして、我々は労苦もなく思考を犠牲にすることもなく、さまざまな主題をたどってきた。そしていま、ある国の各地を探ったのち、全体を見渡す高みにのぼった旅人のように、気分を新たにして振り返り、ここまでしてきた発見を楽しんでみよう。

ここまでの論考の主題は人間である。我々は人間の本性をもちあげたりおとしめたりするために、架空の構図を作り上げたことはない。探求は、人間の能力や力が人間の現在の状況に見合っているかどうか、この世でしかるべき役割を演ずるのにふさわしいものかどうか、ということであった。我々はまず、行為の大きな源泉のいくつかを考察することから始めた。正確な精査のもとで見出されたことは、自己愛や善への欲求は、我々の唯一の行為の原理ではなく、我々は加えて多種多様な原動力を賦与されている、ということである。助け合いの都合のために社会のなかで交わりあっているので、我々はお互いのために感じることが必要である。けれども、他者の苦悩への思いは痛ましい以外の何ものでもないのだから、ここで痛みへの嫌悪を取り除くことで、我々をこの有徳な痛みと和解させる素晴らしい仕掛けにたどり着いたのだった。他のすべての場合には、痛みへの嫌悪が支配的な原理であるわけなのだが。

これは、我々を苦悩に浸すような再現から、我々が娯楽を求めるという、一見したところ奇異な現象の説明になる。社会的な行為者としての人間から、我々は道徳的な行為者としての人間へと進む。我々が見出したのは、人間はさまざまな段階、次元の美を感受できることであり、とりわけ最高の次元の、感情、行為、性格の美を感受できる、ということである。けれども、道徳的な美への感覚だけでは十分ではない。道徳が重要なものであるためには、それを護る何らかのもっと強力な原理が必要とされる。それには悪徳を阻止し抑制する、たんなる否認よりもより厳しいものもある。そうしたことは事欠かない。美の感覚に上乗せして、義務感、**正邪**の感覚が加わり、我々のうちに法を成り立たせる〔原注　Conscience! conscience! instinct divin:

（8）　Hume, *Dialogues Concerning Natural Religion*, Part XI, p. 67ff〔福鎌・斎藤訳『自然宗教に関する対話』、一一三頁以降〕.〔L. p. 229〕

immortelle & celeste voix; guide assure d'un être ignorant & borne, mais intelligent & libre; juge infaillible du bien & du mal, qui rends l'homme semblable à Dieu; c'est toi qui fais l'excellence de sa nature & la mortalité de ses actions. ROUSSEAU][vi]。

この法が社会にとって欠かせない一次的な徳を、最も厳格な制裁のもとで命じるのである。痛みというのが最も強力な番人であって、ここで侵犯を阻止するのに役立てられる。一方で、もっと微妙でより英雄的な徳については、厳格な義務は及ばないので、喜びがその実行に報いるために役立てられる。何らかの原理によってあらかじめ我々が方向付けられていない行為は、義務とされることはない。我々の内的な原理とそれらの有用さの間には、正確な比例関係が成り立っている。我々の最も力強い原理の対象である自己から、愛情は他者とのあらゆるつながりへと拡がっていく。縁遠くなって、もう愛情が感じられなくなるところまでである。

愛情がこうして特定の対象の遠さによって失われると、本性が公共と全体といった抽象観念に向かわせることによって、その力を取り戻す。こうした観念は、概念においては微弱で曖昧なものであるが、しかしその力とエネルギーでは我々のどんな観念にも匹敵する。人間はこの巧みな仕掛けによって、自分が属する体系のなかで適切で有用な役割をはたすべくできている。けれども、あらゆる人間が動機によって決定されるのでなければ、この体系は予定された計画にしたがって統制されうるものではなく、人間の行動は秩序をもって進むことも、どんな支配に服することもできないだろう。同時に、人間は自由な行為者でなければ、活動的な生の目的に応えることはできないだろう。

道徳はある不動の基礎の上に打ち立てられていることを明らかにした後、我々が続いて示すのは、どんな内なる力によって、最も重要な真理のいくつかについての、とりわけ神の存在についての、知識と確信に至るのか、ということである。ここに至る道を、我々は十分な推論の準備を尽くして整える。我々はまず信念と呼ばれる心の働きの本性を考察する。その直接の基盤は、我々の感覚の証言である。感覚が物質世界の実在に与える証言が、一部の人たちが考えたように、たんなる幻想だとすれば、我々自身の知覚に基づくあらゆる信念は終焉してしまう。だから、我々の感覚の証拠を否定するのが不条理であることが見えてくる。そしてここに我々は十分な満足を見出す。

自然のふるまいにおいて術策のようなものが存する他の場合には、真理を発見するにも、真理がたくみに隠蔽される目的を発見するにも、手段は与えられている。というのも、自然は我々の善のためでなければ、我々を欺くことはけっしてないからだ。懐疑論者たちが物質的な実体について舞い上がらせた哲学的な塵を、さほどの苦もなく吹き払って、我々が吟味のもとで見出したことは、性質についての概念に劣らず明晰に、物質的な実体についての概念も我々は有している、ということである。どちらも等しく、視覚によって我々に開示されている。けれども、信念は我々の外的感覚より、むしろ内的感受のほうにしっかりと根ざしている。どんな偉大な懐疑論者でも、人生の連続的な時期を通じて継続してきた自分自身の人格の同一性を、去年の自分と今年の自分が同じ人間であることを疑うことはない。けれども、それは推論によってなされる発見ではなく、もっぱらその事実についての内的感覚と意識に立脚している。原因と結果についての我々の信念も、同様の基礎に立脚している。これほどなじみ深く、すみやかに心をとらえる関係もない。

けれども、我々が原因と名付けるものの力やエネルギーをその根源までたどろうとしても、どんな推論やどんな経験によっても見出せないことは間違いない。人間の安寧にとって必要なのは第一に、身のまわりに存在する対象を知覚することである。次に、それらを本当の状態で知覚することである。ばらばらの、つながりのゆるいものではなく、原因と結果、生み出すものと生み出されたものとして、である。自然は我々に、対象を単に存在するだけでなく、このように互いに関係しあうものとして知覚するための感覚を提供している。そうした能力なしでは、我々は因果の観念に達することができなかっただろう。

同じ用意は、他の、それに劣らず著しい例でも、自然によってなされている。我々の感覚は対象を現在存在するものとして我々に知らせることができるのみである。けれども、我々の現在についての知識と過去の経験から、未来についても推論することほどありきたりなことはない。さて未来についての推論は、我々のふるまいに広範な影響を及ぼしているわけだが、仮に我々が自然の働きの一様性と恒常性についての感覚を賦与されていないのでなければ、まったく基礎を欠いていることになるだろう。内的感覚が、未来は過去と同じようなものだろう、と我々に告げ知らせるのである。こうして、我々の知覚と出来事の行程との間に、驚嘆すべき調和が確立される。

先に述べた実例では、実際には感覚によって行われることなのに、我々の誇張された理性のおかげだとされている。我々は感覚の告げるところにしたがって、理性のどんな明晰な結論にも劣らない信をおいて行動している。このように自然は、我々がいちばん知る必要のある物事において、我々の教師である。けれども、これがすべてではない。我々は議論を、神についての直観的な知覚にまで進めた。神は自らの存在を抽象的ないし複雑な論証から推定するように我々に任されたわけではなく、自らが存在することを直観的に知覚させるようにしておられる。外的な対象が我々の目に示されるとき、一部の対象はどんな過程も踏まず、あるいは演繹的な推論を経ずに、内的感覚によってただちに結果として識別され、それが我々に原因と結果の知覚を提供する。同様の仕方で、この世界全体が、ある見えない設計原因によって生み出された結果として見られるのである。

この知覚の証拠は、普遍的な懐疑論を持ち込み、誰も疑ったことのないような事物を疑うことを余儀なくさせることなしには、拒否することができない。というのも、我々は外的な対象を見るさいには、視覚が性質だけでなく実体の観念も生み出しているし、直観的な知覚によって、我々はある事物を、原因を必要とする結果だと見出すからである。過去の経験から、我々は未来について判断を下す。最後に、同一性の感覚によって、読者は読み始めたときと自分が同じ人間であることを自覚する。人類が全幅の信頼を置いているこうした結論すべてが内外双方の感覚の指令である。

まったく同じ仕方で、同じ証拠に立って、我々は第一の至高原因の存在を結論づける。理性は神の存在の確実さを裏付けるためにも、その完全性を見出すためにも、あらゆる助けになる。宇宙全体で開示された善き偉大な結果から、我々は必然的に原因も善で偉大なものだと推理する。混合的あるいは不完全な性質は、その原因には属しえない。見かけの悪からくる困難には、満足な解決法があることがわかる。宇宙の一般法則すべては明白に賢明で善である。苦痛は今の仕組では、有用であるだけでなく、必要である。これは不完全な状態についての議論だとしても、それでも、存在の尺度のどこかに、存在の不完全な次元が見出されるにちがいないということは認めなければならないのではないか。そしてなぜ人間がそうではないのだろうか。神の善意を証明するために、存在のありうるすべての秩序が尺度の頂点まで登るべきで、その下はすべて空白と廃物だけが残されるべきだ、生命も存在も完全なものでなければ許されない、と我々が法外に要求するのでなければ。

我々が自然について知れば知るほど悪は姿を消していく。叡智と秩序、よい意図についての新しい発見は、知識が拡大していく間違いのない効果であり、悪はそもそも生じていると考えられる、という我々の不完全で限定された見方のせいであるということへの、曖昧ではない示唆である。さて、こうしたことすべてを一つの複雑な展望のもとで考え、目的因の多くの際立った実例を、賢明な設計とその巧みな実行とにこうも否みがたい証拠があることを考えてみよう。我々は大いなる普遍的原因についての冷淡な不審を追放し、最高の賛嘆へと高められないだろうか。そしてさらに意気を高めて挑もうと我々を促さないだろうか。というのも、こうしたすべての驚異が、おお永遠なる精神、万物の至高の設計者よ、御身への賛歌を奏でないだろうか(9)。自然の死せる、生命なき作品のうちにも御身は見出され、野の緑や空の青のうちに、無学な野人も御身の創造力を讃えるのであれば、自らの生ける仕組や、道徳的な枠組を省察する人間が、汝の形づくる手に気づかないとすると、どれほど目が開かれていないことだろう。なんと多彩で複雑な機構がここにあり、なんと精妙なわざで整えられているだろうか。人間は幸福を主目的として追求しているが、御身は自己愛に社会的な方向を与えた。御身は人間に、自己のものならざる悲しみに感じ入る寛大な原理を注ぎ込んだ。人間は見知らぬ人の苦境に入りこむことに、実に奇妙にも、喜びを覚えるだけでない。快く、現実であれ想像上であれ、悼んでの涙を流すのである。御身の神聖なる手はこうして絆をつくり、共感によって人と人とを結ぶ。御身の世界で何ものも孤立してはおらず、すべてが相互の結合に向かっている。その大いなる目的のために、人間はゆるい、あるいは恣意的な意志の範囲に委ねられてはいない。御身の賢明なる指令は人間のうちに、美徳の座を打ち立てた。そこに御身はその座を人間の賛美する目にとってのみ美で飾ることはしておらず、その座の周りに神聖な権威の畏敬すべき光輝を投げかけた。それによる説得は、教えの力により、その教えは、欠くべからざる法である。人間は自らを、この厳格不動の法に縛られているものとして感じる。しかし義務を超える特権は残されている。自由で寛大な行為の余地は開かれている。そこでは光栄ある道を歩み、人間は御身に割り当てられた内なる栄誉と自尊という高き報いを得るのである。御身による道徳の設立には、何事も無用に厳しくはされず、何事も危険なほど緩められてはいないが、しかしあらゆる能動的な原理は、その適切な領域で知られるようにできている。適切な均衡においては、人間の愛情は自分

(9) この理神論の祈りはケイムズのために、自由主義的な聖職者ヒュー・ブレア(一七一八—一八〇〇)によって作られた。ブレアは「野心家たち」(つまり厳格な正統派のカルヴァン派)から向けられた異端という非難に対して、ケイムズとヒュームを弁護した。『オシアンの詩の批評』*Critical Dissertation on the Poem of Ossian*(1763)や影響力をもった『修辞学文学講義』*Lectures on Rhetoric and Belles Lettres*(1783)に加えて、ブレアはきわめて普及した『説教集』*Sermons*(5 vols., 1777–1801)の著者でもある。穏健で世界教会主義の方向性をもった著作であり、それによってこの長老派の牧師は国王から恩給を得た。〔L. p. 233〕

自身から周囲の対象へと広がる。愛情の光輝は、あまりに広く散らばると、その温かみを失いはじめる。公共、国家、宇宙という観念によって再びその光を集めなおして、御身は消えゆく炎をまた燃え上がらせる。この点に真摯に目を凝らして、その輝きがいかに強いかをみるがよい。そのとき人間は、離れた個々人同士は無関係でも、全体に向けての情熱で燃え立つ。万象が御身、すべてのものの動因によって予め定められている。この広い範囲全体で、生きとし生けるものすべてが定められた道筋を歩む。抗いがたい法に服する万物が御身の命令を果たすなか、人間はひとり自らを例外視し、自由に意のままに道を変え、曲げることができるとみなすようである。けれども、人間とて例外ではない。人間もまた、太陽のめぐりや引いていく洪水と同じく、御身の全能なる命令に服している。御身の大いなる構図のなかでは、どんな奇妙な矛盾も解決されていることだろう！ どんな際立った対立物も呼応していることだろう！ 必然と自由が同じ行為者において出会って、しかも妨げあうことがない。人間は拘束から自由でありながら、紐帯のもとにある。人間は必然的な行為者であるにもかかわらず、完璧な自由をもってふるまう。人間の胸中に、御身は、さもなければ不確かな足場を導く灯をともされた。この明かりによって、人間は物質世界についてその存在を保証され、そのあらゆる光輝に喜びを覚えるだけでなく、自然の深奥に踏み入ることもできる。人間は原因と結果という神秘的なつながりによって、対象が結び合わされているのを知覚する。この結合原理を人間は説明できないけれども、知覚するようにはできている。そしてこうして人間は、未知の事物についてさえ、その固有の起源をたどるように導かれるのである。予言者的な精神を授けられて、人間は将来の事柄も予測する。理性が役立たないところでは、感覚が助力に来て、予測の力を加え、過去によって未来を見出す。こうして御身は人間を、次第に御身についての知識へと引き上げる。平明で単純な感覚は、最も明白な結果のうちに原因を読みとり、知覚するものだが、人間をまっすぐに、大いなる第一原因、太古より万物の永遠の源泉である御身のもとにもたらす。御身は我々に御身自らを開示し、我々は御身を避けることができない。我々は御身を疑いうるのであれば、自分自身の存在をも疑わなければならない。我々は御身自身の光によって、御身を見る。我々は御身を、まずもって、ただ存在するというだけでなく、その存在と同様に、至高の叡智と善意のもとで見てとる。輝かしい太陽にある黒点のように、普遍的な設計においても、あちこちにある悪は、豊穣きわまる善性の光輝のうちで失われる。いたって弱い人間理性の探究をもってしてさえ、そうした見かけの悪はたちどころに滅じ、逃げ去っていく。余分、あるいは有害なように思われる対象もまた、有益な側面を帯びている。御身のすべてを見通す目には、すばらしく見事に見えるはずのものは、さらに数知れない！　きっとそうなのだ。——我々は疑いえない。不完全も悪意も、御身のもとにはない。我々が痛ましいものとして嘆くものも、御身は有益な役を割り当てている。人々の愚行や悪徳さえも、御身の叡智ある設計に寄与する。そして世の始まりに御身が見ていたように、**御身が創ったすべてのものが善であると**、御身は今もなお見てとり、宣言しているのである。

おわり

注

（i）“Of Our Knowledge of the Existence of a God,” in Locke, *Essay*, IV.x〔大槻春彦訳『人間知性論』、岩波文庫、四、一九七七年、一七四—一九四頁〕。〔I. p. 202〕

（ii）「神学の原理と進歩」についての素描（*Sketches*, vol. 4, bk. 3, sketch 3）のなかで、ケイムズはデンマーク人の宣教師とグリーンランド人の会話を（David Crantz, *History of Greenland*, 1767より）「野蛮な」人々が神の知に親しんでいることを示すために引用している。〔L. p. 206〕

（iii）John Milton, *Paradise Lost*（1674）, ed. Scott Elledge（New York: W. W. Norton, 1993）, bk. 5: 153–9.〔平井正穂訳『失楽園』岩波文庫、上、一九八一年、二二九頁〕〔L. p. 208〕

（iv）"Thoughts on Various Subjects," は以下の四巻本の第一巻で公刊された。*Miscellanies in Prose and Verse*（1727–32; 4th ed., 1742）, by Alexander Pope, Jonathan Swift, and John Gay.〔L. p. 225〕

（v）"Appetite for Society — Origin of national societies," in Kames, *Sketches*. vol. 2, bk. 2, sketch 1.〔L. p. 229〕

（vi）「良心よ！　良心よ！　神的な本能、不滅にして天なる声、無知で有限ながら賢く自由な存在の確かな導き、人間を神のごときものにする、善悪のあやまたざる判断者よ。汝こそが人間本性の卓越さと、人間の行いの道徳性をなしている」。*Emile*, bk. IV, p. 290〔ルソー『エミール』〕。〔L. p. 290〕

解説

ケイムズ『道徳と自然宗教の原理』の文脈

本書はヘンリ・ヒューム、ケイムズ卿(Henry Home, Lord Kames, 1696–1782)の『道徳と自然宗教の原理』第三版の邦訳である。本書は一七五一年に論争を引き起こした初版、一七五八年に第二版が出た後、一七七九年に第三版が出た。第二版まで匿名で、第三版でケイムズが著者であることが明記された。本書には安価なリバティー版があり利用しやすい。編者のモランの訳注は有益で、本訳書で多くを利用させてもらった。

本書の著者は、一六九六年、ベリックシャー東部国境地帯の町エックルズに小地主のもとに生まれた。ケイムズ家は政治的にはウィッグとジャコバイト、宗教的には長老派と聖公会に関係があった。家庭はさほど裕福ではなかった模様であるが、それでも彼は自宅で教育を受けた。教師は臣従宣誓拒否者でジャコバイトの聖公会牧師で、ケイムズはラテン語、ギリシア語、数学、物理学を学んだ模様である。

一七一二年にケイムズはエディンバラで事務弁護士(solicitor)の見習いをしたが、その後、法廷弁護士(barrister)を目指すようになる。彼は一七二三年に法曹界に認められた。一七三〇年代には彼はジャコバイトへの共感を捨て、ウィッグの原理を支持するようになった。その結果、ようやく昇進に恵まれるようになり、有力者第三代アーガイル公爵の、次に公爵の甥のビュート伯ジョン・ステュアートの恩顧をえることに成功した。
一七四一年に彼はケイムズ家の所領を相続し、アガサ・ドラモンドと結婚したが、妻は一七六六年にスターリングシャーのブレア・ドラモンドの所領を相続することになり、ケイムズに大きな領地をもたらした。彼はようやく一七五二年に高等民事裁判所（スコットランドの最高民事法廷）に任命され、「ケイムズ卿」になった。一七六三年に彼は高等刑事裁判所（スコットランドの最高刑事法廷）に加わり、その地位を一七八二年一二月に亡くなる直前まで保っていた。

こうして昇進したケイムズは多くの公職に関与し、スコットランドの改革に邁進した。その全貌については割愛せざるを得ない[(1)]が、ケイムズは自らの努力を「合邦の完成」を目指すものと考えていた。そして飽くなき好学の士であったケイムズは自ら後進に恩顧を与え、いわゆるスコットランド啓蒙の推進者のひとりとなった。

一八世紀のスコットランドにおいて、フランスやドイツに劣らぬ、驚くべき知的爆発があったことは今では周知の通りであり、それをスコットランド啓蒙と呼びはじめて半世紀ほどになる。そのスコットランド啓蒙の中心にいたのはロバートスンやファーガスンなど穏健派知識人とともに、デイヴィッド・ヒューム（一七一一―七六）とアダム・スミス（一七二三―九〇）であったことは動かないが、彼らを育てるうえでも影響力をもっていたケイムズ卿もまたその中心にいた人物の一人である。

（1） さしあたり田中秀夫『スコットランド啓蒙思想史研究』名古屋大学出版会、一九九一年、第3章、第5章を参照されたい。

ローランド地方の地主貴族であり、法曹でもあったケイムズは、様々な改良運動を推進し、統治階級としての立場から啓蒙にコミットした。幅広い知識と高い見識を持っていたケイムズは、法学、道徳、歴史、美学などの領域において多数の著作を書いたが、本書『道徳と自然宗教の原理』は道徳哲学の著作として重要な作品である。

本書の初版は一七五一年に啓蒙の国際都市エディンバラで刊行されたが、それはどのような時期のことだっただろうか。すでにヒュームの大著『人間本性論』が一〇年以上前に、すなわち一七三九年から四〇年にかけて出版されていた。ヒュームの二〇代の終わり頃の作品である。売れ行きが芳しくなく「印刷機から死産した」と『自伝』に書いてヒュームは嘆いたが、今では死産どころか、思想界で相当な関心をひいたとされている。ヒュームは続いて『道徳・政治論集』を一七四一年から翌年にかけて刊行し、一七四八年には『人間知性の研究』、一七五一年には『道徳原理の研究』を出版した。そして一七五二年には『政治論集』を出して、フランスの思想界に歓迎されることになる。

一七四四年に行われたヒュームのエディンバラ大学の倫理学精神学講座人事は成功しなかった。その人事に反対したハチスン（Francis Hutcheson, 1694–1746）は、長老派の新しい光と見なされ、グラスゴウとダブリンで教授・説教者として活躍したことで知られる。彼は共和主義者でもあって、反動的な人物ではなかったとはいえ、ヒュームの懐疑論を危険視したのである。ヒュームは一七五二年のグラスゴウ大学の論理学の人事――スミスが道徳哲学講座に移った後任人事――でも選ばれなかった。スミスはまだ知らぬヒュームを適任者だと医学教授のウィリアム・カレンに手紙で書いていた。

ハチスンは風邪がもとで郷里のアイルランドで一七四六年に他界したが、その翌年に彼の『道徳哲学序説』が出版された。本書は英米のピューリタンの知的拠点でもあったハーヴァード・カレッジで一時期、教科書として使われたと言われる。ハチスンの主著『道徳哲学体系』が出るのは後れて一七五五年である。弟子スミスの『道徳感情論』が出版されるのはそれからわずか四年後のことである。そのなかでスミスはケイムズを「きわめて偉大で独創的な才能の人」(2)と述べている。

このように一七四〇年代から五〇年代にかけてスコットランドの代表的学問である道徳哲学に関わる重要な書物が多数刊行されて行く。もう一つのスコットランド啓蒙の代表的ジャンルである文明史の枠組みを持った歴史叙述は、少し後れ、ヒュームの『イングランド史』(一七五四—六一)を嚆矢として五〇年代から始まり、一七六七年のファーガスンの名著『市民社会史論』などを生みながら、七〇年代にピークを迎える。ミラーのユニークな『階級区分の起源』は一七七一年に出版された。こうした背景にはスコットランド出身の出版者、アンドルー・ミラーや、ウィリアム・ストラハン、あるいはジョン・マリといった人々がエディンバラやロンドンで旺盛な出版活動をしていたことがある。

そして、少し遡るが、ハチスンの弟子のスミスがギルバート・エリオットやケイムズの支援を受けてエ

---

(2) Adam Smith, *The Theory of Moral Sentiments* (Indianapolis: Liberty Classics, 1982), p. 80.(水田洋訳『道徳感情論』、岩波文庫、上、二〇九頁)

ディンバラで公開講義を行ったのが一七四八年から一七五一年にかけてのことであった。したがって、年長のケイムズの思想界への登場は遅かったといえよう。もっとも法学の著作はすでに出していた。

このようにスコットランド啓蒙の革命的な出版ブームは一七五〇年代に到来した。様々な要因が絡まって、ある種の文化革命が起こったのである。その根底に政治の安定と経済的繁栄——民富の蓄積——があって、文化と思想を支えた。その事情をもう少し振り返っておこう。

一七四〇年以来、開明貴族である第三代アーガイル公爵（Argyll, Archibald Campbell, 3rd Duke of, 1682–1761）が、一七一五年のジャコバイトの反乱に際して政府軍を指揮した兄の第二代（Argyll, John Campbell, 2nd Duke of, 1678–1743）を継承して、スコットランドの統治権を掌握しており、精力的な人事を推進していた。その部下にミルトン卿（愛国者アンドルー・フレッチャーの甥）を持ち、ケイムズはその下で、スコットランドの法制度や経済、教育などの改革のために尽力していた。

ジャコバイトの反乱は一七四五年に終息した。若僭称者チャールズ王子はローマに逃れたが、ステュアート家の復位はもはや望みがなかった。ジャコバイトは処罰され、貴族は所領を没収されたし、領民はアメリカやローランドに入植させられた。ハイランド開発が新たに始まった。こうしてジャコバイトは消滅していき、新しい社会体制のなかに吸収されていく。ジャコバイト処分と亜麻産業などのハイランドの新産業開発にケイムズが関与したことは言うまでもない。

アーガイル公爵の権力が盤石となっていたこともプラスに働いて、エディンバラは学芸の繁栄する時代を迎えた。グラスゴウもまた商業・貿易都市として経済的に繁栄を謳歌し始めていた。それが大学の発展にも反映した。そうした繁栄のさなか、アダム・スミスがグラスゴウ大学の論理学教授に迎えられた。それは前述のように一七五一年のことであり、その翌年にスミスは道徳哲学講座に転じた。こうしてグラスゴウ大学の道徳哲学講座は著名な講座となっていく。

政治都市でもあったエディンバラには教会総会（General Assembly）が置かれていたが、ながく守旧的な民衆派が支配していた長老派のなかに自由主義的な穏健派が登場し、この時期にはウィリアム・ロバートスンが指導者となって実権を握り始めていた。彼らは思想的な影響力が大きかった。守旧派と穏健派の権力争いが終焉したわけではないが、第三代アーガイル公爵が穏健派の後ろ楯であったことも重要である。そうしたときにケイムズの『道徳と自然宗教の原理』は刊行されたのである。ケイムズは決して反動的な人物ではなかったが、彼の一つの狙いはヒュームの懐疑論的な哲学を批判することにあった。

啓蒙思想家のなかには自由意志論が浸透していた。ところが、ケイムズは理神論的ないし自然宗教的な立場にたって自由の欺瞞説を説いたのである。本書の「自由と必然」論は激しい衝撃を与えた。その結果、スコットランドの宗教改革者として著名なジョン・ノックスの子孫であるジョン・ウィザスプーン(3)、ジョージ・アンダースンを始めとするスコットランド教会の民衆派ないし福音派の牧師との論争に巻き込まれた。のみならずスコットランド教会から弾劾を受ける可能性があった。論敵ヒュームとともに、である。アンダースンは教会にケイムズやヒュームを破門するよう働きかけた。

最初の攻撃はウィザスプーンからであった。彼のパンフレット『教会の特徴、すなわち、教会政策の秘密(4)』

がそれで、穏健派が勢力を伸ばしている秘密を暴露するとして、彼らが無神論者や理神論者、すなわちヒュームとケイムズと親しいことを弾劾した。それはまたシャーフツベリ-ハチスンの哲学が正統派の信仰に破壊的な影響を与えていると皮肉ってもいた。「世の中全般に関しては、穏健な人は原理上、無神論者と理神論者に大いに慈悲深いし、実践においてだらしがなく、悪徳的な人々に対してもそうである。しかし、高い宗教の職務をもっており、伝道においても会話においても厳密であることをはっきり言明している人々に対しては慈悲深くない(5)」。

同じ年にもう一点出たパンフレットは『宗教の利益と損失の評価を個人的、公共的に述べる――道徳と自然宗教についての論集に関して解説する(6)』である。そこでケイムズはソフォと綽名された。その意味は大ソフィストということで、助手のデイヴィッド・ヒュームと組んで、穏健派をたぶらかしているというのである。著者は民衆派、すなわち福音派のジョン・アンダースン師であった。彼は「無神論と不信仰の公共の教師」を破門するようにスコットランド教会に求めた。破門されても民事的な処罰はなかったが、ケイムズは教会総会の理事であったから打撃となるし、表現の自由が脅かされることになる。ケイムズの論集は多くから異端的とみなされた。ヒュームは「アンダースンはケイムズを弾劾して現在非常に熱くなっている」とアラン・ラムジー（同名の詩人の息子で画家）に書いたが、アンダースンは、一七五二年のラディマンの辞任に伴う後継者としての弁護士会図書館職へのヒュームの就任も妨げようとした。こうして彼らの破門が一七五五年の三月にスコットランド教会総会に提起された。

その直後にジョン・ボナー師のパンフレットが出た。『ソフォとデイヴィッド・ヒューム郷士の著作に含まれた道徳と宗教の感情の一分析[7]』がそれである。ボナーはソフォ、すなわちケイムズの見解を以下の11点にまとめた。

（1）原因と結果の間に必然的関係はない。

（2）物質は自己運動する力をもつ。

（3）世界は永遠でないと考えるように我々を導けるものは何も理性からは現れない。

（4）理性の力は神の存在の満足な証拠を与えることができない。

（3） ウィザスプーン（一七二四―九四）は必ずしも反啓蒙ではなかった。スコットランド教会での権力争いに敗北した彼は、ベンジャミン・ラッシュから直接の懇請をうけてペンシルヴァニアに渡り、ニュージャージー大学（後のプリンストン大学）の学長となり、聖職者としてただ一人独立宣言に署名することになる。彼については田中秀夫『アメリカ啓蒙の群像』名古屋大学出版会、二〇一二年、第2部第2章を参照。

（4） *Ecclesiastical Characteristics: Or, The Arcana of Church Policy*...., 1753

（5） I. Ross, *Lord Kames and the Scotland of his Day*, Oxford: Clarendon Press, 1972, p. 153.

（6） *An Estimate of the Profit and Loss of Religion, Personally and publicly states: Illustrated with Reference to Essays on Morality and Natural Religion*, 1753.

（7） フル・タイトルは *An Analysis of the Moral and Religious Sentiments contained in the Writings of Sopho, and David Hume, Esq.: Addressed to the considerations of the Reverend and Honourable Members of the General Assembly of the Church of Scotland*, 1755.

（5）神の完全性は、我々が証明できないものか、理解できないものである。
（6）物質界が神の摂理に従うと思うのは突飛で不条理である。
（7）存在のすべての等級は完全である。
（8）人間はたんなる機械で、すべての彼の行為は抵抗できない必然性のもとにある。
（9）人間はこのようにすべての彼の行為において必然的に決定されているけれども、しかし彼は自由であると信じている。それは神が人間の本性にこのような自由の欺瞞的感情を植えたからである。
（10）この欺瞞的感情は徳の唯一の基礎である。
（11）人間はこうしてすべての彼の行為において必然的に決定されており、自由の欺瞞的感情以上のものをもてないので、その必然的結果として、世界には罪とか、道徳的悪はありえない、ということになる。[8]

（*Scots Magazine*. Vol. 17. 1755. pp. 234–5.）

牧師ジョン・ボナーは、教会総会に訴えて、ケイムズの言うように、人間の行動が必然的に決定されており、人間は自由の欺瞞的な感情をもつにすぎないとすれば、この世には何の罪も悪もありえないことになるとしてケイムズを激しく断罪した。一一項目はケイムズの主張の正確な要約ではありえない。

これに対して穏健派側からキャノンゲイト教会の牧師、ヒュー・ブレアが反撃の先頭に立った。『分析と題されたパンフレットの考察』[10]がブレアたちによって出された。ブレアたちは『分析』がヒュームとケイムズの主張を歪曲しているとして非難し、穏健派の立場を明快に述べた。

自由な探究によって、スコットランド教会は最初、設立された。この国では、したがって、社会の平和が関係しない場合、非常に貴重な特権に触れないすべての試みは、すべての理性的な人々によって関心をもたれると見なされねばならない。非難と叱責の固有の対象は、思想の自由ではなく、行為の放縦であり、間違った思索ではなく、社会に有害な犯罪である。こうしたことに対して牧師は最大の努力を発揮すべきである。そしてこうした行動によって、彼らは形而上学的な論争——それは知性を当惑させるかもしれないが、人々の道徳を害うことは決してあり得ない——に従事することによって以上に、宗教の大義をいっそう推進するであろう。(*Scots Magazine*, Vol. 17, 1755, p. 233.)

三月の総会で二人の破門が長老会議への諮問委員会に提出されたが、歴史家ロバートスンが主導していた

(8) Loss, *Kames*, p. 154. ヒュームの主張は6項目に要約された。1. 徳と悪徳の区別はすべてたんに想像上のものである。2. 正義は公共の利益に貢献する以上の基礎をもたない。3. 姦通はきわめて合法的であるが、時には便宜ではない。4. 宗教と牧師は人類に対して偏見をもっており、常に迷信か、熱狂かの極端に走るのが見られる。5. キリスト教は神の摂理以外にその存在の証拠をもたない。6. キリスト教のすべての様式のなかで教皇派は最上であり、それに発する宗教改革は狂人と熱狂者の仕業にすぎない。ヒュームは、半分は根拠ある推論と認めただろうとモスナーは見ている。E.C. Mossner, *The Life of David Hume*, Oxford: Clarendon Press, 1980, p. 342.

(9) その墓地にはアダム・スミスの墓がある。

(10) *Observations upon a Pamphlet, intitled An Analysis of Moral and Religious Sentiments contained in the Writings of Sopho, and David Hume, Esq.: & c.* 1755.

委員会は、スコットランドは「すべての自然宗教と啓示宗教を転覆する、そして人生と道徳にそのように悪しき影響のある、不敬虔で不信仰な原理を最高に嫌悪する」と宣言したが、誰も特定せずに、一般的言明にとどめた。ヒュームの理解では自分の弾劾は一年間延期されたが、ケイムズは半年の猶予を与えられ、悔い改めなければ破門されるであろうというのであった。二人の擁護者でもあった穏健派のアレグザンダー・ウェダバーンは、二人の名前は一般的叱責に明記されなかったが、二人は重大な青天の霹靂と受け止めるだろうと考えた。

ロンドンの権威筋は事態の推移に関心を持っていた。大法官ハードウィックは検事総長のアーニストンのロバート・ダンダスへの手紙に書いた。

教会総会が教会と国家の双方に関して静穏と一致する仕方で過ぎる時には、私はいつも非常に喜んでいる。貴殿が言及される攻撃を受け流すことは確かに賢明である。貴殿があげた両著者はスコットランドと同じくこの国でも大いに注目された。特に貴殿の図書館員はそうである。彼らの後にすぐに続いたボリングブルック卿の著作集は[11]……火事に油を注いだし、実際にこの最後のものは忌まわしい。願わくば、存命の両著者には当地では静かにしていてほしい。というのは、新しい応答と返事は、なおいっそう熱く激しく、通常の論争の増大によれば、非常に激烈になるだろうからである。[12]

大法官ハードウィックは統治階級として、宗教論争が沈静化することに期待していたように思われる。彼は一七四五年のジャコバイトの乱後のハイランド処分、ハイランド開発に関して、法律家ケイムズと協力した旧知の間柄でもあった。

ケイムズは安泰だったわけではない。教会理事から排除された。また裁判官を辞任させられる可能性もあった。それは困るので、ケイムズは自身の道徳問題に関する必然説を修正ないし緩和することにした。ケイムズは一七五六年末に匿名の小冊子を刊行して、正統学説に見解を近づけようとした。それは『道徳と自然宗教についての論集への反論を検討する』[13]というもので、ヒュー・ブレアとロバート・ウォレスが協力したとされている。彼らは福音派として影響力のあったジョナサン・エドワーズの『意志の自由の研究』（***Inquiry into the Freedom of the Will.*** 1754）を知っており、このアメリカの哲学者の見解が、ハイ・フライヤーズ（民衆派）の容認できるものとして、ケイムズの必然性論に取って代わる議論を提供できるかもしれないと考えた。

ジョン・アースキン博士と接触のあったエドワーズは、ことの次第を知り、自分の見解とケイムズの見解の違いを述べた二通の手紙を書き、それをスコットランドで印刷するようにした。「道徳的責任がなければ、自己決定は虚構であるということを大衆は知らないほうがよい」という極端な見解にエドワーズは応答した。『反論を検討する』とエドワーズの手紙をケイムズは受け入れ、『道徳と自然宗教の原理』の第二版、第三版の改訂は直接にエドワーズの教示によるとされているし、その点は本訳書でも確認できる。ケイムズ

（11）一七五四年に刊行された。
（12）Ross, *Kames*, p.156.
（13）***Objections against the Essays on Morality and Natural Religion Examined***, 1756.

は第二版の「自由と必然」に「私は今喜んで私の間違いを認める」と明記した。こうしてケイムズは自由の欺瞞論を断念したが、しかし人間は必然的な行為主体であり、道徳的選択はなおも神秘的な何かであるという見解は堅持した(14)。

アンダースンは依然として攻撃の手を緩めなかったが、ヒュームとケイムズは彼らの友人の穏健派が擁護してくれたので、結局はことなきを得た。しかし、二人は一七五三年から五六年にかけてきわめて不快な数年を経験した。ヒュームの『イングランド史』は一七五四年に刊行が始まったが、売れ行きがいま一つであった。この騒動でヒュームは祖国を捨ててフランスへ行くことを考えた。穏健派は一七五五年に書評誌『エディンバラ・レヴュー』を刊行するが、翌年の第二号を出してストップしてしまう。編集主幹アレグザンダー・ウェダバーンのロンドンへの旅立ち(彼はイングランドの法曹界を目指した)も一因であったが、それ以上に反対勢力が強かったためであったように思われる。『エディンバラ・レヴュー』を激しく攻撃するパンフレットも出た。さらに穏健派牧師ジョン・ヒュームの戯曲『ダグラス』(一七五六)も、その上演とともに、非難を受けた。こうしてこの時期に三人のヒュームが攻撃を受けたのである。

こうした思想風土にあって、ケイムズはそこで弁明するとともに自説を補強するために、改訂を加えた第二版を一七五八年に出した。ほぼ二〇年後の一七七九年に第三版を出したが、そこでも「道徳原理の基礎」と「自由と必然」について修正を行った。また第三版ではあたらしい論考を二編加えている。

本書はヒュームやスミスの主著ほど版を重ねたわけではないが、スコットランド啓蒙の中心にいた思想家の著作として注目された。「道徳感覚」の存在を確信していたケイムズとしては、特にヒュームの懐疑論に対決する必要を感じていた。人間の主体性を擁護する一方、人間の知的能力の限界を鋭く指摘するヒュームの懐疑論は、神の存在への信仰を揺るがしかねない危険思想と見なされたのである。ヒュームの懐疑論はケイムズも容認できないと考えていた。しかしながら、にもかかわらず、ケイムズの「自由と必然」論のとくに自由の欺瞞論が、異端的であると攻撃を受け、教会からは皮肉にもヒュームとともに好ましからぬ人物であるとみなされたのである。思想的多様性を容認する寛容は、まだ敵をもっていた。

ケイムズは教会から弾劾を受けたもののことなきを得たと述べたが、論敵は消滅しなかった。一七七〇年にアバディーンのジェイムズ・ビーティー（一七三五—一八〇三）はヒュームとケイムズを激しく論難した。奴隷貿易廃止に熱心に取り組んだビーティーであるが、宗教の点では保守的で、彼から見れば、ヒュームとケイムズは異なる以上に無神論に傾斜した自然宗教論者として同じ陣営の人間であって、奇蹟と摂理を本質とする啓示宗教の敵であった。

しかし、やがて本書はトマス・リードに影響を与え、コモン・センス学派の基礎となる。ケイムズは本書を懐疑論批判として書いた。そしてケイムズは飽くことなく同じ懐疑論批判を後の著作、『批評の原理』、『衡平法の原理』、『人間史素描』でも繰り返した。ケイムズは大半の著作をエディンバラで出版した。それは読者として彼が念頭に置いていたのはスコットランドの知識層であったことを意味する。

（14） Ross, *Kames*, pp. 156–7.

スコットランド啓蒙とその道徳哲学や歴史叙述に強い関心がもたれるようになって久しい。しかし、その指導的思想家の一人であるケイムズ卿の著作が一冊も翻訳されていないのは大きな欠落であるので、訳者はかねてから翻訳が必要と考えていた。ケイムズの著作はたくさんあるが、時間的な余裕が限られているので、まず本書『道徳と自然宗教の原理』の翻訳が優先されるべきと考えていた。本書はすでに述べたように、一七五一年にヒューム批判を一つの眼目として出版され、論争を招いた書物である。シャーフツベリ、バトラー、ハチスン、ヒュームなどの道徳哲学と正面から向き合い、一種の功利主義道徳論を展開した本書は、スコットランド啓蒙のなかに独自の地位をもつ著作であり、我が国で盛んなヒュームとスミスの研究を掘り下げるための研究対象としても、それ自体としても、もっと研究されるに値すると思われる。

そういう意義ある著作であるから、スコットランド啓蒙とケイムズに関心を深めておられる増田みどりさんに共訳者として翻訳をお願いした。田中は共訳者・監訳者として全体を原文に照らして検討した。こうして日本の読者にケイムズの『原理』をお届けできることは大きな喜びである。これをきっかけに『人間史素描』なども翻訳を手掛ける人が出て来ることを期待したい。

次第に関心をもたれるようになってきたスコットランド啓蒙であるが、これまでに翻訳された原典はまだ少ない。ヒュームとスミスを除けば、ハチスン、ファーガスン、リードそしてようやくケイムズの著作がいくつか翻訳された程度であり、ヒュームの論敵のロバート・ウォレスもスミスの弟子のジョン・ミラーも、また歴史家ウィリアム・ロバートスンもなければ、ヒュー・ブレアもない。フレッチャーもターンブル、ビーティーやD・ステュアートも訳されていないのである。サー・ジェイムズ・ステュアートの『経済の原理』は経済学史上の古典として翻訳されているが、経済学上の業績を持つジェイムズ・アンダースンやサー・ジョン・シンクレアも翻訳されていない。

本訳書は道徳哲学の書物として、またスコットランド啓蒙の古典の一冊として読まれ、スミスやヒュームと異なる独自の思想家としてのケイムズの思想の理解の進捗を期待したいが、他方で、スコットランド啓蒙を形成するそのほかの綺羅星のように輝く思想家の著作がもっと翻訳されるきっかけになればと願わざるを得ない。

本訳書の翻訳作業上の細かなことに触れるとすれば、訳語の問題がある。行為に関わる系列の語に、action, activity, behavior, motion, movement などがあるが、ケイムズが行動についても精神作用についても頻繁に用いているのは action である。できるだけ「行為」と訳すことにしたが、心の行為とか精神の行為という表現は少し抵抗感があるので、作用とした。

精神、心に関する用語として mind, spirit, soul が使われているが、できるだけ心、精神、魂と訳し分けた。しかし、ほとんど同じ意味で用いられているのも確かである。benevolence は仁愛とか仁恵と訳すのが通常だが、本書では善意で通している。日常用語として我々が使っているのは善意であろう。sympathy は同感ではなく共感とした。スミスほど独特の概念的掘り下げがなく、普通の共感でよいと判断した。moral sense は道徳感覚で問題ないと思われる。

common sense は多くは「常識」の意味で使われているが、共通感覚の意味を強く指示している場合は常識をやめて、コモン・センス、共通感覚としている。

本書のコモン・センス論、モラル・センス論は特にバークリやヒュームの懐疑論の論駁を意図したものであるが、ケイムズの議論から示唆を得たトマス・リードがやがて体系的なコモン・センス哲学を形成していくことは周知の通りである。

ケイムズ＝リードのコモン・センス論は神の被造物としての自然界に摂理を見出す自然神学を基礎としており、そのようなものとして、ヒュームの慣習論的な道徳哲学と鋭く対立した。ヒュームは自らの社会哲学において、超越的、神学的な議論を可能な限り排除して、文明社会の慣習的・経験主義的形成論を法・政治・経済・社会の構造連関分析として遂行した。ヒュームによれば、文明社会の形成は、神の介入によってではなく、人間の試行錯誤を通じて漸次的に実現してきたのであって、摂理の産物ではなく人為的所産なのである。

認識論において懐疑論に立ったヒュームであるが、それは人間の世界はなにもかも曖昧模糊としてとりとめがないという不安定性と無力感の思想ではなく、逆に文明社会の主体としての人間が自らの力、共同の営みによって、試行錯誤を経験しながら、野蛮なジャングルから抜け出し穏和な文明化した共存社会を構築してきたという、ある種の社会形成の主体としての自信をもつようになったことを意味した。しかし、ケイムズはヒュームほど近代市民の主体性、自立性に信頼を置けなかった。この差が二人の道徳哲学を隔たったものとした。

人間の本性と、慣習的な道徳・社会現象の科学的分析の実現、すなわち主体的、主観的な価値形成を伴なう行為の自立的遂行を経験主義的にとりだし、人間の科学を樹立するというヒュームの野望には、超越的なものの介入を排除する懐疑主義、経験主義が貫かれていた。ヒュームの人間論、道徳論は、神との距離を拡大するだけではなく、神の被造物としての人間の属性の伝統的な理解を退けるものであった。恩寵も、奇蹟も、啓示も遠ざけられるばかりではなく、道徳感覚もヒュームは否定した。

シャーフツベリからハチスンが受け継いだ道徳感覚 moral sense は、ケイムズが継承し、道徳の基礎に据えたものである。それを継承したリードは common sense の概念のなかにそれを取りこんだ。神の被造物である人間には道徳感覚が道徳的価値認識を可能にするものとして実在しており、それゆえに道徳は盤石たりうるのだというのが、ケイムズの主張である。

最後に、本書の出版に関して、京都大学学術出版会の鈴木哲也理事と編集部の國方栄二氏にご尽力いただきました。厚くお礼申しあげます。

無神論、一者　102, 194, 220
妄想　5-6
網膜　232, 234, 236, 238, 240-242, 246
目的因　31, 135, 272, 291, 305, 322
モリヌークス、ウィリアム　153, 155

ヤ行

約束　39, 61, 69-72, 75, 78, 81, 121, 191
野獣　26, 29, 53, 100, 170, 250, 257, 282, 313
野蛮人　123, 285
勇気　124, 274
ユークリッド　295, 297
友情　58, 80, 116, 128
遊牧民　62
有用性　282-283
幽霊　203
抑制（する）力　156-158

ラ行

ライオン　31, 114, 123, 126-127
ラドクリフ図書館　177
リウィウス　13, 202
利害　128, 142
利己主義　100
利己的体系　100-102, 104, 106-108
理性　*passim*
リード、トマス　101-102, 180
良心　43-45, 52-53, 63, 119, 128, 132, 156, 159, 164
類推　270
類比　276, 295
ルクレティウス　231
ルソー　97, 104, 334
歴史　20, 82, 109, 201-202
連鎖、存在の、因果の　277, 279, 287, 293, 309
ロック　14, 17, 28, 106, 153, 180-181, 208, 210-211, 214, 227, 233, 236, 250-251, 253, 264-265, 278
ローマ　12-13, 27, 184, 198, 202

バトラー　43, 132
バベルの塔　229-230
美　281, 283, 285, 289-291, 294, 317
　—と醜　33, 35, 296
　道徳的な—　36, 48-49, 317
ピクテ、ベネディクト　186
悲劇　19-21, 23-24
必然性　5, 42, 138-140, 144, 147-149, 159-162, 167-170, 172, 183-187, 219, 259, 261-162, 292, 299
　道徳的—　6, 147-149, 153, 163-164, 183, 188, 192-194
　物理的—　139, 143, 148, 185
美徳　38, 40, 47, 183-184, 188, 323
　—と悪徳　41, 90, 183, 187
否認　43, 47, 122, 127
『批評の原理』　133, 157, 205
ビュフォン　275
ヒューム　7, 114, 118, 121, 128, 131-132, 134, 198-199, 235-236, 263, 265-266, 301, 314-316, 323
貧者の扶助　80
復讐（心）　16-17, 86, 105, 109, 111, 157
物質　138, 207, 236, 247, 249-251
　—（世）界　135, 138-139, 154, 166, 168, 222, 233, 283, 318-319, 324
物質と精神（心）　230, 236, 249
物体　208-210, 212-215, 221, 224-226, 262-263
フランス（人）　10, 14, 17, 87-88, 101, 106, 114, 123, 237
ブリッグズ博士　240-243
プルタルコス　167, 173
ブレア、ヒュー　323
分業　70
文明国民　295
ペラギウス派　184
ペルシア人　80
ベルナルドゥス　184
ボイル講義　93, 276
法（則）　29, 31-32, 37, 46-48, 50-54, 77-82, 128, 135-136, 143, 145, 150, 154, 159, 166, 168-169, 185, 192, 231-232, 241, 257, 310, 313, 317-318
　一般—　268, 308-309, 311, 313
　自然界の—　309
　道徳世界の—　309
ポーターフィールド、ウィリアム　232, 240, 243, 245, 247
ホッブズ　65, 120, 132, 189
ホメロス　35, 172
ボリングブルック　123
ポルタ　236-237
本性　15, 30-32, 51, 53, 152, 161, 164-165, 168, 219, 235, 269, 277, 279, 284, 292, 294, 299-300, 304, 308-309
本能　16, 35, 53, 94, 123, 152, 170, 276

マ行

マニ教　306
マホメットの墓　198
未開状態　294
未開人　62, 85-87, 294, 297
味覚　207 , 224-225
未来の出来事の知　267, 302, 308
ミルトン、ジョン　286

250, 252-253, 267, 271-272, 289, 295-296, 301, 320
秩序　22, 30-31, 280-281, 283, 285, 289-291, 294, 297, 310, 312
忠誠、忠実　59, 70, 72, 75, 78-79
聴覚　206, 217, 239, 241, 244
超自然的な力　271-274, 297
調和　31, 216-227, 283, 284-285, 320
　—的な体系　280
貯蔵　63-65
直観　291-292, 295, 302
ディオドロス・クロノス　173
貞節　128
デカルト　155, 175, 232-233, 236, 252
デュボス、アベ　10
テレンティウス　112
同一性　6, 176-180, 321
　人格の—　6, 174-175, 178, 180, 289, 319
　種の—　176, 178
動機　6, 18, 48, 104, 108-112, 137, 139-147, 149-152, 160, 163, 182-185, 190-192, 261, 301
同情　11, 15, 22-23, 58, 60, 118, 123, 311
道徳　*passim*
　—界　138, 154, 166, 283
　—感覚　6, 32, 36-37, 40, 43-44, 51-53, 74, 76-77, 82-83, 85-87, 90, 92-93, 114-115, 117-118, 120, 126-127, 130, 151, 160, 162, 285, 296, 313, 314
　—（的）感情　22-23, 96, 98-99, 159-161, 164
『道徳感情論』　96
『道徳原理の研究』　114-115, 118, 128, 131-134
動物　126, 175-176, 178-179, 250, 271-272, 310
トゥレティーニ　184, 186
徳　20, 38, 42, 44, 48-50, 61, 68, 90, 94, 113-114, 122, 124, 126, 142, 150-151, 161, 188, 280, 318
　徳と悪徳　89-90
　一次的な—　46, 48-50, 52, 61, 124, 318
　二次的な—　45-46, 48-50
　人為的—　114
時計　159, 176, 260
貪欲　63, 112

ナ行

匂い　207
二次性質　213-215
『人間史素描』　114, 152, 158, 172, 315, 316
『人間知性の研究』　300
人間本性　*passim*
　—の欠陥　57
　—の洗練　88
『人間本性論』　61, 67, 71, 114, 132, 134, 199, 258, 261, 263, 266
ニュートン　236-237, 239-243
熱　214

ハ行

『博物誌』　275
バークリ　219, 235, 236
パタゴニア人　198
ハチスン　39-41, 106, 130, 296

重力　213, 249
称賛と非難　160-162
正直　48, 64, 70, 78, 80, 128
触覚　206, 208-213, 217, 224-225, 245
所有（権）　61-64, 69, 118, 121-124
　—の感覚　64-68, 72
ジョンスン、サミュエル　133
信念　198-205, 319
信頼　70-71
真理　89, 131, 138, 190, 226, 271, 280, 292, 319
スイス　117, 186
推論　32, 60, 72, 92, 94, 207, 226, 233, 235, 268, 276, 279, 283, 289-292, 301, 304, 315, 320
スコットランド教会　182, 189
スコラ学派　182
スタティウス　293
スティリングフリィート　251
ストア派　167, 169, 173
スパルタ　67
スミス、アダム　41, 103, 133, 243
正義　39-40, 42, 45-47, 49-52, 59, 61, 66-70, 72, 75, 83, 94, 105, 114-122, 127, 131
誠実　49, 59, 67, 75, 93
性質　206-215
　一次—　206, 213-214
　二次—　168, 206, 213-215
正邪，正と不正　83, 115-116, 130, 296, 314, 317
聖書　188
精神　248-255
生得観念　106, 278
摂理　18, 121, 192, 281, 309-310, 313
是認　19, 34-42, 47, 53, 104, 122, 124-130, 160
善　48, 55, 58-60, 106, 116, 120, 154, 172, 280, 284, 303, 311, 317-318, 325
　共通—　88
　公共—　72, 84, 86, 114-115, 118, 120-121
善悪　95, 139, 192-193, 306, 334
善意　26, 39-42, 44, 46, 50, 53-59, 72, 74, 76, 79, 82, 84-85, 106, 108, 110, 114, 118, 123, 127-129, 265, 280-281, 287, 294, 297-298, 300-301, 303, 306-307, 312, 325
戦争　65, 82, 89, 120
洗練　68, 86-89
『創世記』　45
想像力　28, 56, 97-99, 123, 258, 274-275, 294
存在の連鎖　277

タ行

第一原因　155, 169, 182, 186, 325
多神教　298
惰性　213, 249
堕落　154
男女の平等　290
チェスターフィールド卿　100, 133
知覚　*passim*
力　70, 79, 146-148, 165, 213-214, 248, 257-265, 267-268, 283, 286-288, 299, 306, 312, 314, 319
知性と設計　284, 290
知識　177, 180, 201, 219-220, 246,

経験　*passim*
形相　231
劇　202-203
結合原理　311, 324
原因と結果　6, 30, 118, 120, 136, 138-139, 146, 152, 154, 159, 169-170, 283, 286-287, 289, 291, 309, 319-321, 324
　道徳的―　147-148, 168
　物理的―　147-148
嫌悪　15, 23
原子　231, 280
権力欲　120
行為の原理　51-52, 74-75
好意　15, 55
公開処刑　11, 25
好奇心　25, 135-136, 273
恒常的連結　260
幸福　33, 53-55, 58-59, 72, 76, 86, 129, 150, 154, 207, 267, 308, 322
衡平法　79, 82
『衡平法の原理』　173
拷問　97-98
効用　114-115, 119, 122-130
　公共の―　116, 119-120, 122, 128
国際法　82, 88-89
国内法　80-82
コリンズ、アンソニー　144, 172

サ行

視覚　33, 206, 209-213, 217, 224-226, 229-247, 319, 321
自己愛　16, 18, 21-23, 26, 41, 53, 59, 85, 100-101, 105-106, 108, 110-114, 123, 317, 322
自己意識　174
思考　250-253, 310
自己保存　63, 77-78, 84-85, 94, 118, 174, 250, 310
自然　*passim*
　―界　56
　―宗教　300
　―状態　65, 82
　―的必然性　188
　―の恒常性と一様性　270
　―の体系　102, 159, 316
　―の秩序　259
　―の光　178, 180, 263-264, 269, 284, 287, 296, 299
『自然宗教に関する対話』　314-315, 317
自然法　30, 37, 52, 61, 74-75, 80-81, 88-89, 139
　第一の―　73
　―の洗練　89
自存　277-278, 286-288, 292-293
実験　28-29
実体と性質　206-207, 212
シャーフツベリ、第三代　38-39, 41, 74, 75, 107
社会性　19, 23, 31
奢侈（品）　61, 100, 116
自由　4, 48, 121, 138-141, 144, 150, 153, 157, 161, 165, 182-188, 193-194, 313, 323-324
　―意志　154, 183, 186
　―と必然　4, 6, 135, 138, 141, 159, 173, 182, 191, 287, 313
　無差別の―　5, 149-150, 159, 162-165, 182, 185, 187, 190-194
私有財産　116
習慣　73, 210, 223, 243, 258, 260

237
神　*passim*
—の叡智　5, 304
—の摂理　192, 281
—の善意、善意なる—　280-281, 300, 304-308, 311-312, 314, 322
—の善性　183-184, 312-313
—の存在証明　206, 291
—の単一性　298
—の力　222, 299, 315
—の知性　299, 302
全能の—　113, 122, 217, 222, 228, 245, 250, 304, 312
神の存在と属性　93, 144, 265, 276, 284, 289
アポステリオリ（後天的）な議論　290
アプリオリな（先験的）議論　276-277, 279, 302, 304
カルヴァン（派）　182-185, 187, 189-190, 195, 323
感覚　*passim*
外的—　41, 206, 217, 220, 223, 242, 257, 288, 319
内的—　44, 206, 217, 319-321
—中枢　232, 234, 237, 241
ガンガネッリ　198
感謝　41, 58-59, 75, 78-79, 99, 109, 140, 297
慣習　60-61, 67
感情　41, 58, 100, 105, 110
社会的—　73, 80, 94, 107
慣性　213, 249
寛大さ　40, 46-47, 49-50, 109, 116, 122
観念　*passim*
願望　110-111
寛容　116
記憶　177, 180-181
機械　85, 114, 130, 169, 185, 189, 283
キケロ　167, 173
希望　205
欺瞞　70, 78, 100, 110, 159
—的感覚　167, 172
義務と責務　37-39, 45, 101
ギャリック、デイヴィッド　203
嗅覚　207, 223, 245
教育　42, 83-87, 295
共感　17-19, 22-25, 40, 47, 55, 60, 68, 96-100, 109, 311, 323
競争　26, 80
共通感覚　191
恐怖、恐れ　12-13, 15, 33, 84, 87-88, 99, 192, 272-275, 297, 310
共和国　120
ギリシア（人）　14, 77, 172
キリスト　188
ギルピン　203
勤労、勤勉　26, 62, 65-68, 124, 166, 311
偶然　6, 136-37, 139, 154, 165, 167-172, 188, 192, 194, 280-281, 287
クセノフォン　81
苦、苦境、苦痛、苦難、苦悩、苦しみ　10-11, 13, 18, 21-25, 45, 47, 58-59, 86-87, 98, 308-310, 316, 320
クラーク、サミュエル　91, 93, 96, 144, 172, 264-265, 277, 296, 297
クリュシッポス　167, 173

索　引

ア行

愛国心　36, 122
愛情　39, 52, 54-59, 94, 103, 106, 108-109, 134, 281-282, 318, 323-324
アヴィセンナ　239, 247-248
アーヴィン　189
アウグスチヌス　184, 306
悪　48, 154-155, 162, 184, 187, 272, 281, 301, 304, 308-309, 311-313, 315, 322, 325
悪意　58, 84, 86, 281, 298, 300, 303-306, 309, 311-312, 325
アクィナス　248
アリストテレス　231-232
アルミニウス派　184-185, 188, 193-195
憐れみ　72, 97, 105
アンドロクロス　126-127
『アンリアッド』　154-155
意志　144, 147-149, 151-153, 160-165, 182-188, 190-194, 252, 281, 323
イソップ寓話　127
一次性質と二次性質　206, 213
色　200, 213-215
因果　320
　—関係　271
　—の連鎖　277, 279
イングランド（人）　12, 14, 25, 87, 106, 187, 189
印象　20, 34, 84, 202-204, 222-225, 240, 242
ヴェサリウス　238
ウェルギリウス　202-203
ヴォルテール　154-155
内なる光　128, 291
ウォラストン、ウィリアム　95
運（命）　6, 150, 170-172, 264, 269, 277, 287
永遠　278
叡智　49, 56, 135, 279, 286-288, 291, 299, 311, 325
英雄の神格化　296
エドワーズ、ジョナサン　187, 189-190
エピクロス　231-232, 237
　—派　300
『エミール』　97, 133, 334
エルヴェシウス　101, 103, 107
黄金時代　116
恩寵　183
温和　117

カ行

懐疑論（者）　181, 219-220, 319, 321
快苦　14, 16, 18, 26, 32-33, 86, 170, 308
蓋然性　205, 281
概念　200-202, 205, 208, 210
カエサル、ユリウス　198
呵責　45, 62, 156-159
ガッサンディ、ピエール　236,

訳者略歴

田中　秀夫（たなか　ひでお）

愛知学院大学経済学部教授・京都大学名誉教授

主な著訳書

『スコットランド啓蒙とは何か』（ミネルヴァ書房、2014年）、『近代社会とは何か』（京都大学学術出版会、2013年）、『啓蒙の射程と思想家の旅』（未来社、2013年）、『野蛮と啓蒙―経済思想史からの接近』（編著、京都大学学術出版会、2014年）、『アメリカ啓蒙の群像』（名古屋大学出版会、2012年）、ヒューム『政治論集』（訳、京都大学学術出版会、2010年）、ハチスン『道徳哲学序説』（共訳、京都大学学術出版会、2009年）、その他。

増田　みどり（ますだ　みどり）

京都橘大学非常勤講師を経て、現在は独立研究者

2005年　滋賀大学経済学研究科博士前期課程修了　経済学修士

2008年　京都大学経済学部研究生

専攻　社会思想史　理論経済学

道徳《どうとく》と自然《しぜん》宗教《しゅうきょう》の原理《げんり》　近代社会思想コレクション16

平成28（2016）年3月1日　初版第一刷発行

著　者　ケ イ ム ズ

訳　者　田《た》中《なか》秀《ひで》夫《お》
　　　　増《ます》田《だ》みどり

発行者　末 原 達 郎

発行所　京都大学学術出版会
京都市左京区吉田近衛町69
京都大学吉田南構内(606-8315)
電話　075(761)6182
FAX　075(761)6190
http://www.kyoto-up.or.jp/

印刷・製本　亜細亜印刷株式会社

ISBN978-4-87698-886-0　Printed in Japan
定価はカバーに表示してあります

近代社会思想コレクション刊行書目

（既刊書）

01 ホッブズ 『市民論』
02 J・メーザー 『郷土愛の夢』
03 F・ハチスン 『道徳哲学序説』
04 D・ヒューム 『政治論集』
05 J・S・ミル 『功利主義論集』
06 W・トンプソン 『富の分配の諸原理1』
07 W・トンプソン 『富の分配の諸原理2』
08 ホッブズ 『人間論』
09 シモン・ランゲ 『市民法理論』
10 サン－ピエール 『永久平和論1』
11 サン－ピエール 『永久平和論2』
12 マブリ 『市民の権利と義務』
13 ホッブズ 『物体論』
14 ムロン 『商業についての政治的試論』
15 ロビンズ 『経済学の本質と意義』
16 ケイムズ 『道徳と自然宗教の原理』